札幌市立大学
地域創生デザイン研究チーム 編

地域創生デザイン論

〝まち育て〟に大学力をどう活かすか

文眞堂

はじめに

近未来社会のあるべき姿を考える〝講義〟の開講です。

本書は全15章の構成ですが、それが一学期分15回の大学授業のかたちになっていて、札幌市立大学デザイン学部の教員14人が講師となり「地域創生デザイン論」をオムニバス形式で論じていきます。

まずは、「オリエンテーション」を、代表者の蓮見が担当します。本論の社会的背景などについて考えてみましょう。

人口減少や少子高齢化などにより地域社会の衰退が危惧されています。今までは余り意識されてこなかったことですが、私たちの生活の営みを支え合う地域には、新たな社会秩序や持続的な発展を自律的に生み出す構想力と運営力が求められているのです。

時計を70年ほど前に巻き戻してみましょう。太平洋戦争終結からわずか5年後の1950年に、隣接する朝鮮半島で朝鮮戦争が勃発しました。敗戦による混乱や食糧難にあえいでいた我が国は、軍事物資の生産などの支援を担うことになり、特需景気が起こりました。それに伴って高度経済成長と高度消費が一気に発展し、わずか20年程度で世界トップクラスの工業大国になったのです。しかしそれから半世紀を経て、成長を旨とする社会はすでに限界を迎え、私たちが暮らす地域では〝シャッター商店街〟に象徴されるような産業の衰退と生活基盤の弱体化が顕著となっています。

2015年の国連サミットで採択されたSDGs（持続可能な開発目標）では、17の大目標の筆頭に、「貧困をなくす」「飢餓をゼロにする」ことがうたわれています。どこか遠い国のことと認識しがちですが、実は日本でも子どもの貧困と飢餓が急速に悪化しており、その反面、捨てられる食料のロスは膨大となるなど、大きな社会的ひずみが顕在化しています。

さらに少子高齢化が急速に進展している中で、養う役割の人口に対し、養われる立場の人口が急激に増加することにより社会の負担増が顕著になっています。地域包括ケアのしくみなど社会制度の整備が急がれますが、たとえば介護の人手不足という深刻な課題については、明快な解決策は示されていません。

このように複雑で本質的な社会問題を、今まで頼りにしていた行政や企業にまかせきりにするのではなく、生活当事者である住民が社会づくりに積極的に参画し、多様な知力を集めて、社会変革をめざす活動のうねりを創り出していく必要があります。経済的豊かさを志向してきたビジネス的アプローチだけでなく、一人ひとり、あるいは地域のコミュニティごとに生活の質（QOL）の豊かさを高め合うウェルネス社会づくりへのアプローチが求められます。〝おすそ分け〟や〝寄り合い〟というような、地域の生活やコミュニティを支えてきたしくみが希薄化する一方、ビジネス化されたさまざまな有料サービスはますますその存在感を増しています。とても便利な社会になった反面で、「お金がなければ何もできない」という厳しい状況が生じ、個々人が社会の中で孤立感を強めているようにも見えるのです。

進化するビジネスやシステム、イノベーティブなテクノロジーを生活の質の向上につなげていく試みも必要でしょう。効率を求めて専門特化と分業化を強めてきたさまざまなタテ割りの機能を横につなぎ、強靱で高度なまとまりのある社会構造を編み上げていかなければなりません。そのためには、生活の当事者である個々人や地域に潜在する感性的な力能（パワー）や実践力を最大限に活用し、自律的な運動体へと育て上げていく統合力と運営力が求められます。

デザインが特長的に有する個性や特技（コンピテンシー）に注目し、それをまちづくりや地域創生に活用しようとする動きが各地で興っています。かならずしも優秀なデザイナーが旗を振るというわけではなく、多様な立場の人々が、自らの内に潜在しているデザイン的な力能を発揮させながら個性豊かな活動を立ち上げ、それを通して生きがいや働きがいを高め合うことにより、活力ある社会が自然形成されつつある事例が全国に見られます。そこには、斬新な発想力と表現力、ヒト中心の細やかな配慮、タテ型社会をヨコにつなぐ高度な統合的調和感の醸成など、1990年代にスタンフォード大学で提唱された「デザイン思考（Design Thinking）」のエッセンスが宿っています。

札幌市立大学は、2006年に開学した比較的新しい公立大学ですが、前身である札幌市立高等専門学校（1991年開学）の時代からデザインの専門教育を目指し、高等教育機関の使命である社会貢献とその基盤となる教育・研究の深化を図ってきました。そして多くの教員が学生と共に地域に入り、多様な活動を展開してきました。

本書は、札幌市立大学の取り組みを通して、「地域創生」と「デザイン」をキーワードとし、地域主体による内発的な知力の発揮と自律的な発展を導く創生の可能性を模索しようとするものです。

第1部「社会背景編」では、とかく負のイメージで捉えられがちな少子高齢社会を冷静な目で捉え、各地で展開されている活動事例などを紹介しながら新たな調和生成の道筋について論じます。

第2部「事例編」では、大学の教員がナビゲーターとなり学生や地域住民などと共に取り組んできた6つの活動事例を紹介します。まさに多様なアプローチとスタイルがあることを実感できるでしょう。

第3部「計画・実践編」では、札幌市立大学が文部科学省・日本学術振興会の補助を得て取り組んできた2つの研究プロジェクトについて、その経過と成果を報告します。

まずは、2013から2015年度までの3年間で取り組んだ科学研究費補助金・基盤研究(A)「タイム・スペースシェアリング型地域連携による地域創成デザイン研究」[*1](以降TSSと略す)です。この研究は、過疎化が顕著な北海道の市町村(有珠《うす》郡壮瞥《そうべつ》町)と大都市(札幌市)を対象に、地域の魅力を生み出す「人・事・場・物」という4要素に着目しながら、両者の強みを活かし共生し合うしくみづくりを考えようとしたものです。また「まち・ひと・しごと創生基本方針[*2]」の観点から観光事業に着目し、学生(札幌、東京、海外)の地域志向を誘発するツアーを企画・運営し、若い人材の地域定着の可能性について分析を行ないました。

---

*1　JSPS科研費25242005。

*2　まち・ひと・しごと創生基本方針:人口急減・超高齢化という大きな課題に対し、政府一体となって取り組み、各地域が自律的で持続的な社会を創生することを目指して、平成26年に設立された「まち・ひと・しごと創生本部」が毎年定めている基本方針。

二つ目は、２０１６から２０１８年度の３年間で取り組んだ基盤研究（A）「『拡張キャンパス型地域連携』による過疎市町村の自律的創生デザイン研究[*3]」（以降ACPと略す）です。この研究は、大学を有さない地方自治体に大学の効用を波及させようとするものであり、まちを魅せる協働プロジェクトの推進を通して、まちを地域住民と大学との学び合いのプラットフォームにしようとする画期的な試みといえます。

第４部「分析・手法編」では、第３部で紹介するTSSとACPという２つのプロジェクトで開発・活用した分析の手法について詳しく解説します。地域創生の研究は、実験室（静的・安定的な環境）で行なう研究とは異なり、動的な行動の中で常に変化する感覚や感性の働きを捉えなければなりません。そのために新たな分析手法やツールの開発が必要となりました。

第５部の「展望編」では、２０１３から２０１７年度の５年間にわたり推進してきた文部科学省補助事業「地（知）の拠点整備事業」について報告します。この事業は「ウェルネス×協奏型地域社会の担い手育成『学び舎』事業」と称し、大学キャンパスを地域に開き、多様な社会的主体（ステークホルダー）と協働して、より高度な地域運営のかたちを描き出そうとした事業です。

札幌市立大学では、これらの事業成果をいかしながら、地域が自律的に高度な地域マネジメントを行なえるような方法論やプログラムを開発すると共に、大学を活用したさまざまな地域創生デザインの取り組みを継続的に実践していきます。

全国には、約780の大学が存在していますが、大学を擁している自治体は25％程度に過ぎません。大学はまさに「地（知）の拠点」であり、そこでは多様な専門性を有する教員や次世代を担う若い学生たちが新たな価値創造のために活動しています。高等教育機関である大学が取り組む地域創生は、〝まちづくり〟ではなく〝まち育て〟です。住民一人ひとりの息づかいが聞こえるまちは建造物によって構成された無機物ではなく、生命体と捉えるべきです。〝つくって終わり〟のプロジェクトではなく、営みの芽を育てるのです。

地域創生を目指す自治体や事業所、市民団体や教育機関など、社会づくりのステークホルダーである「産官学・民・金労言」の方々に本書を参照いただき、大学の力を有効に地域創生に活かしていくためのヒントを読み取っていただければ幸いです。

＊3　ＪＳＰＳ科研費16Ｈ01803。

目次

第3部　計画・実践編　163

第4部　分析・手法編　261

第1部
社会背景編

第1部
第1章
少子高齢社会のミライ
原 俊彦

第１回目の講義の担当は、札幌市立大学名誉教授で、日本人口学会理事の原 俊彦先生。

2018 年 9 月に起きた北海道胆振東部地震で大きな被害を受けた厚真町で、長きにわたり総合計画策定などに関わるとともに、各地で人口問題への適切な対応の重要性を説いてきた先生です。

本講義では、人口学の観点から、未来社会の目指す方向性について論じていただきます。

はじめに――地域創生の時代

モーニング娘の「ＬＯＶＥマシーン」（１９９９年）という曲に「日本の未来は（Ｗｏｗ×４）、世界がうらやむ（Ｙｅａｈ×４）」というフレーズがあります。「少子高齢社会のミライ」を考えようとすると、いつも、この曲が頭の中で鳴り響きます。

もっとも、この歌が流行った20世紀の終わりには、まだ「地域創生」という言葉はありませんでした。代わりによく使われていたのが「地域（再）活性化」という表現でした。その頃は地方自治法で、都道府県市区町村など、全国すべての自治体は10年ごとに新規に「地域総合計画」を立案することが義務づけられていて、その計画の中で、多くの自治体が「地域（再）活性化」を打ち出していました。

この「地域総合計画」は基本構想と基本計画からなります。基本構想は自治体が今後10年、どのような「まちづくり」を目指すかという根本指針です。そのコンセプトはひとつのキャッチフレーズにまとめられ報告書のタイトルとして提示されました。

たとえば、かつて私が立案に参加した厚真町《あつまちょう》第二次総合計画報告書のタイトルは、「交流をさそう、緑とゆとりにあふれた『大いなる田園』の町：北海道厚真町新総合計画―厚い真ごころの町づくりを目指して」[*1]という長いものでした。産業振興、住環境整備、生涯学習、健康福祉、自治行政、それぞれの領域の基本目標をひとつに集約するために、報告書のタイトルは、こんなにも長く字余り感の強いものになりました。でも、それは自治体の「夢と希望」を精一杯、描いたものでした。また、この基本構想を描くため、事前に「地域活性化」調査が実施されました。まちの現況や課題、将来動向、住民の意向（アンケート調査を実施）などを分析し、その結果をふまえ、個々の必要施策や計画を洗い出し、それらを分野ごとにまとめ、各分野の基本目標を定めていくという作業が半年から1年かけて行なわれました。

この活性化調査の中でも、地域人口の現状と将来動向は最も重要な項目でした。というのも地域レベルでは、すでに当時から少子高齢・人口減少が進んでいて、この状況を打開しない限り、地域のミライはないという状況があったからです。もっとも日本全体の少子高齢・人口減少はまだ本格的には始まっていなかったので、そのような危機感が全国的に共有されることはありませんでした。冒頭のノーテンキな歌詞にもそれは現れていたといえます。

しかし、日本全体の人口減少が始まり、高齢化率（65歳以上の人口が総人口に占める割合）も25％を越え30％に近づき、毎年の出生数が１００万人を切り、死亡数との差（自然減）が30万人を越えていく状況の中で、新たに「地方創生」という言葉が生まれました。

２０１４年5月、日本創成会議・人口減少問題検討分科会が「ストップ少子化・地方元気戦略」を発表。「消滅可能性都市」のリストから「地方消滅」の危機が叫ばれ、年末までには内閣府主導で「まち・ひと・しごと創生法」が施行されました。そして「まち・ひと・しごと創生長期ビジョン、総合戦略」として、希望子ども数（持ちたいと希望する子ども数の平均値）を将来的に実現することによって、日本の出生力（女性が一生の間に産む子ども数の平均値）を１・８人程度に、また２０４０年頃までには置換水準（同じ規模の人口を維持するのに必要な子ども数の平均値）の２・08人まで回復し２０６０年に1億人程度の総人口を確保するという方針が打ち出されました。この国の方針に合わせ、全国の地方自治体（各市町村）でも「地方創生」委員会が組織され、一斉に地方版の「人口ビジョン」「総合戦略」の策定が始まり、メディアでも「地方（地域）創生」という言葉が広く使われるようになりました。

地域創生の時代。それは「地域のミライ」の問題が、日本全体の少子高齢・人口減少の進行と

＊1　１９７３年からの厚真町総合計画としては、第一次計画「すぐれた文化生活の確保と豊かな生産を目指して」、第二次計画では「交流をさそう、緑とゆとりにあふれた『大いなる田園』の町」、第三次計画では「いのち満ちる農（みのり）の里あつま、大いなる田園の町」がある。私は第二次計画の策定にアドバイザーとして参加した。また２０１５年の「厚真町まち・ひと・しごと創生 長期ビジョン・総合戦略、50年後のあつま未来図～幸せあふれる小さなまちの試み～あつまる つながる まとまる 大いなる田園の町 あつま」の策定からは厚真町まちづくり委員会のアドバイザーを務めている。また札幌市立大学も厚真町と教育・研究の推進や地域貢献等を目的とした連携協定を締結（２０１５年6月22日）し、さまざまな支援を行なっている。

ともに「日本のミライ」の問題と重なり始め、問題解決の鍵を握る、もっとも重要な部分としてようやく注目され始めた時代です。「地域創生」の英訳は Regional Revitalization です。直訳すれば「地域（再）活性化」。つまり基本的な問題は何も変わっていません。いかに地域を再活性化し「地域のミライ」に「夢と希望」を与えるか、今、デザインの力が問われています。

ここでは全国と地方の少子高齢・人口減少を中心に、「地域創生の時代」の現在と将来を見据え、どのような課題がデザインの力に求められているのか考えてみたいと思います。

【課題１】「地方創生」について最近の動きをネットで調べてみよう！

日本の人口減少・少子高齢化

進む人口減少

日本の総人口は２００８年の１億２８０８万人をピークに減少期に入ったといわれています。前回国勢調査の結果として減少が確認されたのは２０１５年の１億２７０９万人が最初です。２０１０年からわずか5年間で96万人（０・８％）、１００万都市１つ分に近い人口が消滅したことになります（図１）。

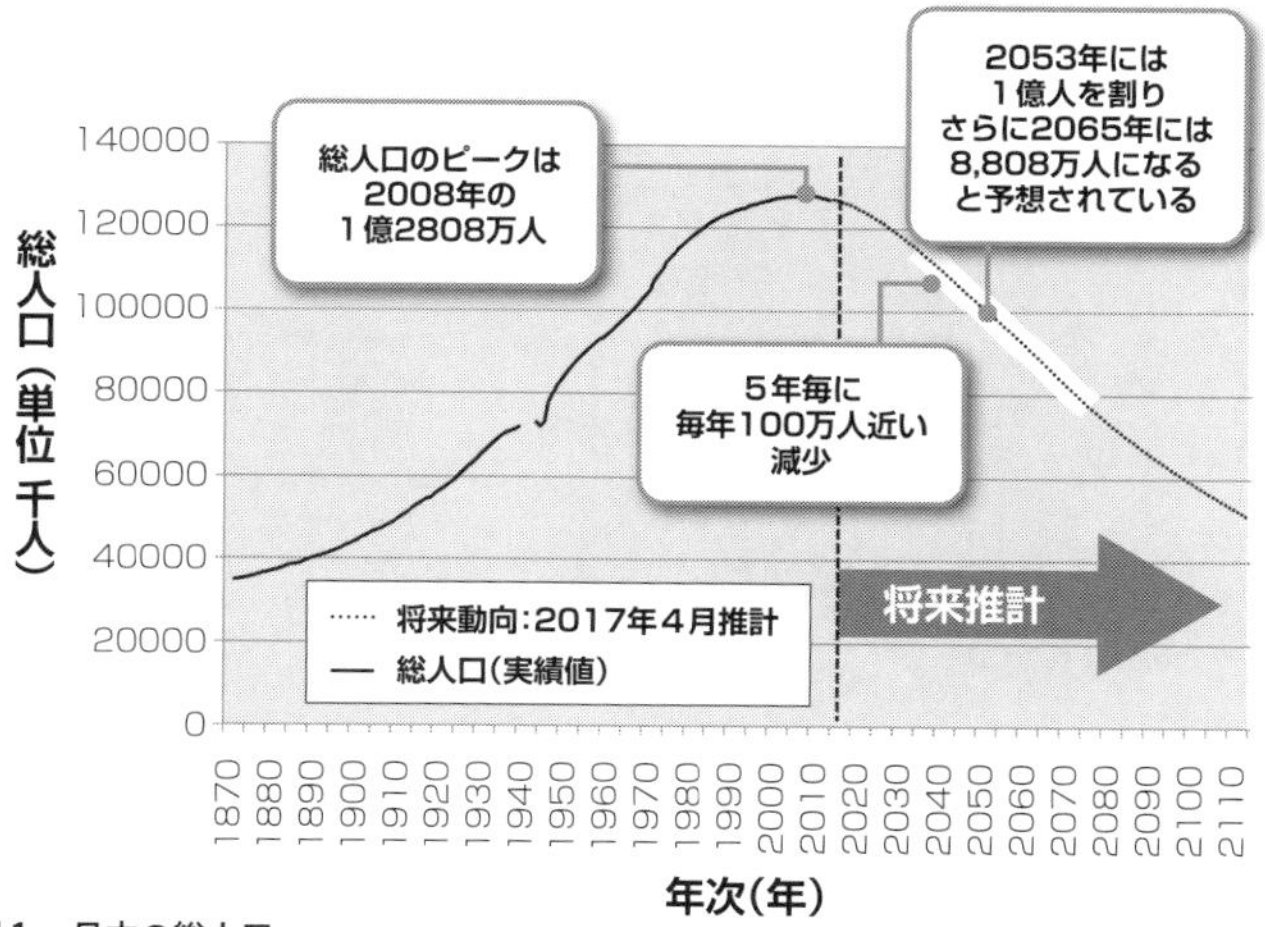

図１　日本の総人口

資料：日本の将来推計人口（平成 29 年推計）（国立社会保障・人口問題研究所 2017）

最新の将来人口推計（国立社会保障・人口問題研究所２０１７）によれば、この人口減少は徐々に加速し、30年後までに２０１５年の水準から３割ほど減少、２０５３年には１億人を切り、50年後の２０６５年には８８０８万人になると予想されています。この頃になると毎年の減少数が96万人に達するので、５年間ではなく１年間で１００万都市１つ分に近い人口が消滅するようになります。

進む少子高齢化

人口が減少しても、江戸時代（３０００万人弱）や戦前（７０００万人）に比べれば、まだかなり多く、基本的に元に戻るだけじゃないか？と考える人もいるでしょう。でも、この人口減少が少子高齢化という年齢構造の急激な変

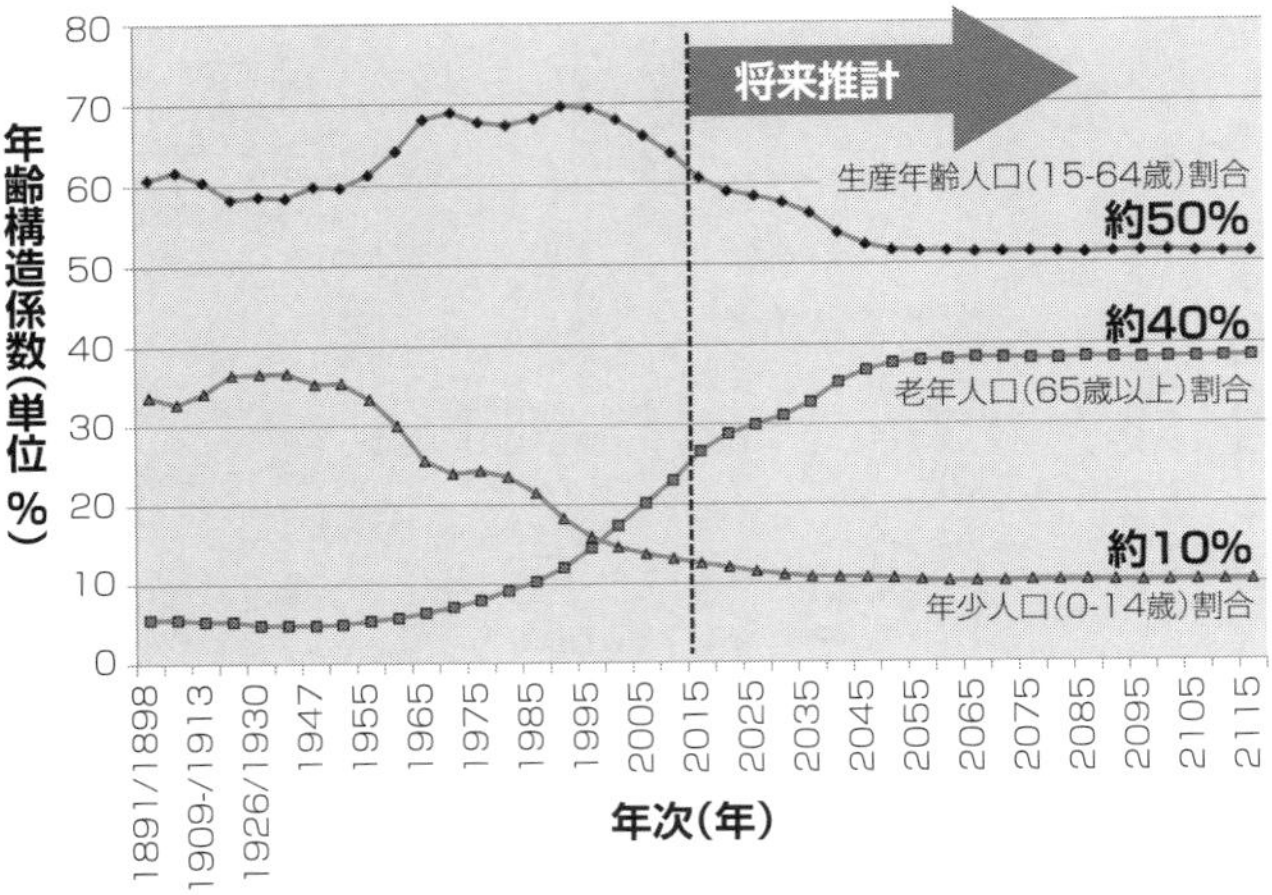

図２　日本の少子高齢化
資料：日本の将来推計人口（平成 29 年推計）（国立社会保障・人口問題研究所 2017）

化を伴っていることを忘れてはいけません（図２）。

たとえば、働き手の生産年齢（15〜64歳）人口のピークは１９９５年の８７１６万人で、総人口に占める割合（生産年齢人口割合）は約70％でしたが、２０１５年には60％に低下、すでに１０００万人以上減少しています。将来的にこの割合はさらに50％まで低下します。これに対し、子どもの数を示す年少（０〜14歳）人口が総人口に占める割合（年少人口割合）は戦前の36・７％（１９４０年）をピークに12・５％（２０１５年）まで低下し、将来的には10％程度になります。これに対し、今後、増していくのは老年人口（65歳以上）の割合（老年人口割合あるいは高齢化率）で、明治時代（あるいは江戸時代）の５・７％から、現在の26・６％

（２０１５年）、将来的には総人口の40％近くを占めるようになります。

【課題2】国立社会保障・人口問題研究所のＨＰにある「日本の将来推計人口」（２０１７年推計）を使って、自分自身が30歳、65歳、90歳になる頃の将来の人口について調べてみよう。

地域社会の人口減少・少子高齢化

大都市から離れたところでは人口減少が早く進む

個々の地域では、この日本全体の流れに人口移動の影響が加わります。このため、同じ地域社会といっても、大都市地域では人口減少は緩やかに進みますが、大都市から離れた市町村では人口減少がより早く進みます。

たとえば、北海道（札幌都市圏）（図３）の場合、２０１５年を１００とすると、30年後（２０４５年）は、全国83・7に対して、北海道全体では74・4とかなり少なくなります。しかし、千歳市93・7、恵庭《えにわ》市86・6、札幌市92・5など都市化が進んだ地域では人口減少は全国より緩やかです。一方、それ以外の地域では、江別《えべつ》市70・5、北広島市72・6、石狩市65・5、新篠津《しんしのつ》村55・4、当別《とうべつ》町50・2と、30％から50％近い、激しい人口減が見込まれています（図

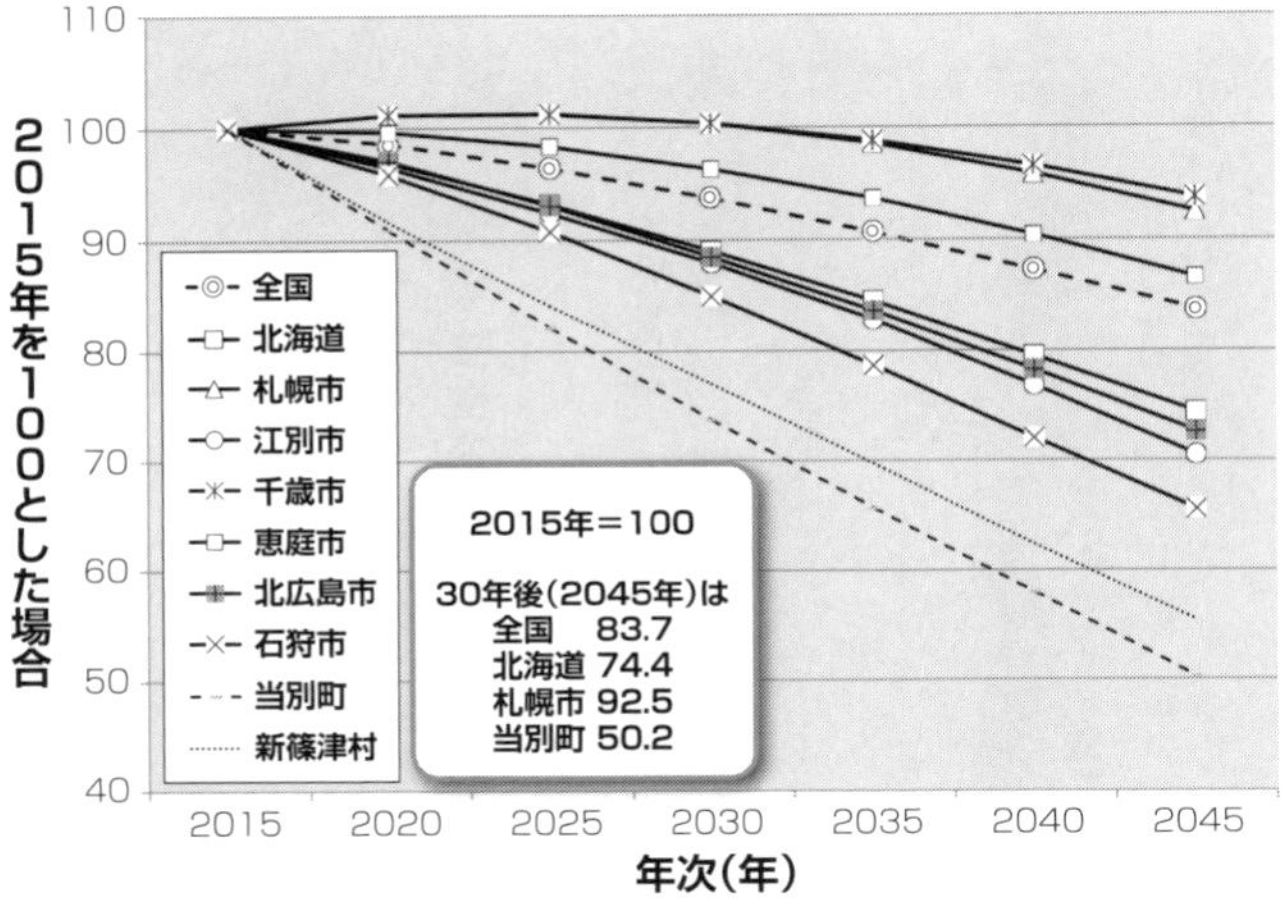

図３　地域社会の人口減少

資料：日本の地域別将来推計人口（平成 30 年推計)」(国立社会保障・人口問題研究所 2018)

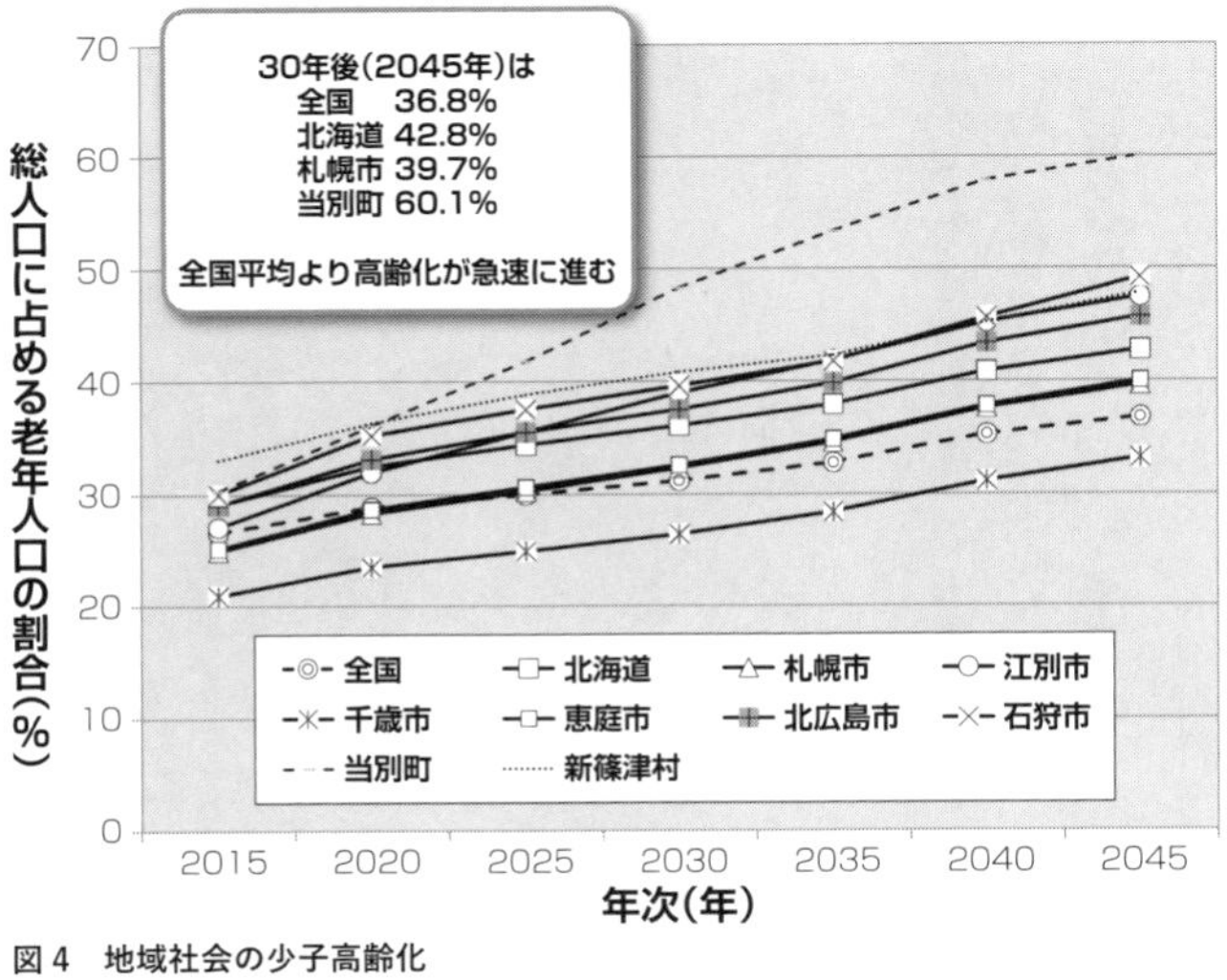

図４　地域社会の少子高齢化

資料：日本の地域別将来推計人口（平成 30 年推計)」(国立社会保障・人口問題研究所 2018)

４）。

大都市から離れたところでは少子高齢化も早く進む

また、個々の地域では少子高齢化も人口移動の影響を受けます。このため少子高齢化は大都市地域では緩やかに進みますが、大都市から離れた市町村ではより早く進みます。

たとえば、老年人口（65歳以上）割合について、北海道（札幌都市圏）の場合（図５）をみると、30年後（２０４５年）は全国36・８％に対し北海道42・８％と全国平均より高くなります。これに対し千歳市33・２％を除き、恵庭市40・０％、江別市47・５％、北広島市45・７％、石狩市49・２％、新篠津村47・８％、当別町60・１％と、全国平均より高齢化の進展が急速で、高齢化率が40％から60％となり、住民の半数近くあるいは半数以上が65歳以上の高齢者になります。

【課題３】国立社会保障・人口問題研究所のＨＰにある日本の地域別将来推計人口（２０１８年推計）」を使って、自分のふるさとや自分が将来住みたいと思っているまちの将来の人口について調べてみよう。

なぜ人口減少・少子高齢化は問題なのか？

人が減ると何が起きるか？

日本全体の人口減少が始まる前から「人口が減れば、住宅難や通勤地獄が解消され、資源やエネルギー消費も減少し、環境への負担も軽減されるので、人口減少はむしろ歓迎すべきではないか」という意見があり、今でも似たような主張を耳にします。

しかし、実際には人口減少が進むとさまざまな問題が発生します（図５）。たとえば、

・住宅需要が減少し、地価の下落が進み、住民を失った住居は空き家となり、老朽化して崩壊してゆきます。

・快適で安全な住環境が維持される地域は限られて来るので、大都市中心部など利便性の高い地域への人口集中が進み、日本中でさらに空き家が増えます。その一方、大都市地域では、施設に収容される人やホームレスになる人も増加します。

・人口減少が進むと交通需要は減少しますが、そのままでは採算が悪化するため、供給量も減少します。

・需要密度が限界を越えて低下すると、バスや電車などの交通網の維持が困難になり、採算の

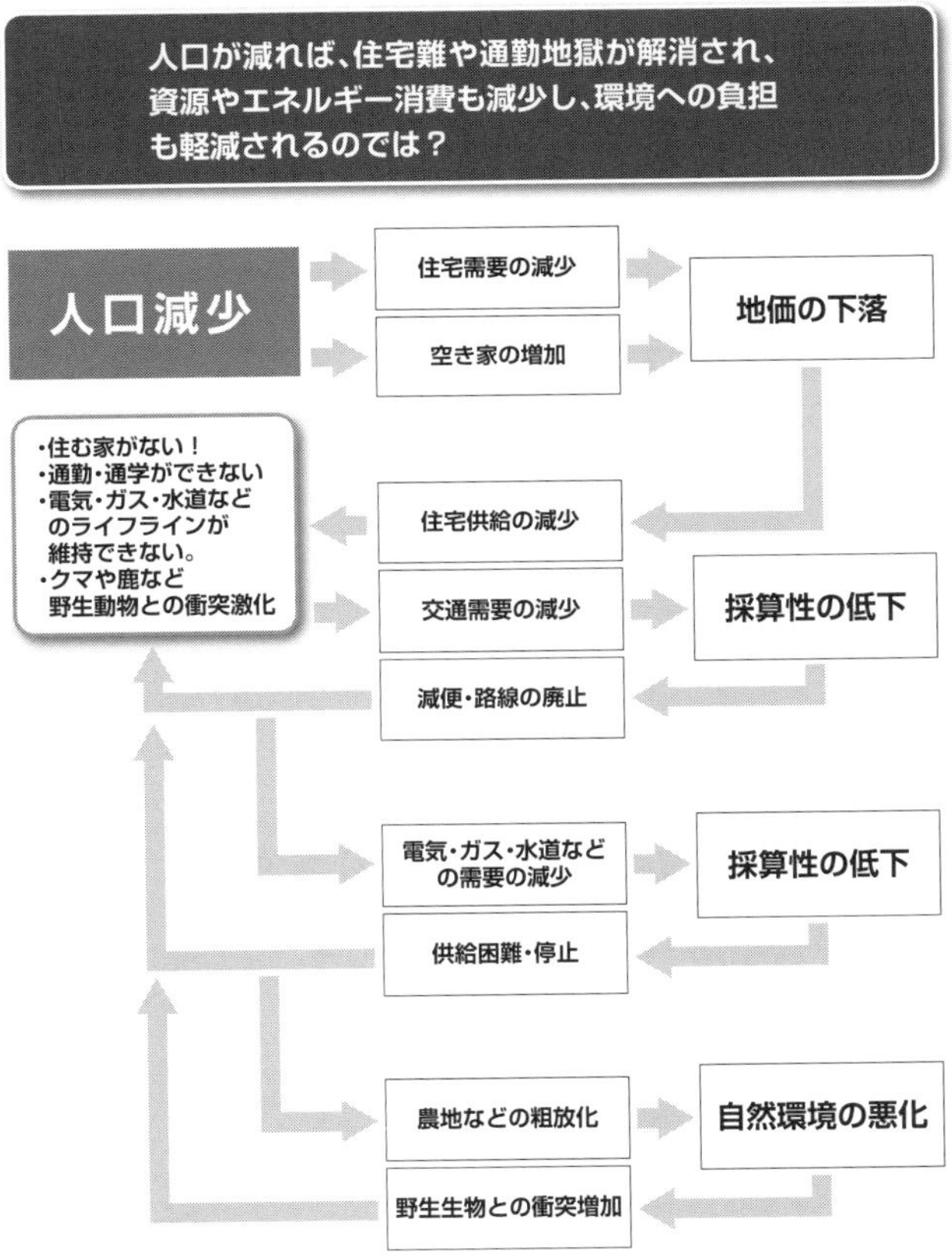

図５　人口減少にともなう課題の例

取れない路線が廃止されてゆきます。

・最終的には事業主体が交通事業から撤退するので、通勤地獄が解消されるというよりは通勤手段が消滅し、その地域に住み続けること自体が困難になります。たとえば、すでに北海道ＪＲは多くの路線の廃止を決定または予定しています。そのような事態が、日本全体や北海道の人口減少と無関係であるとはいえないと思います。

・すべては需要と供給のバランスで決まります。資源やエネルギー消費も同様で、人口減少とともに総消費量が減少する可能性は否定できません。その結果、需要密度が低下し、供給が困難となり、生活に必要なライフラインが止まれば、人はその国や地域で暮らすことができなくなります。

従って、どのレベルの人口規模が最適かは別としても、人口減少が止まらず、加速化してゆく限り、地域社会にミライはありません。逆にいえば、可能な限り人口減少のスピードを緩和し、どこかでストップさせることが必要とされています。

少子高齢化が進むと何が起きるか？

同様に少子高齢化についても、「子どもの数が減れば、進学・受験競争が緩和される」「経済競争が緩和されて誰もがノンビリ暮らせるようになる」「昔のお年寄りとは比較にならないほど、豊かで健康なお年寄りが増える」といったポジティブなイメージもありますが、実際には、少子高齢化が進むにつれて、次々と困難な課題が生まれています（図６）。たとえば、

・少子化が進行し、子どもの数が減るにつれ、保育所、幼稚園、小学校、中学校、さらには高校、大学、大学院などの定員が過剰になり、その運営は困難になります。その結果、施設の閉鎖や統廃合が進みます。保育・教育機関へのアクセスが困難になり、需要の少ない地方から、まだ十分な需要があり、よりアクセスの容易な大都市地域に人口が移動していくことになります。確かに一昔前のような進学・受験競争はなくなってきましたが、その一方で、教育格差が将来の経済格差につながる可能性は増しているので、養育・教育環境の重要性も高まっています。

・働き手としての生産年齢人口が減少する結果、労働力が不足し、相対的に低い賃金水準を求めて産業の海外移転が進みます。また消費者（車を買ったり、家を建てたり、海外旅行に行ったりする）としての生産年齢人口が減少する結果、消費需要が縮小し、国全体の経済規模が小さくなります。その結果、就業機会が減少してゆきます。このため経済競争は緩和されますが、大都市地域とそれ以外の地域で経済格差が拡大してゆきます。

・高齢者が増加し、人口の40％近くを占めるようになると、老年人口と生産年齢人口の割合が１対１に近くなり、高齢者の生活を支えることが経済的にも物理的にも困難になってきま

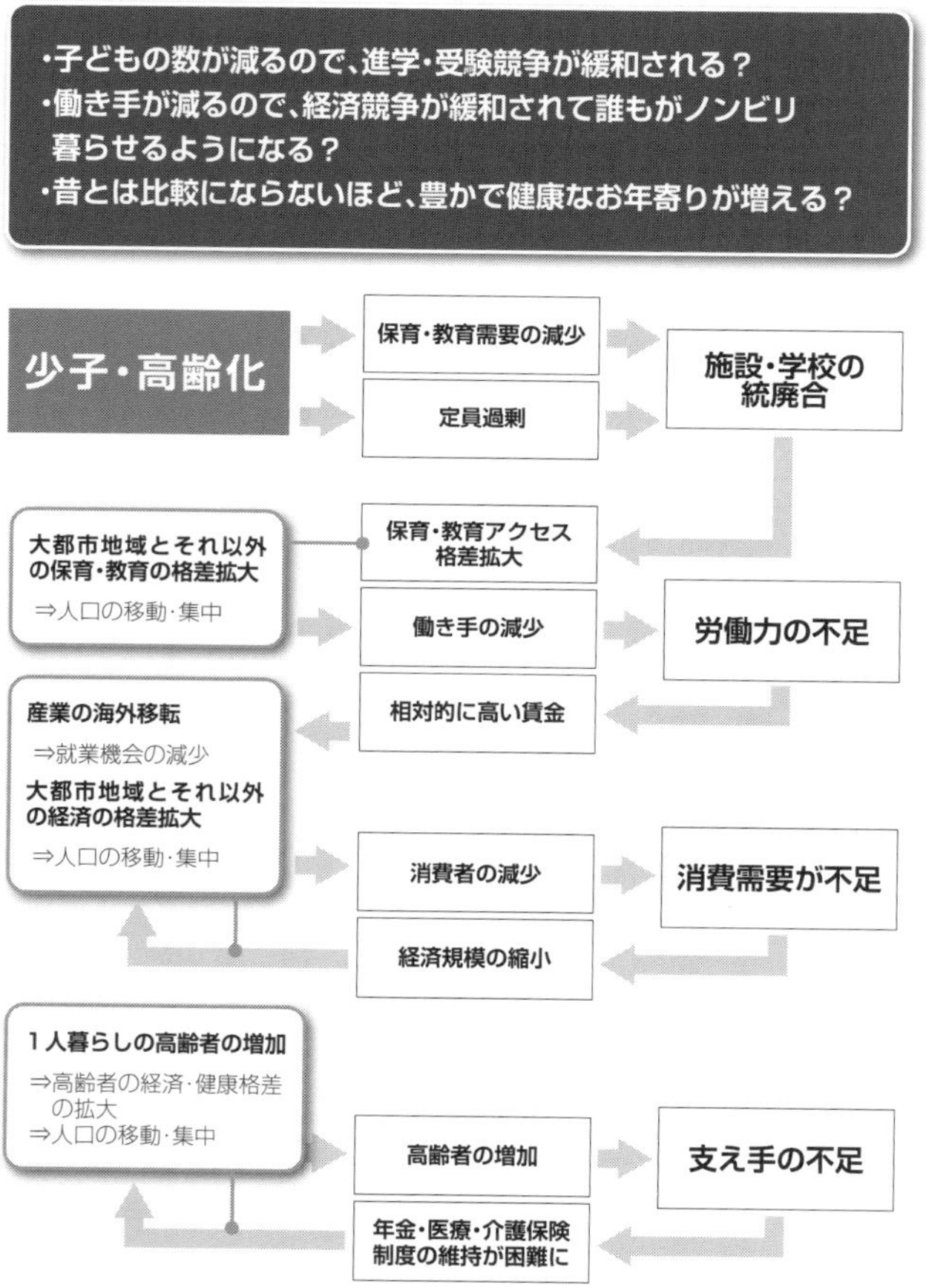

図６　少子高齢化にともなう課題の例

す。年金や医療保険制度などの費用負担が増す一方、給付は減少するので、必要なサービスを受けられない高齢者が増加します。その結果、高齢になればなるほど、健康状態や経済状態について、個人間の格差が広がってゆきます。また生涯未婚率の上昇や少子化の進行、平均寿命の延伸の結果、一人暮らしの高齢者が増加してゆきます。

【課題４】図5と図6を参考に人口減少・少子高齢化が進行するとどういう課題が発生するか、また、何かよい面の変化が起きることはないのか考えてみよう。

人口減少・少子高齢化の「負のスパイラル」

なぜ、人口減少・少子高齢化が進むのでしょうか？　地域人口の場合について考えてみましょう（図７）。

人口の増減は、出生数と死亡数（自然動態）と、転入数と転出数（社会動態）によって決まります。

出生数は、出生力と再生産年齢人口（特に25から35歳の家族形成期の女性の数）に比例します。日本の出生力は１９７３年の女性１人あたり２・14人を最後に置換水準の２・08人を下回り、２０１７年現在も１・45人と世代ごとに出生数が約30％減少する傾向が続いています。また少子化の結果、再生産年齢人口もかつての半分以下になっています。地域社会の出生力は大都市

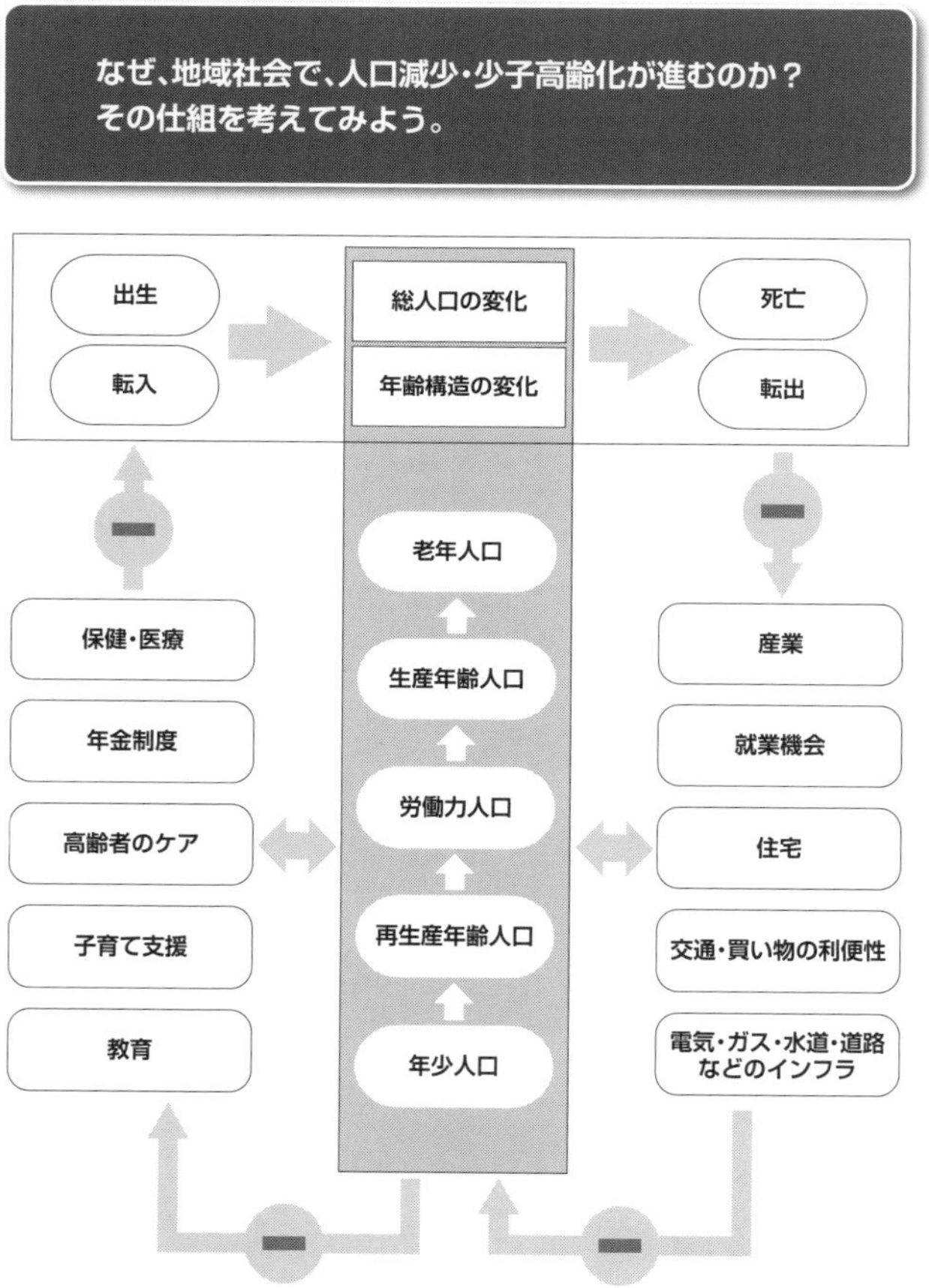

図７　なぜ人口減少・少子高齢化が進むのか？

よりも少し高いのですが、進学や就職によって若い人口が減り続けているので、生まれてくる子どもの数は大都市よりも急速に減少しています。一方、死亡数は死亡率×総人口により決まりますが、平均寿命が伸びた現在では65歳ぐらいまでの死亡率はほとんどゼロに近いので、高齢者が多いほど死亡数も多くなります。この結果、毎年の死亡数が出生数より大きくなり、人口の自然減が進みます。つまり、地域社会では進学や就職によって若い人口が流出し、高齢者だけが残るため、その分、自然減の進行が大都市地域より早くなっているのです。

人口の増減は出生と死亡（自然動態）だけではなく、転入と転出の差（社会動態）によっても起きます。国全体では国際人口移動がこれにあたりますが、日本は現在までのところ外国からの移住者をあまり受け入れていないので、この影響は限定されています（ただし近年は地域によって外国からの移住者を積極的に受け入れるところも出て来ています）。これに対し、地域社会の人口の増減には、国内の地域間移動による転出と転入の差（純移動数）が大きく影響します。特に、多くの地域社会では高校や大学進学を契機に若い人口が大都市地域に流出し戻らない傾向が続いています。進学流失が続くのは地元にいたままでは希望する高等教育が受けられないからです。また流出したまま戻らないのは、大都市に比べて希望する就業機会が少ないからです。

人口減少は、このようなかたちで進行しますが、その結果として、年齢構造も変化してゆきます。時間（加齢）とともに、年少人口の減少は、再生産年齢人口の減少→労働力人口の減少→生産年齢人口の減少→老年人口の減少へとつながっていきます。また、そこにはタイムラグ（時間のズレ）があるので、減少のタイミングがもっとも遅い高齢者の割合が高まっていきます。

年少人口の減少は、保育所や小学校・中学校・高校などの統廃合を招き、子育て環境の悪化や教育の利便性を低下させます。再生産年齢人口の減少は結婚や出産の減少につながります。家族形成期の人口が増加しない限り、新しい住宅や施設の建設は行われず、老朽化が進んでゆきます。

若い労働力人口の減少は地元産業の継承や新しい産業の創出を難しくします。経済活動が停滞し就業機会も減少するので、結果的に新しい就業機会を求めてまちの外に転出する人も多くなってゆきます。特に消費需要が縮小し地元の商店や飲食店が廃業していくと、買い物の利便性が低下するとともに、住民同士や旅行者など、まちの外の人たちとの交流の場も失われてゆきます。また地域のお祭りや伝統の継承も難しくなってゆきます。

さらに支え手となる生産年齢人口が減少していき、高齢者の方が相対的に多くなっていくと、医療や健康保健サービス、介護福祉サービスなどを維持することが財政的にもマンパワー的にも困難になり、一人暮らしを続けることができない高齢者が増加します。その結果、自分の子どもや親戚がいる大都市地域の介護施設や病院に移動する人もでてきます。近年の傾向としては、結果的に地域の高齢者医療・介護需要が低下し、経営困難から営業を停止する介護施設や病院も増えています。

このように人口減少・少子高齢化には、地域の活力を低下させ、そのことがまた、さらに人口減少・少子高齢化を加速する「負のスパイラル」が見られます。

地域創生におけるデザインの役割

人口減少・少子高齢化を止めることは可能か？

このような「負のスパイラル」を考えると、人口減少・少子高齢化を止めることはできないのでは？　という悲観的な気持ちになります。実は、この悲観的な気持ちになることが再生への希望を失わせ、状況をさらに困難にして最終的には地域社会を消滅へと向かわせます。

逆にいえば、地域では、再生への希望を失わず「負のスパイラル」を「正のスパイラル」に変える、さまざまな創意工夫や努力が行なわれています。「地方創生」はまさに、そのような動きをみんなで支援する取り組みです。

実際、「負のスパイラル」を「正のスパイラル」に変えることは、どのような小さいことからでも始められます。

たとえば、地域のお祭りや伝統の継承が難しくなってきていますが、外部の専門家や団体の支援を受け、それらを再評価し新しいかたちで復活させ、外部に向けて情報発信することは可能です。その結果、まちのお祭りや伝統に惹かれて、外部からまちにやって来る人が増えれば（地元の消費需要が増え）、それを契機に地元の商店や飲食店が（新しいおみあげやメニューの開発などで）活性化します。その結果、さらにまちを訪れる人が増え宿泊する人が出てくれば、ファームイン（農家民宿）や民泊を行なう人も出てきます。さらに、お祭り以外の、まちの魅力を掘り起こして（パワースポット体験、ネイチャーリングなど）、旅行者の数が増えれば、定住人口に交流人口が加わり、さまざまな消費需要がかさ上げされます。また交流人口から定住者になる人も出てくるかもしれません。若い人たちが転入し定住して、家庭を持ち子どもを産めば、その分だけ出生が増え、自然減のスピードを緩やかにすることができます。また新しくやって来る若い人々が新しい仕事や産業を興せば、就業機会が増加して、さらに多くの人々がまちに集まってくるでしょう。若い人口が増えれば、高齢者にかたよった年齢構造が改善に向かい、高齢者の支援も維持できるようになり、病院や施設に移動するためにまちを去る人たちを減らすことができます。もちろん、子どもが増えていけば、地元の子育て環境の悪化や教育の利便性の低下を押し止めることも可能になります。

　夢物語のように思えるかもしれませんが、元々、どのようなまちも、何かの契機にそこに人が集まるようになり、住む人が増えて住宅ができ、就業機会もできて人口が増えていくという「正のスパイラル」を一度は経験しています。ただ人口減少・少子高齢化の過程で、その契機（あるいは、そこに人が集まり住む理由）が失われて来ているだけです。つまり、新しい契機を生み出すことさえできれば、どのような地域でも「負のスパイラル」を「正のスパイラル」に転換することは可能だといえます。

北海道厚真町の取り組み

本稿執筆中の2018年9月6日3時7分59・3秒に発生した北海道胆振《いぶり》東部地震により、震源に近い厚真町では大規模な土砂崩れが発生し、まち全体が甚大な被害を受けました。今、まちは全力をあげて復旧・復興に取り組んでいます。

冒頭で紹介した総合計画（厚真町1995年）の頃も、厚真町は危機的な状況にありました。バブル経済の崩壊により国家プロジェクトであった苫小牧東部大規模開発（石油備蓄基地建設）が挫折し、人口倍増の夢が破れ、逆に急速な人口減少に直面していました。しかし、この危機の中でも、新しい方向性を探し、明治の開拓期から続く「厚真米」を中心とした安心で安全な食料生産、海から山までひとつのまちにすべてが揃う豊かで素朴な自然環境、港湾都市の苫小牧や空港都市の千歳市へのアクセスのよさを活かした住宅開発などのまちづくりを進めてきました。その長年の努力が実り、近年は転入者数が転出者数を上回るようになり、長く続いてきた転出超過

【事例１】フォーラムビレッジ

「田舎暮らしのための優良田園住宅地～ 2011 年に分譲を開始したフォーラムビレッジは全 111 区画。天然の森に囲まれたロケーションの中に、開放的で広々とした宅地が広がります。小中学校への直通道路もまもなく開通し、子育て環境も充実。早起きした朝は鳥のさえずりを聞きながら近くの森を散歩してみてはいかがでしょうか。最大 150 万円の住宅建築助成金もぜひご活用ください」
http://www.town.atsuma.lg.jp/atsumyhome/build/folum

【事例２】厚真町古民家再生プロジェクト

「旧畑島邸は、平成 26 年（2014 年）に、フォーラムビレッジに移築再生し、古民家の内部を一般公開しています。また、自家製酵母のパン屋「此方（こち）」も営業していますのでお気軽にお立ち寄りください。 公開（営業）時間：午前 10 時～午後 5 時、休館（定休）日：毎週火・水曜日」
http://www.town.atsuma.lg.jp/atsumyhome/kominka/hatashima

の時期が終わろうとしていました。

たとえば、「フォーラムビレッジ」【事例１】は、「ルーラルビレッジ」（バブル経済時代に東京の大手不動産会社が開発した高級分譲別荘地を、町で引き取り再生・販売して徐々に人気を博し完売した）の隣に、家族形成期の若い移住者をターゲットに開発した優良住宅地です。すでに多くの人々が住み、子どもの数も増えています。また、このフォーラムビレッジの入口部分には生活便利地区（商業区域）があり、レストランやペンション、アトリエ、工房など、自然調和型の利便性の高い施設の建築が可能となっています。古民家再生プロジェクト[*2]【事例２】によって、自家製酵母のパン屋「此方《こち》」が開店し、札幌から移住してきた著名なパン職人の女性がつくるパンに人気が集まっています。またすぐそばにある「Momo Cafe（モモカフェ）」は、「リスが遊びにやって来る森のカフェ」として人気が高く、こちらはＵターンして来た厚真育ちの女性が東京と静岡で働いた経験を活かし開いたお店です。パン屋さんもカフェも、どちらもネットを通じ千歳空港からタクシーでやって来る人がいるほど知られています。

震災からの復興は、まちにとってさらなる試練となりましたが、夢を失わない限り、「負のス

＊2　この古民家再生プロジェクトは、札幌市立大学デザイン学部・大学院デザイン研究科の羽深久夫名誉教授（空間デザイン）によるものである。建築史が専門で、厚真町には開拓農家が造った、北陸地方の伝統建築様式の特徴を持つ築１００年以上の古民家が多く残っていることに着目し、その保存と活用を目指している。

パイラル」を「正のスパイラル」に変えることは可能であると、私は信じています。

地域創生におけるデザインの役割

最終的に「負のスパイラル」を「正のスパイラル」に変えるのは、そのまちの住民か、そのまちに移住する人々ですが、外部の人々の役割も大きいと思います。震災復興と同じで、外部の人々の協力、支援、関わりがなければ、人口減少や少子高齢化を止めることはできません。

地域創生におけるデザインの役割は、人々の思いや願いをかたちにすることです。たとえば、まちの伝統文化を再生し、それをまちおこしにつなげたいという人々がいるとすれば、まちの内外の人々をつなぎ合わせ動員し組織するための、情報発信や組織化などのしくみづくり、具体的なツールの制作、イベント企画などが必要です。伝統文化の保存、再構築、新展開などにもデザインの力が役立ちます。特に新しい製品や商品開発、産業開発となれば、それらを直接、かたちにするために、デザインの仕事が求められます。

実際のところ、さまざまな人たちが多様な夢と希望を持つのですが、それをどうかたちにすればよいのかというところで行き詰まり断念してしまうことが多いのです。最初から大成功、めでたし、めでたしのハッピーエンドという訳にはいかないので、試行錯誤を繰り返すしか方法はありません。しかし、何らかのかたちが与えられることによって、人々はその第一歩を踏み出すことができます。

逆にいえば、そのようなところでデザインの力が求められ、優れたデザインが生まれるのだと思います。必要は発明の母。地域創生ほど、それに相応しいフィールドはありません。

【課題５】「負のスパイラル」を「正のスパイラル」に変えるのに役立ちそうなアイデアを１つ思い浮かべて、その実現のためにデザインで何ができるか提案してみよう。

おわりに――少子高齢社会のミライ

現状のまま推移すれば、「日本の未来は（Ｗｏｗ×４）、世界がうらやむ（Ｙｅａｈ×４）」とはいかないし、地域社会の大部分は文字通り消滅してしまう可能性が高いと思います。しかし、未来は開かれているので（将来推計は現状のまま推移した場合を示しているだけです！）変えることができます。それぞれの地域で「負のスパイラル」を「正のスパイラル」に変えることができるかは、その地域に関わるすべての人々の力にかかっています。人口減少・少子高齢化を逆転させ、人口増加・多子若年化を実現することはできそうにありませんが、そのスピードを抑えて安定化させることができれば、人と自然にやさしい、平和で落ち着いた美しい社会を築くことができます。今、そのような少子高齢社会のミライをデザインすることが求められています。

第2部
事例編

第2部

第2章

風のごはんや　協奏のレストラン

片山 めぐみ

第２回目の講義は札幌市立大学デザイン学部講師の片山めぐみ先生。ここで紹介する北海道寿都町のコミュニティレストラン「風のごはんや」で、人やコミュニティが育っていくプロセスを目の当たりにし、自らの研究対象にコミュニティデザインを見据えるきっかけになったとのこと。本章執筆中に国家資格の社会福祉士を取得されたそうです。社会福祉の概念も交えて、地域住民が自ら運営する地域の居場所について話していただきます。

昨今、地域福祉の分野でコミュニティデザインが注目されています。高齢者や子ども、障がい者等の支援は行政やNPO、福祉法人等が担ってきましたが、人手不足、財源不足の現在では、厚生労働省が「我が事・丸ごと」と称する、地域住民主体のケアコミュニティをいかにデザインできるかが喫緊の課題です。しかし、「隣人の困り事も我が事のように丸ごと請け負って運命共同体をつくりなさい」という提言はごもっともですが、気分が重くなってくるのが正直なところです。そこで、私が注目しているのが、コミュニティ・レストラン（以降は「コミレス」と称する）です。コミレスは、地域住民が多様な関わり方で参加でき、人的ネットワークを醸成できる拠点として、全国で爆発的に増加しているケアコミュニティモデルのひとつです。

本章では、「ソーシャルキャピタル」や「関与共同体」という考え方と照らし合わせながら、私が企画をしたコミュニティ・レストランの7年間の足跡を紹介したいと思います。

コミュニティ・レストランとソーシャル・キャピタル

コミュニティ・レストランとは、「食」を核にしたコミュニティ支援モデルであり、生活支援センター機能、自立生活支援機能、コミュニティセンター機能、人材育成機能、循環型まちづくり機能があるとされています。私は、コミレスの調査と実践を通して、食事や調理という気軽で日常的なことがらゆえに参画しやすく、回数を重ねることによって醸成される地域交流の場について研究してきました。(1)(2) コミレスでは互いに知らなかった者同士がつながり、支え合いに発展する可能性がある反面、コミレスを開くだけでネットワークができるわけではなく、利用客同士が知り合うきっかけをつくるスタッフのはたらきかけが重要です。(3) また、支援が必要な人々の情報が集まり、緩やかなネットワークが形成されていく場として注目されています。(4)

昨今、コミュニティ・レストランは、「ソーシャル・キャピタル」が育まれる場として注目されています。「ソーシャル・キャピタル」とは、人々が持つ信頼関係や人間関係（社会的ネットワーク）を意味します。これを広く持つ人は心身の健康を維持促進することができると考えられており、社会保障の先行きが厳しいわが国では社会全体の効率性を高める鍵として期待されています。

コミレスで醸成されるソーシャル・キャピタルについては、食事に来る人々の間では困ったときに相談にのるような親密な関係への発展は期待できないといわれてきました。しかし、まったくの他人でもない関係性がコミレスにおける来店者同士の相互作用を理解する鍵になっており、パーソナルネットワーク理論における「弱い紐帯《ちゆうたい》」と同義であると注目する研究があります。(5)～(7)「弱い紐帯」は、これを多く持っている人ほど人と人とをつなぐ潜在力を有し、まちづくりの基礎力になっていると評価されているのです。(8) 一方の「強い紐帯」を持つグループは関係が緊密であるが故に外部と遮断されがちで新規の情報が入りにくいといわれています。「弱い紐帯」が「強い紐帯」との橋渡しをし、新しいアイディアや重要な情報をもたらす道を開くのです。

コミュニティ・レストラン「風のごはんや」

北海道西岸に位置する寿都町《すっつちょう》は、漁業を基幹産業とする人口約３０００人の町です。私たちは、寿都町の依頼を受け、２０１０年から5年余りにわたって町の「人・事・場・物」の資源を活性化につなげる「21世紀コトブキ・プロジェクト」に取り組みました。その成果として生み出されたのが、コミュニティ・レストラン「風のごはんや」です。

町民自らが地域課題に取り組むことができるコミュニティビジネスを生み出したいとの寿都町からの要望で、札幌市立大学との連携がスタートしました。初年度は、教員と学生が町に滞在しながら「人・事・場・物」にまつわる資源や地域課題を収集するための座談会を町内会ごとに開催しました。また、収集した情報を共有し、新たなビジネスを考案するための住民ワークショップやフォーラムを開催しました（写真1）。座談会やワークショップから見えてきた町の課題と資源には以下の内容があげられます。まず、高齢化率が33％に達していた寿都町では、町内会や老人会活動が比較的活発ではあるものの、高齢者が気軽に出歩く先や、ボランティア活動など地域で自身の役割を見出すような活動の場がありませんでした。また、わずかですが孤立死が問題視されていました。寿都ならではの資源としては、冠婚葬祭が催される際には主婦たちが前浜や家庭菜園の食材を用いたご馳走を振る舞う食文化が存在し、町内には一軒も仕出し屋がないことがわかりました。これが遺憾なく発揮される「寿都神社例大祭」は、町内を練り歩く神輿《みこし》の担ぎ手が各住宅の居間まで上がり込んでご馳走を楽しみ、町民同士の重要なコミュニケーションの機会になっていることがわかりました（写真2）。そこで、2年目には、これらの情報をもとに寿都町初のコミレスを提案しました。飲食業の経験がない町民でも、振る舞い料理の慣習と豊富な食材を資源とすることで参画しやすいと考えたのです。3年目以降は運営組織を整備し、社会実験として地元住民

写真1　21世紀 コトブキ・プロジェクトフォーラム

や役場とともに企画を具体化していきました。

本プロジェクトの過程を「交流期」「創造期」「発信期」「運用期」に分類すると、町内会ごとの座談会やワークショップ、フォーラムを開催し、祭りなどにも参加した時期が「交流期」、収集した情報をもとに町民をサービス対象とするコミレスを企画提案し、町役場と開設場所や体制などを協議した時期が「創造期」、座談会で出会った町民に声がけし、お試しでコミレスを開催した上で週１回の開催を本格始動した時期が「運用期」に位置づけられます。なお、「発信期」は、町内会ごとの座談会から３００名の町民を集めてのフォーラムまで町民に対するさまざまな情報発信を毎年行なっており、全行程にわたって位置づけられます。

写真２　寿都神社例大祭での振る舞い料理の様子

どこにお店を出すか？

町内の高齢者を主なサービス対象と設定し、高齢者が利用しやすい立地の建物を探していた際、町内の旧道立病院が地域密着型サービスセンターに改修中であることを知りました。そこで、町と協議し、1階の地域交流スペースをコミレスとして活用することにしたのです。1階にグループホームとデイサービスセンター、社会福祉協議会事務所、2階に高齢者専用賃貸住宅があります（図1）。この場所に開設することで以下の条件が整うと考えました。

①高齢者が立寄りやすく、食事目的以外の町民の目にもとまる（利用客獲得だけでなく活動がより町民に認識されやすい）

②社会福祉協議会や福祉法人と連携できる（住民有志によるインフォーマルの活動をフォーマルな組織の活動と連携させていくきっかけを得やすい）

③福祉に関するニーズやまちの情報が集まる

④地域交流スペースがあり、食事提供に乗じてイベントなどを開催しやすい

②と③に関しては、私たちが以前行なったコミレスの研究[1]を通して、介護や福祉の専門スタッフから介護や健康管理の情報を得たり、日常的に気にかけてもらえる安心感があることが、高齢

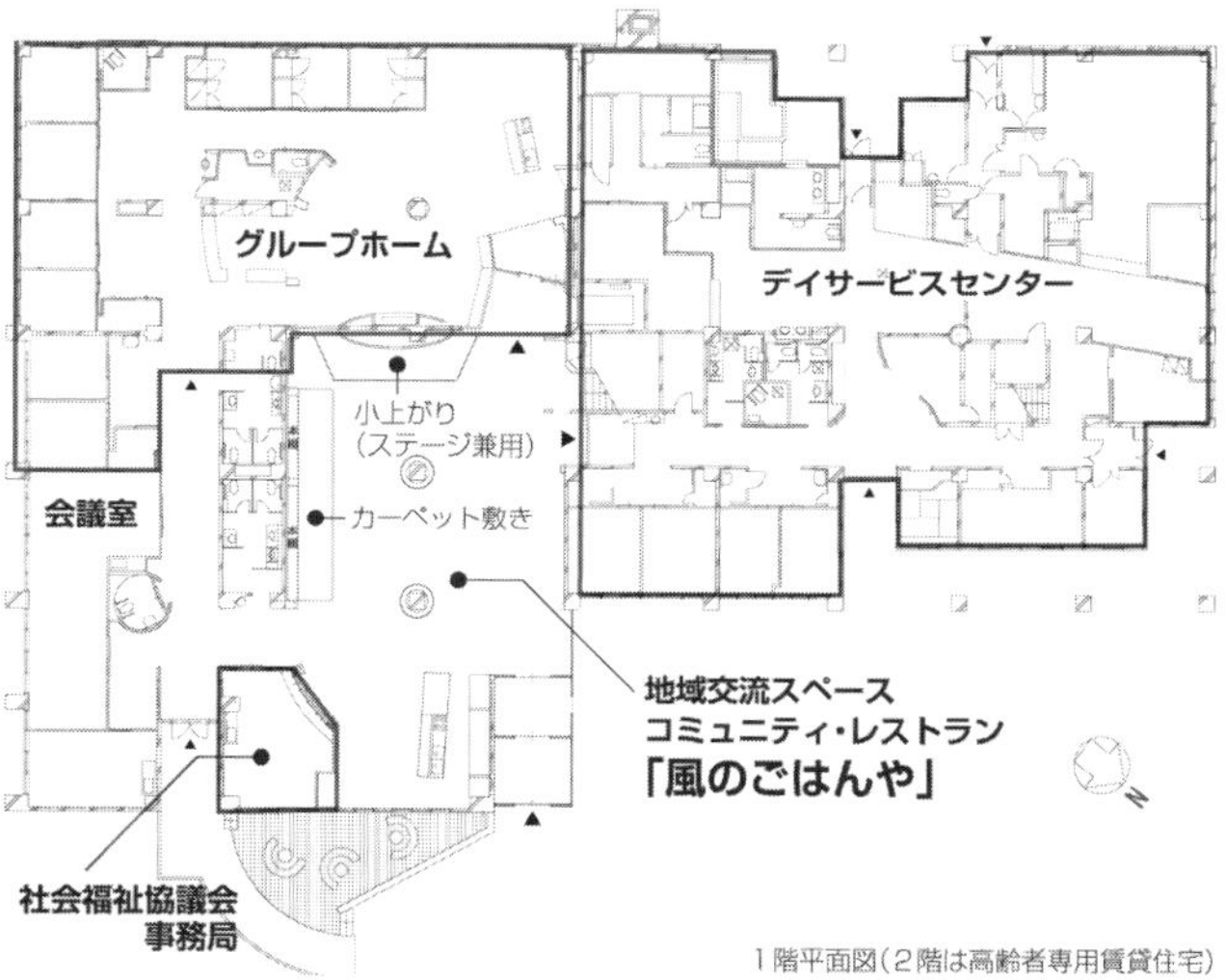

1階平面図（2階は高齢者専用賃貸住宅）

図１　寿都町地域密着型サービスセンターの間取り

者の隠れたニーズとなっていることがわかっていました。

スタッフが調理しながら交流スペース全体を把握し来店者と会話ができるよう、玄関脇にオープンキッチンを設置しました（写真3）。また、小さな子どもを連れた家族などが座って食事できるスペース（写真4）やイベント用のステージ（写真5）も取り入れました。

運営体制と運営状況

２０１２年度に、ワークショップの参加者だった有志5名および賛同者により、任意団体「未来の里―寿の都」を立ち上げました。

コミレスの名称を「風のごはんや」とし、１

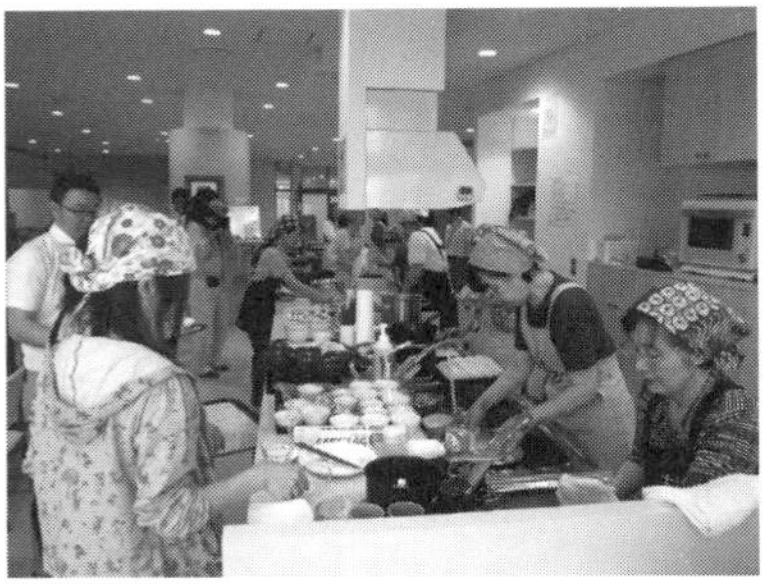

写真３　オープンキッチンとホールの様子

写真４
カーペット敷き・座卓のスペース

写真５　クリスマスイベント（手前がステージ）

年目は社会実験として週１回（月曜日11時〜14時）の開店としました。ワンデイ・シェフ方式により、毎回異なるスタッフがメニュー作成と調理を担当し、ボランティアが配膳や会計のサポートを担います。昔から半農半漁で生活を営んできた寿都町には、魚介類はもとより野菜類も豊富なため、基本的に地元で収穫された素材を使った定食を５００円、原価率50％程度で提供することとしました。立ち上げ予算としては、町の元気交付金（２００万円）を獲得し、キッチン用品などの準備や運営資金に当て、シェフには時給750円を支給することとしました。2012年6月にオープンを迎え、2019年6月現在では、シェフ5名、ボランティアスタッフ約10名で取り組んでいます。

　1日の平均事業収入は2万8000円、客数は40～50名となっています（クリスマスビュッフェなどのイベント時を除く）。食事提供だけでなく、来店者の交流イベントも企画しています（表1）。ハンドリフレクソロジー講座やお楽しみ食事会（老人会を招待しコミレスを周知する目的）、町の思い出を偲ぶコーナー設置、地元高校生によるワンデイ・シェフ、役場新年会での「くじら汁」提供、観光客への「ほっけ汁」提供、道内コミレス先進事例の視察、先進事例運営者を招致しての勉強会などを開催しました。

　開店当初は社会実験として週1回開催としていましたが、来店者からは、「週1回だからちょうど良い」「週1回

表1　企画イベントスケジュールの例

2012年5月	**任意団体設立「未来の里ー寿の都」**
	ロゴデザイン（札幌市立大学デザイン学部学生と道立寿都高校ボランティア部生徒による協同制作）
6月	**オープン**
8月	**出張ワンデイシェフ、ハンドリフレクソロジー講座開催**
9月	**お楽しみ食事会開催**（老人会送迎バスを出しレストラン内に町の昔をしのぶ写真展開催）
10月	**世代間交流企画**（寿都高校ボランティア部ワンデイシェフ）
12月	**クリスマスバイキングパーティ開催**
2013年1月	**寿都町新年交礼会に出張料理**（寿都町に昔から伝わる「くじら汁」の振る舞い料理提供）
	先進事例の視察旅行
2月	**出張料理**（町内歴史的建造物見学会における振る舞い料理提供）
3月	**コミュニティ・レストラン・ワークショップ開催**（国内先進事例から運営者を招致し講演会および勉強会を実施）

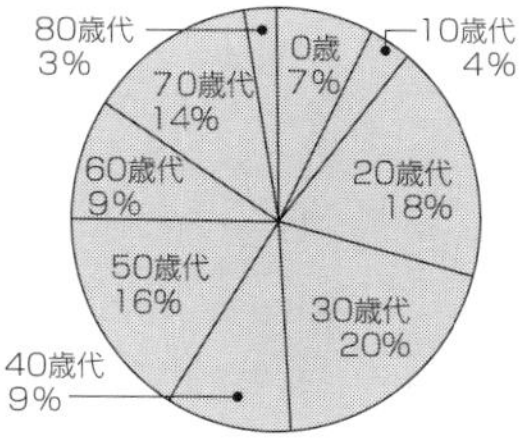

図2　利用者の年代

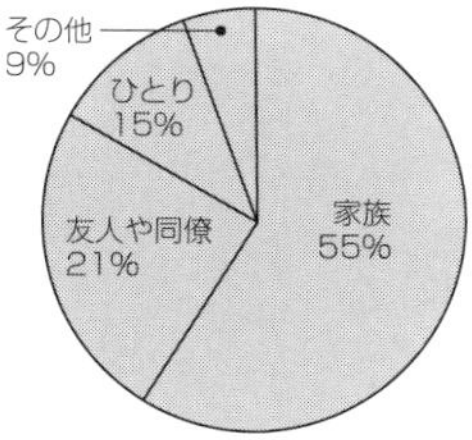

図3　一緒に来店する人

だけ外食に500円を払える」という声が多く、スタッフもこの程度の負担であれば継続していけるとの見解により、開店から7年目に至った現在も週1回の開催が定着しています。また、継続的な運営や市民と行政と大学の連携に注目が集まり、新聞や行政が発行する広報誌、学術書等に取り組みが掲載されています[11]~[17]。

なぜお客さんが集まるのか?~来店者調査

開店当初は交流スペースが埋まるほどの来店者があるのか誰にも予想がつきませんでしたが、営業を続けてみると、1日40~50名の平均客数を維持できており、企画した本人たちもなぜ客が集まるのか内心不思議に思い始めました。そこで、来店者のアンケート調査を実施することにしたのです。調査項目は、(1)回答者属性(性別、年齢、自宅住所など)、(2)来店理由(選択肢から複数回答、選択項目は表2)、(3)定期的に来店している人については、通い続けるようになった前後での精神的変化(5段階評価)、(4)精神的な変化を「とても感じ

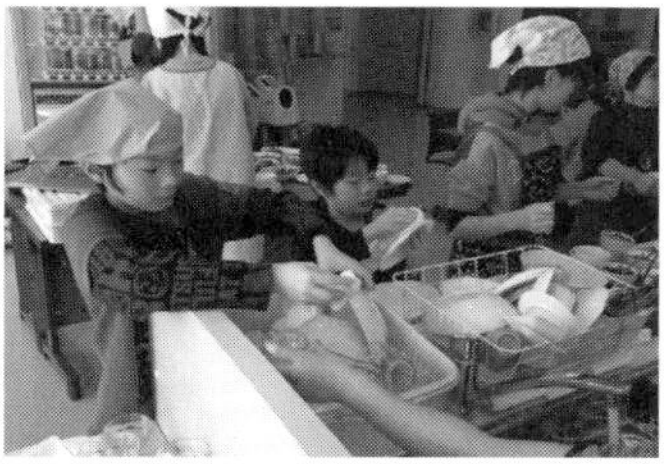

写真6　食後に洗い物の手伝いをする子どもたち

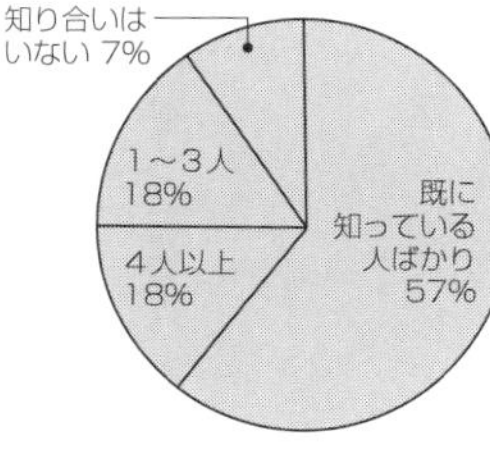

図4　知り合いになった人数

る」「まあまあ感じる」と回答した場合はその理由を記載してもらいました。[*1]

来店者の年代を図2に示しています。当初ターゲットにしていた高齢者については全体の4分の1程度であり、高齢者専用賃貸住宅の居住者24人のうち6名が毎回来店しているほか、老人会のメンバーが常連となっていました。このほかは、役場や医療機関の職員、子育て中の若い母親、家族連れの利用が想定以上に多く、若い世代や未就学児の来店が客層の特徴となっています（写真6）。地元高校のボランティア部の協力も10代の来店者獲得につながりました。一緒に来店する人（図3）は、家族（55％）、友人や同僚（21％）に次いで一人の利用が最も少ない結果（15％）になっています。また、名前や住んでいる地域、職業を互いに認識し合う知り合いができた人は36％でした（図4）。

来店者の8割以上が周辺1km内に居住しています（図5、6）。町

＊1　回収数は、2012年：45人、2013年：60人、2015年：52人である。

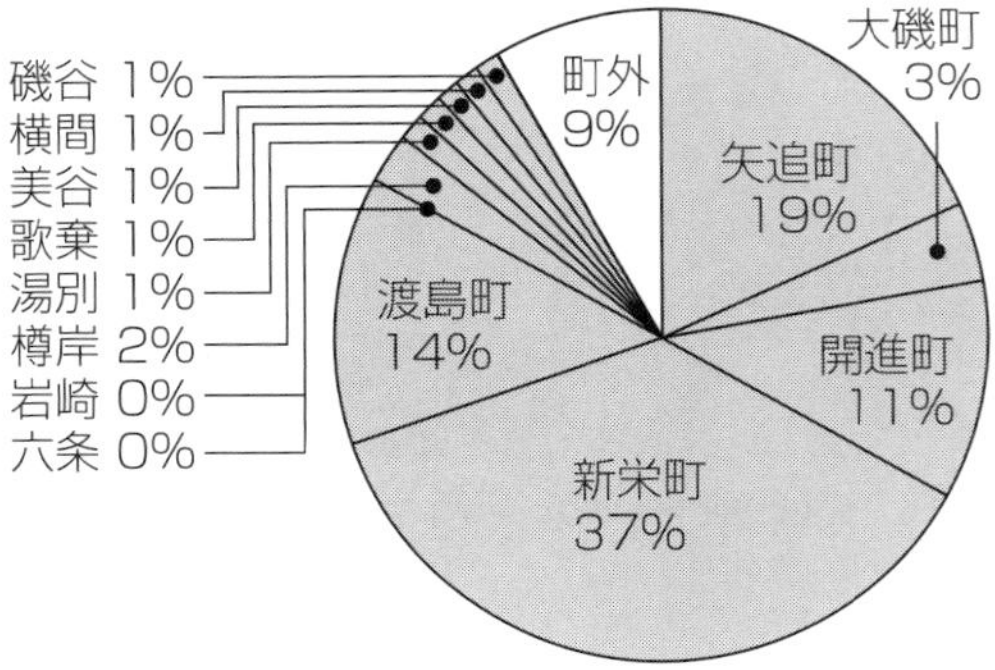

図5　町内に住む利用者の住所（図6に対応）

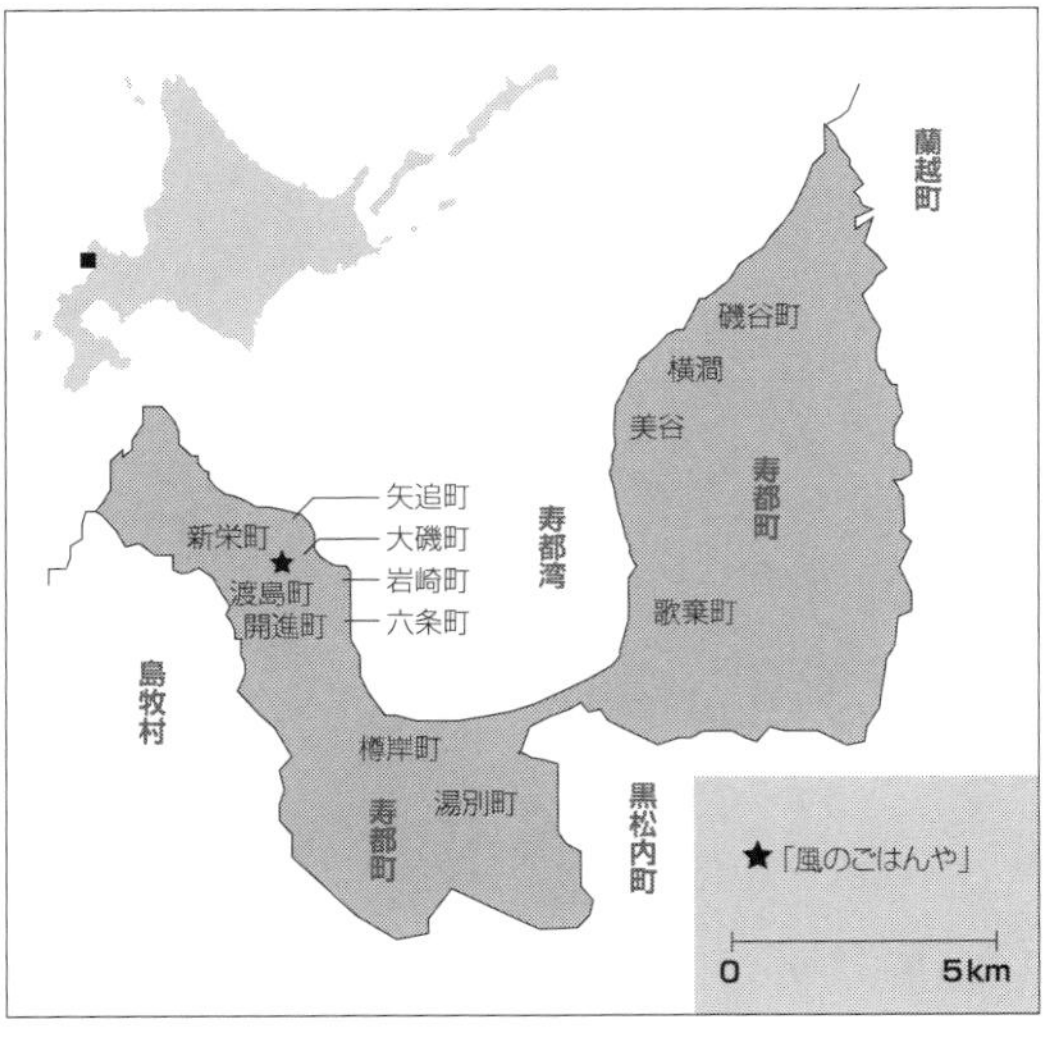

図6　寿都町行政区（図5に対応）

の集落が湾を囲んで広がっており、コミレス所在地が端部にあるため、遠方の住民には来店し難い地理的特性であることがわかりました。利用頻度は「毎週来店」が20％、「月１〜３回来店」と「たまに来店」がそれぞれ40％でした。

来店者調査からわかる隠れたニーズ

来店理由の経年変化を表２に示します。１人当たり平均３・６の選択肢を選んでいました。いずれの年も、「２　値段が安い」「１　メニューが良い」が高い割合を占めていますが、４年間を通して10ポイント以上増加した項目は、「３　子どもや若者、高齢者などあらゆる世代が集まっていて楽しい」「４　誰かに会える」「６　スタッフがいきいきしていて元気をもらえる」「７　ほどよい人間関係が築ける」「12　楽しい雰囲気がある」でした。

月２回以上訪れる高頻度来店者においては経年変化が顕著であったため、変化の大きい項目を抽出し図７に示します。「６　スタッフがいきいきしていて元気をもらえる」が25％以上増加していることが注目ポイントです。また、「８　週１回来ることで生活のリズムができる」は主に高齢者、「13　子どもを遊ばせることができる」は子育て中の若い主婦、「15　こういう場所に来ることで安心感がある」は、高齢者と若い主婦からの回答でした。

表２　来店理由の経年変化

	来店理由	１年目 2012年	２年目 2013年	４年目 2015年
1	メニュー開発や栄養バランスなどの食事内容が良い	67%	77%	59%
2	値段が安い	70%	77%	76%
3	子供や若者、高齢者などあらゆる世代が集まっていて楽しい	5%	13%	32%
4	誰かに会える	7%	29%	16%
5	家が近所	28%	29%	16%
6	スタッフがいきいきとしていて元気をもらえる	21%	23%	34%
7	程よい人間関係が築ける	7%	10%	23%
8	週１回来ることで生活のリズムができる	9%	19%	9%
9	友人と出かける場所としてちょうど良い	23%	13%	21%
10	情報収集ができる	2%	6%	5%
11	グループホームや２階の居住者を見舞うついでに食事をする	0%	0%	1%
12	楽しい雰囲気がある	−	24%	39%
13	子どもを遊ばせることができる	−	16%	14%
14	ゆっくりできる	−	16%	16%
15	こういう場所に来ることで安心感がある	−	6%	10%
16	この場を盛り上げる一員として顔を出したい	−	−	6%

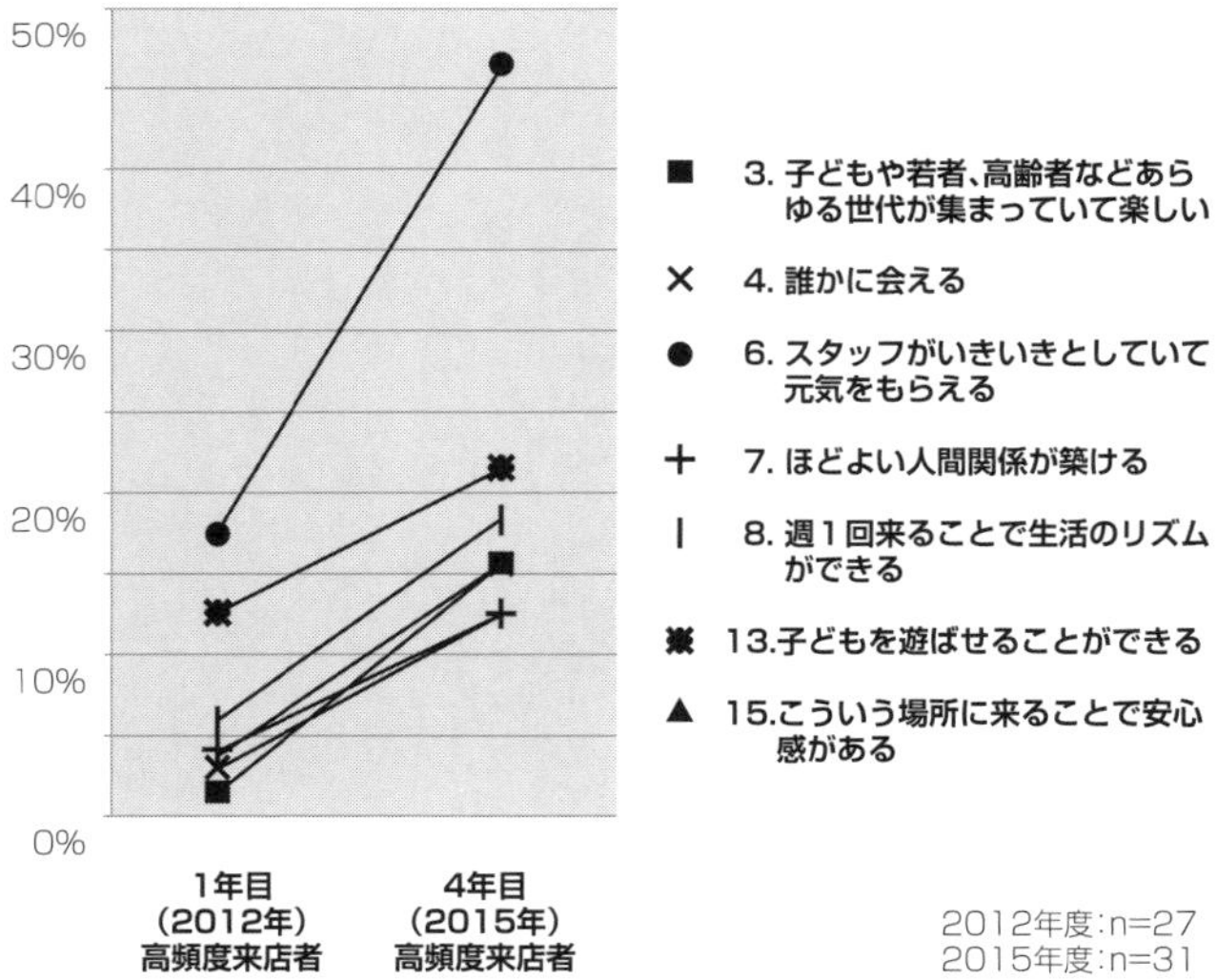

図７　高頻度利用者の主な来店目的の変化
（１年目と４年目で 10 ポイント程度増加した項目を抽出）

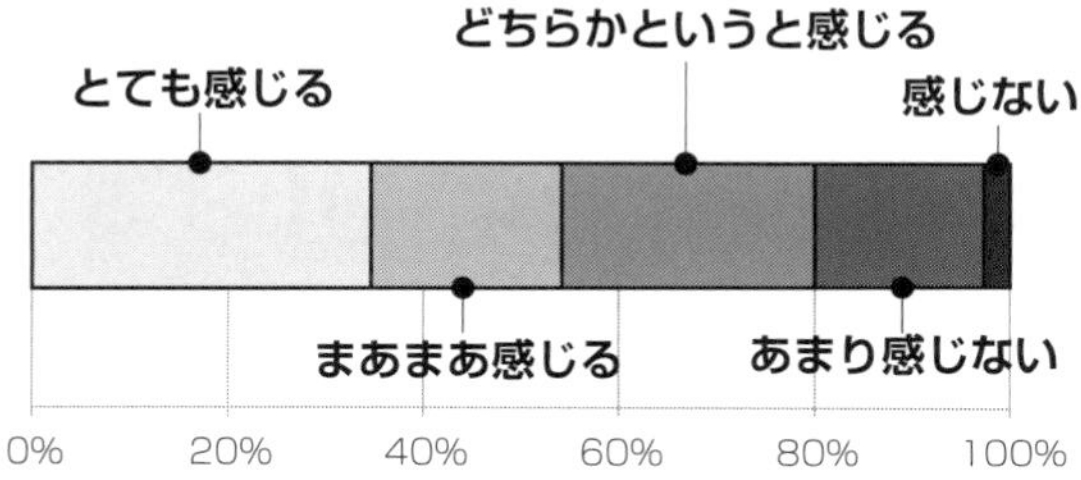

図８　精神的な変化（2015 年度 :n=32）

高頻度で来店する人々のコミレスに通い続けるようになった前後での精神的な変化（図８）は、「とても感じる」と「まあまあ感じる」を合わせて50％以上となっています。「とても感じる」「まあまあ感じる」とした人の理由には、「一人暮らしなので人との関わりをもてるようになったから」「幼子の元気な姿を見られるため」「スタッフの方々が優しいから」「スタッフの生き生きとした表情と談笑する若いお母さん、子どもたちの笑い声に接することができるようになったため」「子育て中なのでママ同士の情報交換をしながら、バランス良い食事を子どもにも食べさせられることが嬉しいため」「別居している親と定期的に気軽に食事ができるようになったため」「今年６月に町内唯一のカフェがなくなったので、ここしか気軽に来ることができる場所がない。一人でも来やすいので生活に潤いが出たから」との自由記載がありました。

ソーシャル・キャピタルの醸成

調査からは、困りごとを相談するような友人といった親密な人間関係ができたという声は聞かれませんでしたが、名前や住んでいる地域を知っている程度の関係ができる場であることが確認できました。来店理由からは、「誰かに会える」「ほどよい人間関係が築ける」「安心感がある」「元気をもらえる」「情報交換できる」といった、スタッフと来店者が一体となってつくりだす暖かい空気感を共有しに来店していることがわかりました。また、高頻度で来店する人々の間では、通い続けるようになった前後を比較してポジティブな精神的変化を感じる人がいることがわかりました。このような結果は、前述した、親密な関係ではないがまったくの他人でもない関係性が紡ぎ出す、「弱い紐帯」のソーシャル・キャピタルと読み取ることができます。[(5)~(8)] 初めは「美味しい」「安い」という理由で来ていたのが、時間を経ることによって、スタッフや客という立場の違いを超え、その場にいる人々が互いに場の意味合いを形成していったと推測できます。

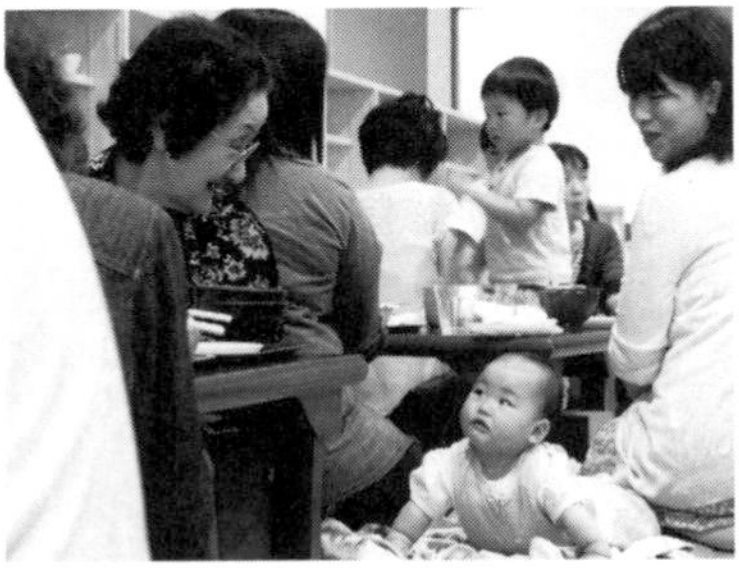

写真7　多世代交流の場になった風のごはんや

以上のような状況を生み出した要因には、多世代交流の場となったことがあげられます（写真7）。高齢者については、施設2階の高齢者専用賃貸住宅の居住者や老人会のメンバーが定期的に訪れるようになりました。若い世代については、父親の職場の休み時間に待ち合わせて利用する家族が多くいること、子連れで来ても周囲に気兼ねなく食事を楽しむことができる安心感をもつ主婦たちの利用が背景にあると考えられます。

札幌にも「風のごはんや」を目指すレストランが開店

２０１７年、私のもとに札幌市南区に住む子育て中の27歳の女性から電話がありました。「子ども時代に地域の大人たちに大切に育ててもらったように、自分の子ども達も多世代のなかで育てていきたい。何か活動を始めたいので協力して頂けないでしょうか」との相談でした。まずは、志を同じくする地域の女性たちを集め、「札幌藤野多世代交流ラボＷＡＯ！」という任意団体を結成しました。そして、メンバー達の保育士の資格や家族が経営する喫茶店、周辺の野菜農家とのネットワークを活用し、「風のごはんや」の運営ノウハウをもとに、「ＷＡＯ！食堂」をコーディネートしました（写真8）。

この地域には鍵っ子の子どもが孤食をしている状況もあり、子ども一人でも食べに来ることが

写真8　WAO! 食堂のフライア

写真9　同時開催の工作教室

写真10
新聞ドレスのファッションショー

できるよう、平日の17時～20時に、子ども100円、大人500円で定食を提供することにしました。閉店後の喫茶店をお借りして1ヶ月に1度開催しています。また、メンバーの小学4年生になる娘さんが工作が得意なことを知り、工作教室を同時開催して創作活動を通して交流をはかることを目玉にしました。工作のテーマ企画や他の子ども達への指導はこの娘さんが主になり、大人達がサポートして開催しています。工作教室には、地域のおばあちゃん達も子ども達の面倒をみながら創作に加わっています（写真9～10）。開店から1年経った現在では、3時間の開店時間中に40名ほどの来店があり、赤字を出さずに運営できています。

来店者の反応は様々です。鍵っ子の小学生からは、7時まで親が帰ってこないので、おばあちゃんの家以外で居場所ができたと喜んでいます。子どもと一緒に来ていた親からは、子どもに混ざって本気の工作をして楽しかった、自分が人見知りでなかなか踏み込めなかったけど来てみたら楽しむことができたとの感想が寄せられています。

会議でメンバー8人が集まると、2歳から10歳までの子ども10人が集結します。この状況の会議は戦争のごとしです。会議時間の半分は隣の部屋で飲み物をこぼしたり喧嘩を始める子ども達に注意も時間も取られるサバイバル戦を迫られます。彼女達の地域活動は想像以上に大変な活動ですが、彼女達だからこそ思い描ける地域のイメージ像を具現化していきたいと思っています。そして、新しい地域活動家が育っていくことを心から期待しています。

好きなことで関わってください～「関与共同体」のススメ

地域住民を巻き込んだプロジェクト企画は、彼らが経験したこともない活動を提案しても実現困難です。寿都町では、振る舞い料理の慣習と前浜の魚介類や自家菜園の野菜といった豊富な食材を資源とし、食事や調理という気軽で日常的な行為をまち育ての要素としたことが成功の秘訣といえるでしょう。また、ある日はお客さんとして来店するが次の日は調理スタッフや会計係をするといった、場を共有する人々の間でのサービスやケアの双方向性が、社会的役割や気軽な関わり合いを創出する本プロジェクトの特徴といえます。

「風のごはんや」を通して私が気づいたこのような状況を、社会学者の小滝や松橋は「関与共同体」と称しています[18]。自治会活動などに全面的にコミットしなくても、それぞれの住民が自ら関心のある事柄に関して、できる範囲で少しだけでも関与するような輪を地域の中に広げて行くことができれば、そのような地域で暮らす住民にとっては地域がリアリティのあるものとして認識される可能性があると述べています[19]。地域がリアリティのあるものとして認識されれば、隣人の困りごとにも「我が事」としてリアリティが出てくると考えられるのです。

「関与共同体」という見方でいくと、コミュニティ・レストラン以上のシステムはないと思われます。つまり、「食べる」「料理する」ことで貢献でき、30分から1時間くらいの滞在で参加できる時間的自由があり、一人でも家族やグループでも参加でき、関与の仕方が自由で幅広いのです。故に関与が持続しやすく、全体として持続が保てれば共同体が形成されると考えられます。一度人々の集まる場ができれば、そこをプラットホームとして多様な集まりの場やイベントを同時開催していくこともできます。

美味しいものは人の心を和ませます。湯気の立つ暖かいご飯と焼き魚、味噌汁を食べるだけで心も体もほっとします。これが気心の知れる人たちと一緒だったら、「美味しい」を共有できるだけでなく他愛ないおしゃべりのきっかけになります。時には美味しいものをご馳走してもらったり、作って褒められたり…。食べることの周辺には、人の感性を刺激し、様々なかたちで参加するチャンネルがたくさん眠っているのです。

これからは、従来の福祉の根底にある滅私奉公的な支援の概念では少子高齢社会は乗り切れません。ワクワクを合言葉に、「福祉」をいかに住民の手に委ねられるか、それが今後のまち育ての視点に大変重要になってくるでしょう。

第2部
第3章
風ぐるまアートプロジェクト
上田 裕文

第３回目の講義の担当は、北海道大学准教授の上田 裕文先生。

地域の自然資源を「風景」の視点から地域づくりに活かす実践研究に国内外で取り組んでいる先生で、最近は、森林を活用した健康保養地（クアオルト）や樹木葬墓地の実現に向け全国の自治体を飛び回っているそうです。

本講義では、風景に着目したアートプロジェクトによる地域づくりの事例に関して話していただきます。

地域創生を風景からデザインする試み

風景は、環境と人をつなぐインタフェースです。私たちは身のまわりの環境を、環境そのものとしてではなく、風景として認識しています。それらの風景をつなぎ合わせ、頭の中で体系化することで一人ひとりの生活世界を生きているのです。そして、こうした生活世界を、コミュニケーションを通じて人々と共有することで、社会が構築されているといえるでしょう。社会は情報化されたあらゆる意味や価値で埋め尽くされているのです。そして、こうした意味や価値の情報を、実際の環境と結びつけてくれるのもまた風景です。その意味で、風景は環境と社会を結びつける接点ともいうことができるのです。

情報化が進み意味や価値があふれかえっている現代社会では、そうした意味や価値の情報と実際の環境との結びつきを、人々が自ら確認する機会はますます失われています。社会に流布する多様な価値に実感が伴わず、地に足がついていないような違和感を抱えながら生活している人も少なくありません。今求められているのは、こうした問題を解決するための風景のデザインです。

風景をデザインするとは、環境と社会の関係をつなぎ直すことです。その相互作用から、具体的には３つのアプローチが考えられます。

①　環境を整備することで風景が変化し、社会における意味や価値を変容させる

②　逆に、社会の意味や価値に働きかけることで、人々の環境への関わり方を変化させる

③　さらには、風景そのものを切り取って伝えることで、風景の見方を変化させ、人々の社会や環境への関わり方を変える

このように、環境と社会のつながりを強化し、その両者をより魅力的に変えていくことが風景のデザインであるといえるのです。

では、こうした風景の視点から、地域創生について考えてみましょう。地域創生には、地域への愛着が欠かせません。自分たちの住む地域をなんとかしたいという思いが実際の活動につながり、地域をより魅力的に変えていく取り組みへと発展します。こうした地域への愛着や思いは、地域社会の意

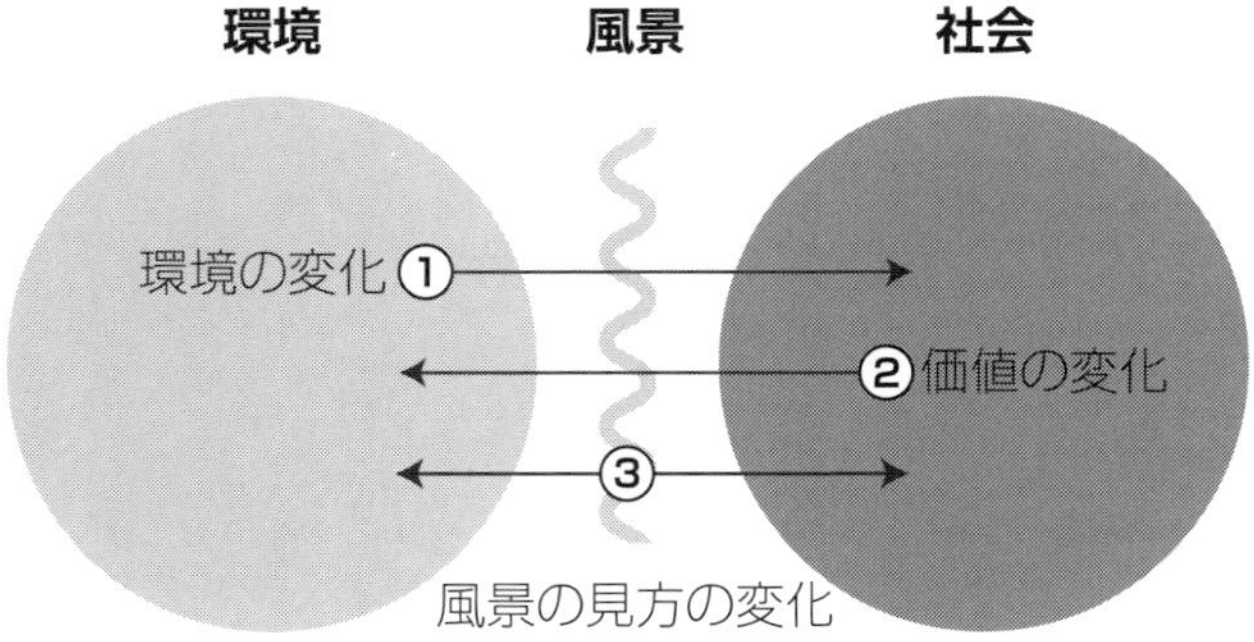

図１　環境と社会をつなぐ風景

味や価値を頭で理解するだけでなく、その環境に身を置いて身体的な実感と結びつかないと育まれるものではありません。つまり、地域創生の原動力となる地域への愛着や思いを育み地域で共有することは、風景のデザインと密接に結びついているのです。そして、その結果として地域の魅力が高まり、さらに多くの人を魅きつけながら地域が持続的に維持され発展することが地域創生につながっていくのです。

以上をふまえ、地域創生のプロセスには次の３つの段階があると考えられます。

ⅰ　住む人にとって地域が多様な価値を持つ魅力的な社会となる
ⅱ　その魅力によって地域内外の人を惹きつけ、人々が地域に関わりをもつ
ⅲ　人々の関わりによって地域の魅力が持続的に維持され、さらに発展していくという好循環を生む

これから紹介するのは上記の段階に従って、地域の潜在的な資源を風景として可視化し、地域の人々が共有し、その価値や環境への働きかけを変化させることで、そこに関わる人の輪を広げ、自律的な地域創生の活動へとつなげていこうと試みた事例です。しかし、実際にはこのように順序よく物事が進んだわけではありません。試行錯誤を繰り返したプロジェクトを振り返って、地域創生デザインのコツ、そこへの大学の関わり方のコツ、そして風景を通してアプローチすることの効果について考察していきたいと思います。

風景を共有する3つの取り組み

北海道にある寿都町《すっつちょう》は札幌から車で西に向かって2時間半、日本海に面した港町です。かつては有数のニシン場、北前船の航路として栄え、最盛期には人口２万人と大変な賑わいを見せましたが、現在の人口は約３０００人まで減少しています。寿都湾を囲むようにU字型に広がる町では、海沿いを30キロメートルにわたって走る幹線道路によって集落が数珠状に連なっています。そして、南に向かって30キロメートル走れば太平洋に出るという、北海道の最もくびれた部分に位置しています。こうした地形の特徴から、全国でも有数の強風が吹く町で、地方自治体としては全国で初めて公営の風力発電施設を建設した町としても知られています。「風のふるさと寿都町」という町の愛称からも、風は町を特徴づける重要な要素となっていることがわかります。

本事例は、地域資源を活かした、町民参加のまちづくりの促進と新たな産業創出を目的とした大学との連携プロジェクトです。２０１０年度より5年間にわたり、寿都町からの受託研究というかたちで、札幌市立大学のまちづくり支援「寿都町コトブキプロジェクト」が行なわれました。大学は、まちづくりのための地域のパートナーシップ構築を外部から支援するコーディネーターという立場ですが、教員だけでなく多くの学生たちが関わる、研究・教育・地域貢献が組み合わさったプロジェクトです。

「寿都町コトブキプロジェクト」を開始するにあたり、大学の受託研究チームでは、寿都町の豊かな自然をはじめとする地域資源の調査および地域課題を整理しました。具体的には、町民が感じる町の「宝」を資源として活用するため、28回にわたる町内会ごと、業種ごと、社会属性ごとなどのさまざまな「お宝座談会」を開催し情報収拾を行ないました。大学生たちが聞き手になり、町民に町の自慢や地域の宝について語ってもらい、そこから地域資源および課題の整理を行ないました。

こうした資源整理のための座談会から明らかになったことは、自然資源へのアクセスが以前よりも制限され、町民の風景の認識が変化してきていることでした。具体的には、漁業を基幹産業とする港町、寿都町においても、子どもをはじめとする町民の海とのつながりが漁業者以外では失われつつあるという現実が明らかになったのです。一方で、海に代わる地域資源として、町が進める風力発電の取り組みに対して地域の理解が広がっており、風の町としてのイメージが浸透しているといえます。

こうした地域資源を核としてまちづくりを進めていこうとしたとき、実はこれらの地域資源は風景として共有されておらず、環境とも結びついていないことが徐々に明らかになってきました。町の人たちが知識として共有している地域資源や地域課題に関するまちづくりのテーマは、総論としては合意を得やすいものですが、具体的な各自の体験や問題意識に落とし込んでいくと一人ひとりバラバラで、それぞれが問題の異なる側面を見ていることがわかってきました。そのため、ワークショップなどの町民との話し合いをいくら続けても、具体的なアクションにはなかなかつながっていかなかったのです。

こうした状況をもとに、風景の再発見と共有が、まちづくりの最初の一歩として必要ではないかと考えました。本稿では、5年間にわたるプロジェクトの中で、特に風景のデザインに関わる取り組みを中心に紹介していきます。具体的には、(1)知識として共有されている海のテーマを実際の環境と結びつけようとした「海の風景体験の復活」、(2)写真撮影や写真展を通して多様な風景の見方、それに対応する価値を発信した「写真を用いた風景の共有」、(3)実際に環境そのものを変化させることで地域資源の価値を問い直した「風ぐるまアートイベントによる空間形成」の3つの取り組みです。これらは、冒頭に紹介した風景デザインのうち②価値→環境、③風景の見方→価値、①環境→価値のアプローチに対応しているといえます。これらに共通しているのは、地域の中で、町民にとっての多様な風景を相互に理解し合うことで、地域の環境と価値の結びつきを再構築し、町民自らの地域への働きかけを誘発することです。

海の風景体験の復活

私たちは、地域で共有されている地域資源としての海を、町民主体で守り育てるための活動から開始しました。「お宝座談会」の中で最も頻繁にあげられた地域の資源は、海だったからです。かつては町民のみんなが海で遊び、海産物をとっては浜で煮て食べるのが一般的でしたが、それらは過去の思い出として懐かしさとともに語られることが多かったのです。また、海が町民と切り離されていくことの危機感を問題視している住民もいました。つまり失われたのは、海に人がいる風景なのです。

しかし、地域の資源としての海の活用を再び取り戻すことは容易ではありません。磯から手がとどく範囲のウニやアワビも貴重な水産資源で、漁業権が細かく設定されています。かつてのように、町民がその場で食すことも厳しくルールで取り締まられるようになり、密漁監視パトロールも頻繁に行なわれています。海で遊んでいると密漁を疑われてしまう心配から、町民は海に近づきづらくなっているのです。こうした問題の背景には、「磯焼け」と呼ばれる海底の環境変化によるウニやアワビの減少も理由としてあげられます。町や漁協は、こうした海の環境回復のためにあらゆる取り組みを行なっており、関係者には水産資源の保全は町の死活問題として捉えられているのです。

こうした状況において、地域の資源として共有されていると思われていた海は、実は、その関わり方や立場によって、まったく違った見方がなされていることがわかってきました。海産資源として見る漁師の視点、海を遊び場として使ってきた大人たち。せっかくの海で泳ぎたいと考える人や海の写真を撮っている人たち。皆が共通して「地域にとって海が大切だ」と語りながら、実はそれぞれの価値観でまったく違う海の見方をしているため、具体的な活用案の検討は進まなかったのです。

そこで、寿都の宝としての海との付き合い方を、町民一人ひとりに改めて考えてもらうきっかけとして、「海を活かしたまちづくりシンポジウム」を企画しました。立場によって異なる海の見方を町全体で互いに理解しあうことを目的としました。シンポジウムでは、寿都湾の「磯焼け」対策に関わる専門家

写真１　海にノボリを浮かべ、イベントでスキンダイビングを楽しむ様子

に、多くの寿都町民が普段目にすることのない、海底の様子の映像や画像を紹介しながら解説してもらいました。その後、町内の漁協、漁師、役場商工課、観光協会のメンバーと事前に視察に行った長崎県壱岐の取り組みの報告を行ない、海の漁業利用、観光利用、教育利用の共存の必要性について会場を含めた議論を行ないました。

翌年には、実際に海の空間体験を共有する磯遊びやスキンダイビングのイベントを町民向けに開催することとしました。実際に海に触れながら、寿都における海の活用方法を町民とともに考えることを目的としました。町民を中心に実行委員会を組織し、イベント開催にむけた企画づくりを進めました。結果的には、そこから一朝一夕で多くの町民の行動変容を引き起こすことは難しかったのですが、この実験的な取り組みによって得られた成果は少なくありません。「寿都の海とつながる会」という任意団体が設立されることとなり、今後は、この「寿都の海とつながる会」が中心となって、自分たちのイベントを独自に開催することとなりました。具体的には、毎年8月1週目の週末を「寿都の海とつながる日」と定め、会員に限らず町内外からの参加者と共に寿都の海を楽しむ機会を提供しています。また、漁協や地元漁師、ダイバーの協力を仰ぎ、海を活用するための仕組みが整えられました。密漁を疑われることなく堂々と海を泳ぐため、事前にイベント開催の場所や時間を漁業組合に連絡した上で、そのために作成したノボリを会場となる海面に浮かべて、周囲にイベント開催をしっかりと示すという工夫が行なわれるようになりました。

写真を用いた風景の共有

大学生と町民の連携で「写真部の撮影合宿」および「共同写真展」を開催しました。「お宝座談会」と称して情報収拾を行なってきた地域資源の可視化として、写真に着目した取り組みです。前節の海をテーマにした取り組みに示されるように、これまで抽象的な概念としては共有されていた「地域の宝」を、具体的な場所や対象と結びつけて風景として共有することが地域づくりのプロセスでは大切です。また、地域活動を始める上での、参加主体の「楽しみ」や「気軽さ」を重視するとともに、地域内外の交流による「気づき」にも着目し、大学生と地域住民との共同作業を行ないました。

札幌市立大学の写真部の撮影合宿を誘致し、町内の写真愛好家に協力を依頼しました。地域の写真スポットについて情報提供をいただき、合同での撮影会なども行ない、人物のポートレートや、自然風景、漁やセリの様子、歴史的建造物などを撮影しました。写真を撮影する際の、住民とよそ者の視点の違いが、その後の意見交換から明らかになり、撮影合宿の成果に基づく写真展を「違《たが》う視線が紡ぐ景色」というテーマで共同開催することになりました。

写真展は、札幌市の中心地下街と、町内の施設で2回実施しました。特に都心部での写真展は札幌市在住の親戚等を通じて外部評価が与えられることで町の評判となり、町民のモチベーションを多いに刺激することとなりました。翌年は、札幌地下歩行空間のルール変更に伴い、前年同様の写真パネル展ではなく、広場の壁に設置されているデジタルサイネージを用いたデジタル写真展として企画を継続しました。

これらの活動を通じて、「寿都写真倶楽部」が設立されました。町内の道の駅、温泉施設だけでなく、新たに診療所等でも写真展を開催し、写真集も作成しています。メンバーも、中学生からお年寄りまで幅広く、世代を超えて楽しみを共有する新たな町民の活動として期待できます。

写真２　札幌駅前通地下歩行空間でのデジタル写真展の様子

風ぐるまアートイベントの開催

地域の資源として近年多くの人に認識されているもののひとつが風です。冒頭に述べたように、全国で初めて公営の風力発電施設が建てられた寿都町では、寿都湾に面して海辺に立つ巨大な風車が今では地域のシンボルとなっています。「風のふるさと寿都町」という町のキャッチフレーズからも、地域の強風は、生活の不利な条件ではなく、むしろ資源として積極的に活用するものであるという理解が町民の中にも広がっています。しかしながら、行政主導で行なわれている風力発電事業は、町民にとってはあまり縁のないもので、知識としては共有されているものの、生活の中で直接恩恵を感じるものではありません。

そこで、町中に千個の風ぐるまが回る風景をつくるアートプロジェクトを行ないました。「風のふるさと寿都町」に風を可視化する風ぐるまを町民と共に制作し、風景体験を共有することで地域イメージを自分たちのものにすることが目的でした。

このアートプロジェクトではまず、中学校体育館を会場に風ぐるまを作成するアートイベントを8月に行ないました。大学生があらかじめ考案し作成した風ぐるまキットを用いて、総勢22名の参加者と5名の学生スタッフで風ぐるまを約３００個制作しました。そして、イベント参加者の意見で、会場近くにある国道沿いの小高い丘の上に、作成した風ぐるまを設置しました。国道は町の中心部を貫く唯一の幹線道路であるため、外出するほとんどの住民が風ぐるまを目にすることができると考えられたからです。

続いてイベント後2週間にわたって、町内の主要な3カ所の施設で風ぐるまキット約700個の無料配布を行ないました。町内で風ぐるまが回る風景を見た人たちが、誰でも自由にアートプロジェクトに参加でき、各自で作成した風ぐるまを身近な場所に設置することで、風ぐるまの風景が町中に広がっていくことを意図しました。この取り組みは、地元の新聞でも取り上げられたため、1週間あまりで配布の風ぐるまキットはなくなり、各家庭の玄関先や庭などに1本または数本ずつの風ぐるまが飾られました。こうして、人々は、さまざまな場所で風ぐるまが飾られた様子を、各自の生活の中で目にしたと考えられます。

アートプロジェクト後、町民に向けて行なったアンケート調査では、今回のアートプロジェクト

写真3　アートイベントにて自分たちで作った風ぐるまを並べる様子

への参加有無に関わらず、町の風景の印象変化が、まちづくりに対するポジティブな評価や積極的な参加意欲と結びつく可能性を示唆していました。今回のような参加型アートプロジェクトが、性別や年代に関して特定の属性のみではなく、あらゆる人々にとって参加が可能なイベントとして捉えられていることも示されました。

寿都町の風ぐるまアートプロジェクトは、その後も町役場や観光協会に多数の問い合わせがあり、翌年にも継続して開催されることとなりました。2年目は寿都町に2つある小学校で「子供教室」として実施され、今後も継続的に教育活動として組み込まれる見通しです。また、観光協会でも、風ぐるまの風景をモチーフとした新たな観光ポスターを町民の投票によって作成しました。こうした動きは、アートプロジェクトが地域にもたらす影響を最も顕著に現していると考えられます。

大学が関わる地域創生のコツ

これらのまちづくりの取り組みは、決して当初計画していた通りに順調に進行したわけではありません。その過程で課題にぶつかるたびに学生たちと試行錯誤を続けたものです。結局は、まちづくりの主役は地域の人々であり、「よそ者」である私たち大学の教員・学生は、そこに寄り添い話を聞き、刺激を与えて気づきを促したり、思いを実現させる一歩に背中を押したり、その後の発展を見守ったりといった、「まち育て」としてのサポートでした。こうした取り組みからあえて大学が関わる地域創生のコツを抽出し整理するとすれば、それは「行政の信頼」「現地コーディネーター」「学生の活躍」「地域内外の交流」「課題よりも楽しみからのスタート」の5つに整理できます。

行政の信頼

まず、自治体行政の大学への信頼についてです。一連の「寿都町コトブキプロジェクト」は、寿都町から大学への受託研究として5年間にわたって大学教員と学生たちが取り組んだ成果です。まちづくりは長期的な取り組みであり、その具体的な成果や効果はあらかじめ予想が難しく、また短期的にも評価が難しいものです。行政の立場からは、単年度で成果が見えない事業に予算をつけることは容易ではないにも関わらず、大学を信頼していただき、一見遠回りにも見える実験的なプロジェクトの数々を試行する機会を与えてもらいました。このことが、後述するようなさまざまな学生たちとのデザイン実践を可能にし、結果として地域を主体とした地域創生の取り組みにつながっていったと思われます。

一般的には、こうした信頼関係を築くのに一定期間の官学・地域連携の実績などに基づいて、自治体と大学との連携協定を結ぶなどの手段が有効であると思われます。こうした手続きによって、行政の中の担当課をまたいだ協力をお願いする際など話がスムーズになり、より多くの成果を出しやすくなります。

現地コーディネーター

地域が主体となったまちづくり活動において、大学はあくまで「よそ者」であり、その具体的な活動においては地域と大学をつなぐ現地コーディネーターの活躍が不可欠でした。本プロジェクトにおいては、各テーマにおいて商工会職員や観光協会が現地コーディネーターとしての役割を担い、地域における各種調整を行なってもらいました。それによって、地域内での情報周知や、人材の紹介、団体間の調整などがスムーズに運びました。特に、都会のまちづくり活動と違い、狭い地域社会では参加者の匿名性を保つことが非常に難しい点が特徴です。そこで、地域の目に晒されながらも住民が参加しやすい体制づくりが求められます。そうした、地域ならではの社会特性を理解した調整役が必要不可欠です。

地域にはコミュニケーション能力に優れた女性が多くいたりします。結婚を機に引っ越してきた方など、比較的時間が自由に使える場合には、まちづくり活動に協力いただけることもあります。まちづくり活動には女性の活躍が欠かせません。こういった視点から現地コーディネーターを地域で探すことも必要かもしれません。

学生の活躍

プロジェクトにおいて、学生たちはあらゆる局面で活躍しました。地域との交流を通した情報収集においては、地域の人々は教員よりも学生に対して、気負うことなく自慢話をしてくれました。教員相手だと、行政相手の陳情に近いグループディスカッションになってしまうこともしばしばでしたが、学生たちが相手だと、地域の人々は日頃自分ごととして感じている課題や体験、そして「地域の宝」を豊かに語ってくれました。

具体的な活動が始まると、学生たちの危なっかしい活動に、多くの町民が見ていられずに協力の手を差し伸べてくれることもしばしばありました。こうした協力がきっかけとなり、地域と学生の間で多くの共同作業が行なわれるようになり、それが地域の人々に広がっていくきっかけにもなりました。

このように、大学が地域をサポートするだけでなく、学生たちの学びを地域の皆さんにサポートしてもらうことで、逆に地域の気づきや活動を促すことがあります。学生たちの成長を喜んでくれる地域では、卒業後も地域との交流が続くこともあります。彼らにとって第二の故郷となった地域で、いつしか彼らがさらに地域のために活躍してくれる日が来ることも期待できます。

地域内外の交流

地域創生の活動を地域内で完結させないことの大切さも示唆されました。札幌都心部での写真展に代表されるように、外部への発信や交流は地域内の結束を生みます。そして、外部からの評価は地域の人々の自信につながるだけでなく、地域社会における彼らの活動の承認にもつながります。その後の活動のしやすさや、新たな主体の参画に影響を与えていくのです。

また、他の地域との情報交換の機会を持つことで、地域の独自性や価値の気づきが生まれることも多々ありました。例えば、活動メンバーによる先進地域の視察などは、こうした地域の独自性や自分たちならではのアプローチの可能性などに気づく重要なきっかけになります。

地域間競争が現実として存在する状況において、近隣自治体と同じことをやっていては地域創生にはつながりません。地域が自らを相対化するためには、その活動の枠を外に開いていく必要があるのです。

課題より楽しみからスタート

まちづくりやデザインは、地域の課題解決を目的としがちです。事実、本プロジェクトも当初はそのような狙いがありました。すなわち、地域の課題を地域の資源を活かし、デザインを通して解決するという狙いでした。しかし、実際に活動を進めていくと、確かに地域の課題は見えやすいですが、その課題に自ら進んで向き合い、取り組みたいという地域の人はあまりいないのも事実なのです。地域課題は行政や他の誰かが解決してくれたらありがたいけれど、自ら行動を起こすとなるとどうしても腰が重くなってしまうものです。課題解決からまちづくりをスタートするには、よっぽどの危機感がないと難しいのかもしれません。

しかし、まずはちょっとした一歩。しかも、それが楽しみと結びついた活動であれば始めやすいし、続けやすい。そんな楽しみを小さな個別の活動プロジェクトに加工することが、全体のまちづくりを推進する上で最も重要であったと思います。風ぐるまアートプロジェクトは、まさにそのような、楽しみから始めて誰もが参加できるちょっとした一歩でした。一見無駄に見える遊びのような取り組みの方が、普段の肩書きを忘れ、誰もが対等に一緒に活動できるという意味で、まちづくり活動のスタートには適しているのです。

風景からの地域創生デザイン

最後に、地域創生デザインにおいて風景が果たす役割を考察します。その特徴をまとめると、「参加者間の価値観の相互理解」「最初の一歩の取り組みやすさ」「参加者の平等性」「日常生活への浸透」の４つに整理できます。

風景による地域資源の可視化と共有

まちづくりを進める前提として、参加者が持つ価値観の相互理解が不可欠です。地域資源として共通認識と思われた海には、具体的に話を進めていくと、立場によって異なる価値や意味が与えられていることがわかりました。立場を超えて互いにその価値を認め合った上で、それらの価値を実際の生活環境に統合するには、風景としての可視化と共有が必要でした。これが最初の海のシンポジウムから磯遊び・スキンダイビングへとつながる一連の活動でした。このことがきっかけで風景による可視化と共有に特化した、写真撮影プロジェクトが展開しました。人によって違う風景、すなわち環境の見方の多様性を相互に認め合うことで、地域に対する複合的な視点を養うことが、地域の愛着や思いを共有することにつながり、地域について議論する上での前提条件を整えることができるのです。

「みんなの資源」より「誰のものでもない資源」の活用

まちづくり活動の第一歩としての取り組みやすさも重要です。みんなのものは、利害関係者が無数に存在することから、その利害調整が難しいという特徴があります。このことは、町の共有資源と思われた海の取り組みを通して痛感したことです。複雑にからみ合った漁業権をはじめとする利害関係を丁寧に調整し、あらたな利用を実現することは至難の技です。そのため、海での取り組みでは、最初の一歩としては何も海産物を取らず泳ぐことだけを純粋に楽しむスキンダイビングから始めることになりました。

一方、誰のものでもない、町の風景を切り取ること、誰のものでもない風を利用することは、比較にならないほど容易な取り組みでした。まちづくり活動の第一歩としては、こうした誰のものでもない資源に着目してみるのもひとつの方法です。地域には、こういった資源が山のようにあふれているはずです。そんな資源に目をつけることが、地域での「宝探し」の醍醐味になるでしょう。社会で固定化された意味や価値にとらわれず、新たな価値を風景の中から見いだすことができるはずです。

アートによる非日常性、多様な主体の参加

日常生活の中の肩書きを超えて、誰もが平等な立場で参加できる取り組みがまちづくりには必要です。写真撮影プロジェクトにおいては、カメラや携帯電話を持てば子どもからお年寄りまで、あらゆる立場の人たちが、自分たちが見ている風景を記録し伝えることができ、多くのコミュニケーションが生まれました。実際に写真展を開催すると、普段見慣れた場所であっても立場によって異なる風景の見方があることが新鮮だったり、地域の人であっても知らない場所や人、生活の様子などがあることを可視化して伝えたりすることができました。

風ぐるまアートプロジェクトは、年齢や性別、肩書きに関係なく誰もが同じ作業を通して、みんなでひとつの新しい風景をつくり上げる取り組みでした。普段はそれぞれの生活環境に応じて異なる風景を生きている人々が、協力しあってひとつの風景をつくる空間づくりは、地域への愛着を強化するのに大変効果的です。これは、新たなイベントに限らず、地域に古くからあるお祭りなどとも共通しているかもしれません。一部の人だけではなく誰もが気軽に参画できる地域創生デザインの工夫が必要です。

日常の中に浸透する風景の変化

身近な風景の変化は、日常生活の中に入り込んで地域の人々に情報を発信し、次第に生活の中に溶け込んでいくことが期待できます。風ぐるまアートプロジェクトは、町民の生活とは切り離されたところで出現した巨大な風力発電施設群と町営事業に対して、「風のふるさと寿都町」というイメージを身近な風景体験として日常生活とつなぎ直し共有することを試みたものでした。実際には、風ぐるまの色や強度などに関してさまざまな意見も寄せられましたが、これも日常の中に新たな風景が出現したからこその地域の反応といえます。この取り組みが、町民に風の町であることの再認識や、それを資源として自分たちも活用できることに気づくきっかけとなったと思われます。寿都町での小学教育プログラムや観光協会でのお土産作成への展開があったように、今後、さらに風ぐるまがこの町の日常の風景の中に浸透することを期待したいと思います。こうした風景の変化が、地域の魅力を外に伝え、地域外からも人を惹きつける日がくるかもしれません。

地域の置かれる現実的な社会状況を考えると、地域間競争がますます激化する中で地域が生き残っていくためには、地域の魅力に競争力を持たせることも重要になるでしょう。その際に、地域らしさを明確に発信することができるのは、その土地の気候風土といった環境と、地域社会において意味や価値が集積した文化とが結びつき、地域への愛着が育まれている地域です。地域創生を風景からデザインするとは、生活実践の中でこうした環境と価値の結びつきを風景を通して可視化することで地域内外の人々との共有を促し、地域への愛着を育み、さらには環境と社会の相互作用を通して地域の魅力を持続的に維持しながら、発展させていくための好循環を生み出すことです。

第2部

第4章

炭鉱《やま》の記憶アートプロジェクト

上遠野 敏

第４回目の講義担当は、上遠野 敏先生。

札幌国際芸術祭では作家として出品したり、アートディレクターとして札幌や北海道の三至宝展の企画をしている先生です。

本講義では、旧空知産炭地で地域の人々と協働でアートプロジェクトに取り組んできた活動を紹介して頂きます。

はじめに

空知《そらち》総合振興局の「産炭地域活性化促進事業」のフィールドサーベイから、「外部の人々と接触することで地域内の人の意識が変化する」との結果が得られました。私がアートディレクターとして札幌市立大学の学生や作家とともに実施してきた、旧空知産炭地各所の炭鉱遺産を活用したアートプロジェクトは２０１９年で11回目の開催となり、多くの来場者を空知各所に呼び込み、多様な交流を促進しました。

炭鉱遺産に寄り添いながら、圧倒的な場の魅力や歴史的背景などの「炭鉱《やま》の記憶」[*1]をアートの力で引き出し、その価値を輝かせてきました。旧空知産炭地活性化の戦略構想の中で、点在する炭鉱遺産の重要拠点を巡回しながら開催しています。開催場所に足繁く通いながら地域の人々と交流を重ねて、協働でアートプロジェクトに取り組んできた活動内容を検証しながら紹介します。

＊1　地域の炭鉱が栄えた当時の姿・様子（産業・石炭生産の姿、まちなみ・風景、炭鉱に働く人々の働く姿・暮らし・文化など）を、現在に語り継ぐ、さまざまな記録や情報。

旧空知産炭地の実情

空知は日本でも有数の旧産炭地で、石炭は日本や北海道の経済を支えた基幹産業でした。北海道の近代炭鉱の歴史は、１８５３（嘉永６）年のペリーの黒船来航と翌年の江戸幕府とアメリカで締結された日米和親条約がきっかけとなっています。当時、アメリカはランプの灯りとなる鯨油を求めて日本沿岸まで捕鯨に来ていました。船上で鯨油を抽出するためには大量の薪と石炭、水と食料の補給拠点が必要だったのです。寄港地の箱館（現函館）では周辺の山から薪を供給しましたが追いつかず、白糠炭山や茅沼炭山が開発されましたが十分な量や質が確保できない状況でした。明治時代になり、お雇い外国人のライマンの調査によって北海道内部に豊富な石炭資源が埋蔵していることが確認されて、１８７９年に幌内炭鉱（三笠市）が開鉱しました。併せて、幌内鉄道が鉄道として日本で3番目に開通するなど、欧米列強と対抗して近代化を進め国力を高めるには、北海道の資源開発と石炭が重要な国策だったのでした。

その後、日本は国力を高めると同時に石炭産業も隆盛を極めました。しかし、採炭するコストと物流の扱いにくさが災いして、１９６０年代に安価な原油が輸入自由化となり国内に大量に流入してくると、石油エネルギーへの転換が一気に進みました。それに対抗すべくスクラップアンドビルドで集約化や機械化を進め効率化を図りましたが、石油の安価さや便利さには勝てずに、炭鉱の閉山が相次ぎました。人口流失が地域経済にも大きな打撃を与えて斜陽化へと突き進みました。余談ですが、石炭は現在でも火力発電や製鉄などに年間１億８９００万トン（２０１８年）輸入されています。１９６０年代の年間全道出炭量が２０００万トンなので、現在の輸入量の多さには驚きます。オーストラリアやインドネシア、ロシアなどから安価な石炭が大量に輸入されていて、なんとも皮肉な状況です。

そんな旧空知産炭地の地域経済の崩壊を救済するために１９６１年産炭地域振興臨時措置法が施行され、産業基盤整備、企業誘致、自治体財政支援などの産炭地域振興政策が展開されました。特に、経済の崩壊が著しい夕張市など６市１町（夕張《ゆうばり》市、三笠《みかさ》市、赤平《あかびら》市、芦別《あしべつ》市、歌志内《うたしない》市、上砂川町《かみすながわちょう》、美唄《びばい》市）を中心に、大規模レジャーランドなどの観光開発が推進されました。その後、事業計画や運営の甘さによる収益悪化のため大規模プロジェクトのほとんどが破綻や中止に追い込まれました。

２００１年に国の財政支援が終了したこともあって、旧産炭地の自治体の財政は一層厳しさを増し、２００７年には夕張市が深刻な財政難により財政再建団体となり財政破綻しました。空知管内の人口は１９６０年に82万４０００人でしたが、現在では、最盛期の四割を切る人口に減少しました。その多くは炭鉱関連の人口減少です。なかでも夕張市は最盛期の１９６０年に11万人を超える人口でしたが、２０１９年には８０３３人と激減しています。人口減少、高齢化、財政悪化と、空知旧産炭地域は日本の未来の先取りといえる負の縮図を描いています。このような最も厳しい地域において炭鉱遺産を活用し再生に向けたストーリーを構築し実践することが、日本の地域存続のモデルケースになります。

炭鉱の歴史を忘れてはいけない——地域再生の道筋

炭鉱遺産の認識

地域固有の歴史的文脈を表象する炭鉱遺産は、これまで負の遺産として認識されていましたが、外部からの評価や注目という外的環境の変化を得て、地域再生の有力な手がかりとして認識され、１９９０年代後半から市民が先導して実践的な活動が展開されています。

「炭鉱《やま》の記憶」による地域再生の道筋

１９９８年から空知支庁（現：空知総合振興局）の炭鉱の記憶再生事業を契機として、地域に含蓄された有形・無形の炭鉱遺産である「炭鉱《やま》の記憶」をキーワードにした地域再生に向けた動きは、市民により先導的な活動展開が行なわれています。２００９年３月、空知支庁から有識者、まちづくり市民団体、関係行政を交えた委員会により、「元気そらち！産炭地域活性化戦略」が構想され、①まち力・市民力、②創造都市、③地域マネジメントによる具体化のための道筋が策定されました。

ドイツに学ぶ地域再生の道筋

2000年に「IBAエムシャーパーク構想」でゲルゼンキルヘン市の芸術顧問として、数多くの炭鉱遺産再生に尽力したウィルヘルム・レームブルック美術館館長のブロックハウス博士が空知を訪れ、素晴らしい炭鉱遺産が残されていることに感銘して、アートや建築、ランドスケープの力を融合して炭鉱遺産を活用した、「場」としてのプラットフォームをつくりパフォーマンス（表現）する重要性を説きました。「多くの人に炭鉱遺産を巡ってもらい、炭鉱遺産の持つ可能性を地域住民の皆さんにアピールする」。これは、地域外の来場者の新鮮な目によって炭鉱遺産の魅力や価値を発見することにより、地域住民が、その良さや価値を改めて認識することを促しました。

NPO法人「炭鉱の記憶推進事業団」の発足

空知旧産炭地域各地のまちづくり市民団体、札幌圏の学識者、有識者によって「産業遺産

写真１　ノルトシュテルンパーク（ゲルゼンキルヘン）炭鉱跡地に有数企業の事務所が入居している

を活かす地域活性化実行委員会」が組織され、２００７年にＮＰＯ法人「炭鉱《やま》の記憶推進事業団」が発足し、岩見沢《いわみざわ》駅前に「そらち炭鉱《やま》の記憶マネジメントセンター」を開設しました。地域活性化の起爆剤として、旧空知産炭地の炭鉱遺産や往時の炭鉱の記憶を蘇えらせる「炭鉱《やま》の記憶アートプロジェクト」やイベント等を実施するなど積極的な啓発活動を展開し、将来にわたって有形・無形の産業遺産を地域の人々に継承するマネジメント機能を発揮しています。

ドイツ・ルール工業地帯の地域再生の先行事例

ルール工業地帯のエムシャー川流域は、１９７０年後半からの産業構造の変化によって、石炭産業や製鉄業は急速に衰退し、重化学工場の汚染により環境破壊は深刻でした。１９８９年からの再生事業の「ＩＢＡエムシャーパーク」（写真１）の視察を通して、地域生成の基盤となった産業の歴史を認識することによりアイデンティティを確立し、再生に向けた活力を生み出そうとする思想に感銘を受けました。ブロックハウス博士らが尽力した「ＩＢＡエムシャーパーク構想」では、アーティスト、デザイナー、建築家が重要な役割を果たしました。アートによる地域再生が有効であることを確認することができました。地域再生は産業遺産の保全と再生利用、緑地や水系を再生して緑の中で働くための居住空間の整備を含めた再開発、新産業育成の基盤づくりを含めた総合的なプロジェクトで、驚くほど精緻できめ細かな事業でした。炭鉱遺産などをできるだけ残して植物と共存する、インダストリアルネーチャーとの調和や生活の場を見せる「生きた博物館」の展開にも大きな示唆を得て空知旧産炭地域において炭鉱遺産を活用したアートプロジェクトを展開しています。

空知旧産炭地域全体で共に事にあたる

「産業遺産を活かす地域活性化実行委員会」によって、２００５年に「炭鉱遺産サミット」が開催されました。空知旧産炭地域の首長８名が出席し、２５０名の地域内外の市民が傍聴した会議によって、これまで各自治体の個別の取り組みに終始していましたが、炭鉱遺産を手がかりにした地域再生に対して「ネットワーク」と「選択と集中」によって「共に事にあたる」ことを合意しました。

アートは社会と交差する現場

歴史的文脈をふまえた地域資源である「炭鉱《やま》の記憶」の活用を通して、地域の「内と内」、地域の「外と外」そして「内と外」を結ぶ交流を促進して継続性のあるネットワークを構築しました。また、地域に関心を寄せる外部の人々、いわば応援団を自認する人々を増やし、外部と交流しようとする地域の人々の自発的な行動へと導くことの起動スイッチと位置づけています。地域再生の一助としての炭鉱遺産の活用によるアートと、過去の歴史に対する社会的評価による誇りと生きがいの創出や子どもたちとのふれあい（次世代を担う子どもたちからの関心を獲得）などをアートの拡張と位置づけアートプロジェクトとして実施しています。

札幌市立大学のデザイン学部の学生と行政や関係機関、地域住民と協働しながら、旧産炭地域の炭鉱施設や地域コミュニティを会場にして地域の人々との交流と支援をする地域貢献を行なっています。私がアートディレクターとしてＮＰＯの前身組織「産業遺産を活かす地域活性化実行委員会」（２００４年赤平炭鉱アートプロジェクト）およびＮＰＯ法人「炭鉱《やま》の記憶推進事業団」と連携して実施した「炭鉱《やま》の記憶」を掘り起こすアートプロジェクトを次のように開催してきました（表１）。

学生、作家を交えて炭鉱遺産空間にインスタレーションアート展示を行ない大きな成果をあげています。２０１３年と２０１４年には、文化庁の「大学を活用した文化芸術事業」に申請し「空知旧産炭地域における「炭鉱《やま》の記憶」をキーワードにした地域再生のためのアートマネジメント人材育成事業」が採択され、地域の人々が自主的に活動できるためのアートマネジメント事

表１
そらち炭鉱《やま》の記憶アートプロジェクト実施一覧

開催年	名称	開催場所
２００４年	赤平炭鉱アートプロジェクト	赤平市／住友赤平炭鉱坑口浴場跡・商店街
２００９年	幌内布引アートプロジェクト（写真２）	三笠市／北炭幌内炭鉱布引立坑跡
２０１１年	夕張清水沢アートプロジェクト	夕張市／北炭清水沢火力発電所跡
２０１２年	奔別アートプロジェクト	三笠市／住友奔別炭鉱ホッパー跡
２０１３年	奔別アートプロジェクト２０１３	三笠市／住友奔別炭鉱ホッパー跡
２０１４年	そらち炭鉱アートプロジェクト２０１４	三笠市／住友奔別炭鉱ホッパー跡・唐松駅 岩見沢市／送電線鉄塔・毛陽・朝日駅 夕張市／北炭清水沢火力発電所跡・送電線鉄塔・万字峠
２０１５年	そらち炭鉱アートプロジェクト２０１５	夕張市／石炭の歴史村遊園地跡地
２０１６年	そらち炭鉱アートプロジェクト２０１６〈Ｋｉｌｎ〉	三笠市／住友奔別炭鉱ホッパー跡
２０１７年	赤平アートプロジェクト	赤平市／住友赤平炭鉱坑口浴場跡
２０１８年	赤平アートプロジェクト２０１８	赤平市／住友赤平炭鉱坑口浴場跡・赤平市炭鉱遺産ガイダンス施設
２０１９年	赤平アートプロジェクト２０１９	赤平市／住友赤平炭鉱坑口浴場跡

業として展示企画や運営の実践と専門家の講座などを実施しました。人材育成が、地域住民が企画の主体となるための契機づくりとなり現在につながる意識を醸成しました。

赤平市の炭鉱遺産の保存・活用の取り組み

赤平市が、他に先駆けて行政、民間が一体となって炭鉱遺産の保存・活用の取り組みを行なっている事例を紹介します。

「赤平の新たな物語は、人々の想いと協働によって紡がれます。」これは「赤平アートプロジェクト２０１８」のキャッチコピーです。２０１８年7月に、赤平の貴重な炭鉱遺産を輝かせようと「赤平市炭鉱遺産ガイダンス施設」が開館しました。それに先立ち、２０１６年に住石マテリアルズ社から赤平市に立坑櫓や坑口浴場などが一括無償譲渡されました。赤平コミュニティガイドクラブ TANtan の炭鉱遺産を活用したガイドなどの熱心な取り組みや、赤平市や空知振興局との市民と行政の連携が住石マテリアルズ社からの無償譲渡につながりました。

赤平市では２０１７年に炭鉱遺産活用基本構想においてストーリーが構築され、炭鉱遺産を活用した地域再生が「赤平市炭鉱遺産ガイダンス施設」から始まりました。地域存続の危機を乗り越えるモデルケースになると期待されます。

赤平市の炭鉱の歴史と遺産の保存・活用の流れ

赤平の開基は１８９１年。歌志内から山越えをして、空知川河岸の農耕適地に入植しました。赤平の石炭の発見は、安政年間にさかのぼり、松浦武四郎の「石狩日誌」に路頭炭の記載があります。歌志内や夕張の石炭開発は１８９０年から行なわれていましたが、赤平は、１９１２年11月に鉄道が開通することで、ようやく炭鉱開発が始まりました。１９２２年には、人口増加に伴い歌志内から分村して赤平村となりました。炭鉱開発も昭和に入るとさらに盛んになり、戦時中が最も活況を呈しました。

赤平市の炭鉱の歴史と炭鉱遺産の保存・活用の流れを時系列で見てみましょう。私は学生と共に赤平に入り４回のアートプロジェクトや赤平フットパスの計画とデザインなどを実施しました。また、札幌国際芸術祭２０１４年、２０１７年と連携して赤平市炭鉱歴史資料館の貴重な資料を現代アートとして紹介するなど、赤平の行政や市民と連携を深めました。（表２の◉印は筆者との関連事項）

このように、赤平市では市民と行政が連携して炭鉱遺産の保存、活用、継承にたゆまぬ実践を重ねてきました。「赤平市炭鉱遺産ガイダンス施設」（写真３）の開館と「赤平アートプロジェクト２０１８」によって赤平の新たな物語を人々との協働によって紡ぎました。

表２　赤平市の炭鉱の歴史と遺産の保存・活用の流れ

１９１８年	茂尻炭鉱（雄別炭鉱—三菱）が開鉱。
１９３７年	豊里炭鉱（昭和電工）が開鉱。
１９３８年	住友赤平炭鉱、赤間炭鉱（北炭）が開鉱。
１９６３年	住友赤平立坑が完成。総工費約20億円。高さ43・８ｍ、深さ６５０ｍ。
１９８９年	「炭鉱の歩みを保存・継承する懇話会」設立。 「赤平百年史編さん委員会」発足。資料収集や聞き取りを調査開始する。
１９９４年	住友赤平炭鉱が閉山。「炭鉱資料収集保存会」が住友赤平炭鉱の関係資料、機械、器具などを収集。
１９９７年	北海道庁の「北の世界遺産」構想。
１９９９年	北海道庁の「北の世界遺産推進方策検討チーム」が炭鉱遺産を「北海道遺産」へと提言。 空知支庁の「そらち・炭鉱の記憶推進事業」活動が開始。 赤平市では五月に「炭鉱の歴史を保存・継承する市民会議」を設立。
２０００年	ブロックハウス博士が来訪して炭鉱遺産の活用に示唆を与える。
２００１年	国の緊急地域雇用特別対策の制度を利用して「住友赤平炭鉱」の事務所内の膨大な資料の整理と炭鉱で使われた大型坑内機械類の整備を開始する。
２００３年	「国際鉱山ヒストリー会議」を開催する。
２００４年	◉「赤平炭鉱アートプロジェクト」札幌市立高専（現札幌市立大学）の教員・学生が参加。
２００５年	「赤平コミュニティガイドクラブＴＡＮｔａｎ」発足。「赤平市炭鉱歴史資料館」開館。
２００８年	「新・北海道総合計画」で◉「炭鉱の記憶で地域づくり」（委員として参加）が地域重点プロジェクトに。
２０１０年	◉「赤平フットパス」北海道空知総合振興局、赤平コミュニティガイドクラブＴＡＮｔａｎ、札幌市立大学の教員・学生がデザインで参画。 「赤平コミュニティガイドクラブＴＡＮｔａｎ」が２００５年～２０１７年に、立坑ガイドツアー、立坑ライトアップ、赤平フットパス、ＴＡＮｔａｎ祭り（２０１１年から）などの活動を継続して実施。
２０１４年	◉「札幌国際芸術祭２０１４」の出品作品、上遠野敏「20世紀の肖像（炭鉱の記憶）」において赤平炭鉱歴史資料館の資料と現代美術がコラボレーション。

２０１６年　住石マテリアルズより住友赤平立坑と関連施設を、赤平市に一括譲渡。「炭鉱遺産公園整備」赤平市の重点施策。
２０１７年　◉「住友赤平炭鉱坑内模式図」が札幌国際芸術祭２０１７で公開。「赤平アートプロジェクト」札幌市立大学の教員・学生、赤平市民が参加。
２０１８年　◉「赤平アートプロジェクト２０１８」札幌市立大学の教員・学生、作家市民が参加。「赤平市炭鉱遺産ガイダンス施設」開館
２０１９年　◉「赤平アートプロジェクト２０１９」札幌市立大学の教員・学生、作家市民が参加。

赤平でのアートプロジェクトの経緯

赤平では炭鉱遺産の保存・継承への先駆的な取り組みという土壌があり、２００４年の「赤平炭鉱アートプロジェクト」開催の際には、「産業遺産を活かす地域活性化実行委員会」および「炭鉱の歴史を保存・継承する市民会議」が主催となり、実行委員会事務局にＳＴＶメディアフィールズ21が入り、炭鉱遺産の旧住友赤平炭鉱の坑口浴場、下請けの社長邸宅を活用した山田御殿（現蕎麦店御殿倶楽部）、商店街の空き店舗などを会場とし

写真３　2018 年７月にオープンした赤平市炭鉱遺産ガイダンス施設

て、炭鉱遺産と合わせて市内の商店街の活性も託されました。赤平市、赤平商工会議所、青年会議所などが惜しみない協力をしてくれて、住民が主体となって動くことの契機づくりとなりました。それに先立つのが赤平市の炭鉱遺産の保存・継承の数々の動きと、２００３年の「国際鉱山ヒストリー会議」です。炭鉱遺産の継承を強く意識して、河原などに放置してあった採炭用の大型機器を整備・展示し、世界の人々に印象付けました。

当時、ＳＴＶ会長の伊坂重孝は元北炭の労務課長でもあり、炭鉱遺産が風化する現状に危機感を抱いていました。伊坂は美術愛好者で「イサム・ノグチ」展やドイツの彫刻家の「ウィルヘルム・レームブルック」展などを企画して美術館で展覧会を開催しています。

２０００年に来訪したブロックハウス博士の招請も、博士がウィルヘルム・レームブルック美術館の館長として「ＩＢＡエムシャーパーク構想」で炭鉱遺産の再生に尽力したからにほかなりません。ブロックハウス博士が炭鉱遺産の活用に示唆を与えた「炭鉱遺産を活用した、場としてのプラットフォームをつくりパフォーマンス（表現）する重要性を説き、多くの人に炭鉱遺産を巡ってもらい、炭鉱遺産の持つ可能性を地域住民の皆さんにアピールする」ことによって赤平で第１回の炭鉱アートプロジェクトが始まり、アートディレクターとして私に声がかけられました。

地域住民が企画の主体となるための契機づくり

２００３年の「国際鉱山ヒストリー会議」や、２００４年の「赤平炭鉱アートプロジェクト」の開催は、外部からの視点や専門家や学生と地域住民との協働によって地域住民が主体となり地域再生へ自律的に対処するための契機となりました。

地域住民が「赤平コミュニティガイドクラブTANtan」を結成して２００５年から現在まで、立坑ガイドツアーや立坑ライトアップ、赤平フットパスの実施、TANtan祭り（２０１１年から）などで多くの人々を集めて炭鉱遺産の魅力を発信し続けた功績は大きく、私たちが目指した地域住民が企画の主体となるための契機づくりは醸成できたといえます。

文化・芸術活動は地域再生に有効であり経済効果にも波及します。これまで数々のアートプロジェクトで学生や作家と共に地域に入り、地域住民と密接な交流を深めながら、産業遺産に光を当て、寄り添い、その記憶をアートで引き出してきました。外部からの来場者はその魅力と価値に気付き、テレビ、新聞も大いに取り上げて、地域の負の遺産の認識から歴史的価値へと転換を促しました。そのことによって地域の人々は誇りを取り戻しています。私たちのアートプロジェクトはそのきっかけを醸成しながらも、地域住民が主体的に動くコトを地域再生の最終目的としています。

赤平の国際展との連携

越後妻有《えちごつまり》アートトリエンナーレや瀬戸内国際芸術祭は、アートで場の魅力を掘り起こし、食や雇用まで生み出すプロジェクトに成長して地域の人の誇りにもなっています。

私は札幌国際芸術祭２０１４の作家として出品しました。赤平市の協力を得て赤平炭鉱歴史資料館の資料と現代美術がコラボレーションした、上遠野敏《20世紀の肖像（炭鉱の記憶）》で、炭鉱遺産の優れた地域資産を公開し、日本と北海道の経済を支えた20世紀における空知旧産炭地の役割と、それが人々の記憶からも風景からも風化していく状況を作品に表しました。併せて札幌国際芸術祭の連携事業として「そらち炭鉱アートプロジェクト２０１４」で三笠の奔別《ぽんべつ》立坑エリアでアンゼルム・キーファーの映画『あなたの都市の上に草が生える』を上映し、国際展の会場としての炭鉱遺産の活用を示しました。

札幌国際芸術祭２０１７には企画メンバーとして札幌の三至宝、北海道の三至宝、円山公園企画などの7企画を担当して地域資産のモノ・コト・ヒトに光を当てました。札幌の三至宝では「レトロスペース坂会館」の昭和雑貨の博物誌、「大漁居酒屋てっちゃん」の店内コラージュと絵画、「定山渓秘宝館」の写真と映像を展示して昭和という時代性と名もなき品々の集積により札幌の至宝の魅力を伝えました。北海道の三至宝は「木彫り熊」の歴史と造形の魅力の再評価を促しました。「三松正夫の昭和新山火山画」は郵便局長三松正夫が昭和新山の胎動から新山生成までを詳細に記録した絵画や図表を展示して、北海道の絵画史に組み入れました。「住友赤平住友坑内模式図」（写真４）はアートプロジェクトの縁で、日本でも唯一無比の大型図面を展示しました。２００キロメートルにわたる坑内図は採炭の羅針盤といえる門外不出の図面で、歴史的価値と美しい図面は、北海道の絵画史を一変すると確信して国際展で初公開しました。このように炭鉱遺産の魅力を連携しながら物語に紡いでいます。

事例紹介—赤平アートプロジェクト２０１８

旧住友赤平炭鉱坑口浴場と赤平炭鉱遺産ガイダンス施設を会場に11作家42点の作品が展示されました。併せてイベントや発表会などの企画も実施しました。

写真４　「住友赤平炭鉱坑内模式図」の展示風景

地域の人々や学生の協力でつくられた作品を紹介します。上遠野敏《閉山から二十四年。苔の生すまで》（写真5）は、閉山後24年の間に立坑屋上や自走枠工場、歩道の植栽や坑口浴場に密かに育った苔を収集して、水を象徴する浴室に時の流れを集積して表現しています。

膨大な量の苔を必要とし、苔の採取、運搬、設営まで地域の人々や学生に多大なる協力を得て完成しました（写真6）。公開は土日祝のみなので、苔の水やりも地域の方にお願いしています。共に事に当たり最後までやり遂げることができたのはひとえに地域の皆さんの尽力によるものです。

上遠野敏《住友赤平立坑ネオン再び》（写真7）は、立坑建屋にかつてあったネオンに明かりを灯しました。このネオンは街からも鉄道からも見えた赤平のシンボルでした。この設営にも地域の人々の協力を得ました（写真8）。地域の人々にとっても感動がひとしおの作品です。

このほか、元炭鉱マンの炭鉱遺産模型や昭和レトロな品々、炭鉱のかみさまのオブジェや映像、卒業生の作品など見応えのある作品が揃いました。札幌市立大学の学生以外に、北海道大学の学生により住友赤平炭鉱リノベーション計画も展示され、アートプロジェクトに多様性が生まれています。

写真5　上遠野敏《閉山から二十四年。苔の生すまで》2018

写真6　地域の方々と学生の協力

写真７　上遠野敏《住友赤平立坑ネオン再び》2018

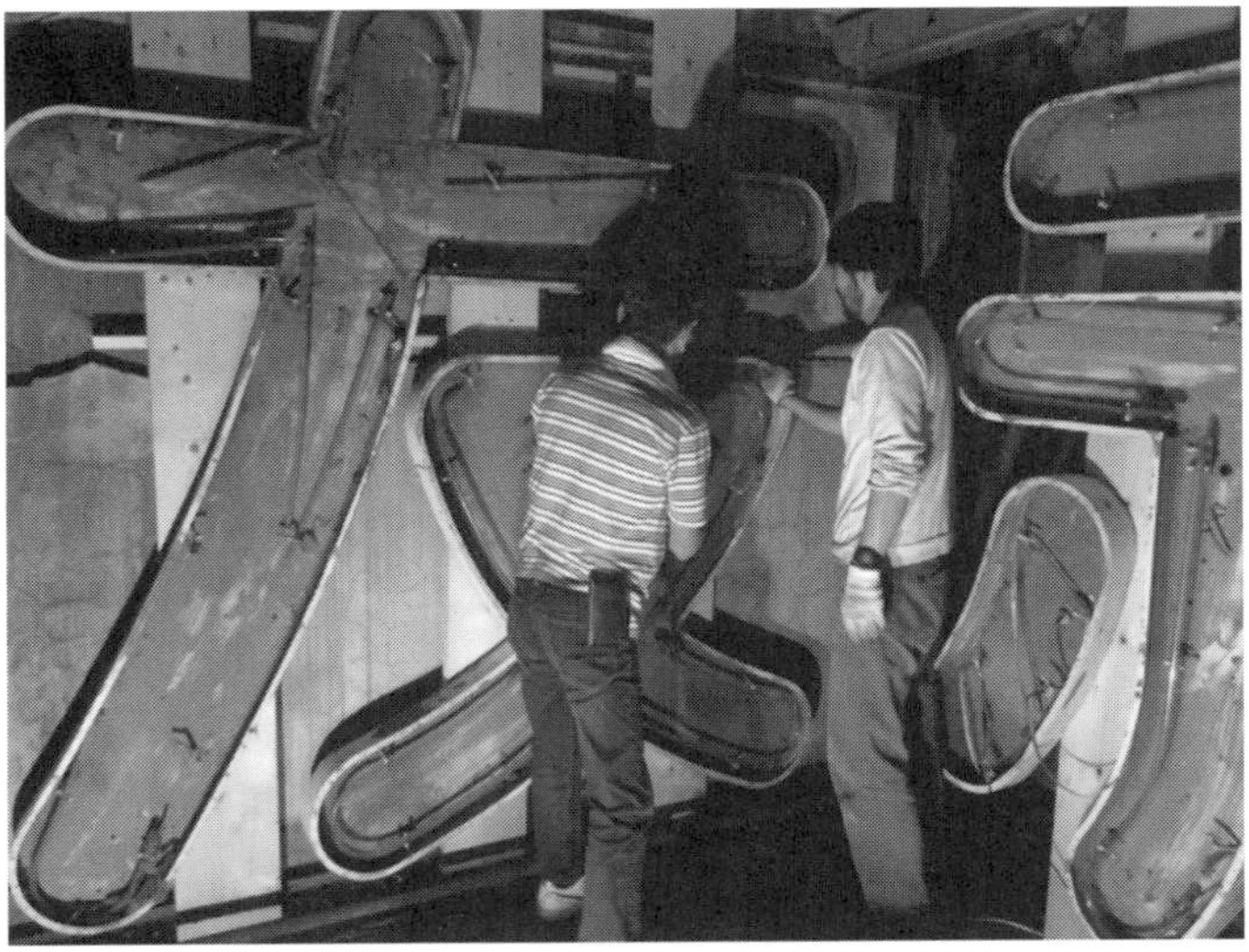

写真８　地域の方々の協力

炭鉱遺産価値の共有

アートプロジェクトを通して地域住民との協働で展開することによって、炭鉱遺産の具体的な活用例を11回にわたり具現化することができました。産炭地域の地域再生は急務です。炭鉱産業に関わっていた人々の高齢化によって、記憶を継承する人材も年々喪失しています。このままでは地域のオリジンである「炭鉱の記憶」が風化してしまいます。炭鉱遺産空間そのものも自然要因、社会・経済的な原因などにより失われつつあるのです。

地域の人的資源である次世代の人々を中心に、併せて外部の応援団となる熱心に関心を寄せてくれる人々との協働は重要です。空知旧産炭地活性化に寄与する施設や各種プロジェクト実施組織に欠かせない人的資源である地域行政職員、地域活動に熱心に取り組む青年会議所のメンバー、これまで炭鉱をキーワードに地域活性化に取り組んできたまちづくり団体や、産炭地域の各種取り組みに熱心に参画してくれた応援団といえる地域外の人々や学生らを交えて、地域再生のために地域とアートを関連づけるアートプロジェクトやワークショップ、セミナーなどを、ＮＰＯ法人炭鉱《やま》の記憶推進事業団や札幌国際芸術祭と連携し地域活性化アートプロジェクトとして実施してきました。実際に地域活性化アートプロジェクトの企画、運営、広報などを行ない、実践と理論の充実によって地域の人が再生の主役となることを常に念頭において実践してきました。

オープンミュージアムの観点による「場の力」が、ある地域の歴史を背景にした魅力を引き出し、人と人が交流を促進して地域住民に誇りを取り戻すことができつつあります。さらに地域の人が能動的に活動する手段として、地域の資源や人材などをアートと関連づけ「その空間」が地域の資源として新たな価値を引き出し地域再生の有効な手段であることを認識しました。

炭鉄港が日本遺産に認定

２０１９年５月に「本邦国策を北海道に観（み）よ！～北の産業革命「炭鉄港」～（北海道）」が日本遺産に認定されました。私たちが取り組んできた炭鉱遺産活用の元になる石炭とそれを運ぶ鉄道、石炭エネルギーによる製鉄、本州に積み出す港の一連のストーリーが北海道や日本の発展に大きく貢献した歴史の仕組みと保存、活用が評価されました。

ＮＰＯ法人「炭鉱《やま》の記憶推進事業団」の吉岡宏高理事長はじめ、空知総合振興局や炭鉄港の関係者連携との努力の賜物です。「炭鉄港」の過去から未来への戦略的なビジョンは、地域活性化の起爆剤となり、観光資産としての新たな展開が期待されます。

おわりに

空知産炭地の炭鉱遺産の歴史的価値と、「人・事・場・物」の魅力が明確化されました。地域活性化は、地域住民によって地域の魅力と価値が引き出され、継続した取り組みが行なわれることにより達成され、これが再生の条件となります。アートを媒介にして「地域が元気になる」ことが産炭地再生の目指すところです。

自然と炭鉱遺産をできるだけ残して共存させながら、太古からの自然と異なる風景のインダストリアルネイチャー（産業的自然）とアートや建築、ランドスケープアーキテクチャー、情報メディア等の力を融合して、地域住民と協働しながら産業遺産を活用した景観を再生創造する取り組みが今後も望まれます。さらに観光・産業資源としてのアートツーリズムを構築することによる地域経済への波及も期待されます。赤平市では炭鉱遺産ガイダンス施設がその役割を担っています。

長期にわたって現地に滞在して制作できるのは、地域住民の方々の機材や宿舎の提供や、制作や設営協力などへの惜しみない尽力があればこそで、学生の実践の場として教育にも大いに資するアートプロジェクトになっています。

今後は「炭鉄港」の仕組みの中で、それらの資産を輝かせるアートが有用な役割を示すことが期待されます。

第2部

第5章

環境アートによる風景とのつながり

山田 良

第５回目の講義担当は、山田 良先生。

木材を主に使った「体験できる空間」の制作を通して、風景と場・空間をテーマとした研究と制作を続けている先生です。地域創生における、アート作品のありかたに関してお話頂きます。

はじめに——環境アートの役割について

まちにとって環境アートの役割とは何か。風景とアートの関連を問いながら、各地で作品制作を試みてきました。環境アートの範囲は広大であり、遡れば１９６０年代の萌芽を中心としたランドアートやインスタレーションアートをも含みます。本稿では筆者の取り組みと作品ならびにコンセプトを紹介しながら、まちや地域にとっての環境アートの役割について考えてみたいと思います。

制作の手がかりとなる考え方——「連続性」と「接合点」——

連続性

50年代初頭から60年代にかけて、芸術界における「分解できない連続性」への意識の萌芽を見ることができます。そのとき「環境」という言葉が新しい意味を伴い、我々に連続性と動的な状態を意識させはじめました。鑑賞者自身が知覚し行動することによって、単に見るだけの存在ではなく、その場に自ら存在し一部になることで作品を成立させていると意識させたのです。主に中原佑介（美術評論家、１９３１―２０１１）によって示され、人の身体と空間が連続し一体化した世界のなかにいることをあらためて認識させることになりました。

接合点

現代アートの目的について、「接合点」となることがあげられます。作品本体の意匠を制作の最終目的とせず、その先に浮かぶ鑑賞者の記憶や意識、もしくは自身に立ち返ることであるとした考え方が、河本英夫によって示されました。これを環境アートに当てはめるとき、敷地や既存施設との関係のなかでの作品のあり方への示唆となりえます。環境芸術が見る者に「風景を喚起させる」、もしくは「見立て」によって風景を連想させることにつながるのです。

太古の風景を体感する環境アート
――山田良《海抜ゼロメートル／石狩低地帯》――

作品主旨

20世紀初頭以降、アート作品の展示は美術館の内部から外へ拡張していきました。本作品は、現代に「環境芸術作品を美術館建物内につくる意味」を考えたのち辿り着いた造形です。「アクアーライン展」のテーマは水・水脈を手がかりに現代美術作品を制作し展示するというものでし

山田良《海抜ゼロメートル／石狩低地帯》(2014)

た。それに応えるかたちで設えた作品です。

作品は札幌の南端、海抜１７７メートルにある札幌芸術の森美術館の室内に現れた太古の海面上の桟橋です。現在では山の連なる札幌市は、およそ１００万年前は海に覆われていました。この桟橋は当時の海抜ゼロメートルに造られています。通路の幅は60センチメートル、高さは既存美術館の床からおよそ2・0メートル（＝１００万年前の海水面）、全長はおよそ25メートルです。桟橋を支える列柱は、かつての水面下にあるということになります。人が歩くことを支えるぎりぎりの太さで、５人までは同時に桟橋を歩くことが可能です。

１００万年前の海原との接合点として

来訪者は美術館の展示室内でありながら、この桟橋へ上がり、歩く体験をすることができます。時間をかけながらかつての海原を想像することを期待した作品です。意匠を唯一の目的とせず、見るものと太古の風景を結びつける媒体であるということができます。大地の歴史に比べれば、人類の歴史がごくわずかであることも作品は表現しています。

時間の流れを可視化した環境アート
――山田良《横たわる樹木／光競争の跡》――

制作主旨

作品は、長さ12メートルの横たわる白樺の樹木です。札幌近郊の建設現場にて伐採を避けられなかった樹木を木箱内に納めるインスタレーション作品です。「光競争」を終えた樹木を「三次林」（後述）として展示しました。札幌国際芸術祭２０１４の全体テーマは「都市と自然」。都市と自然の共生のあり方を考える国際芸術祭として、札幌の美術館を中心に市街地の屋内外にて展示が行なわれました。本作品はその中で、札幌大通地下ギャラリー５００m美術館で開催された『時の座標軸』展における出展作品です。

「光競争」とは、樹木の生長を意味する学術用語です。太陽光を他の植物より多く浴びるため、樹木は上昇しながら枝を広げ、場所の取り合いを繰り返します。枝の形状を変えながら太陽に１ミリでも近づこうと成長した痕跡があるのです。「三次林」とは、筆者による作品性をより明確にするための造語です。学術的に、原生林が伐採された後に自然に生えてきた樹林を二次林と呼びます。札幌の樹林は、太古の原生林にはじまり、数十年前から二次林へ遷移してきました。本作品では、屋外での光競争を終えた樹木を「三次林」として地下都市で蘇らせたものです。大きさは、全長12メートル・高さ90センチメートル・厚さ90センチメートル（枝葉を除く）、白樺樹木１本・木板（間伐材）による作品です。

自然を整備し、まちが築かれてきたことの隠喩として

樹木の成長の痕跡をじっくりと眺める機会はそう多くはないでしょう。本作品は、白樺の幹の成長の変遷に沿いながら木箱にて包んでいます。また、枝葉の部分は扉を設け、木箱の外側に延長させせました。つまり樹木そのものには一切の加工を施していません。

白樺の樹木の樹齢は他の広葉樹に比べ短く、建設時には先んじて伐採されることが一般的です。決して自然保護を訴える趣旨としてではなく、これらの時間の流れが我々の周辺には常に存在し、あらためてまちと自然の共生を捉え、また自然環境に感謝することを意図しています。これをまちと自然の接合点になりうるひとつの場に位置づけることができると考えました。

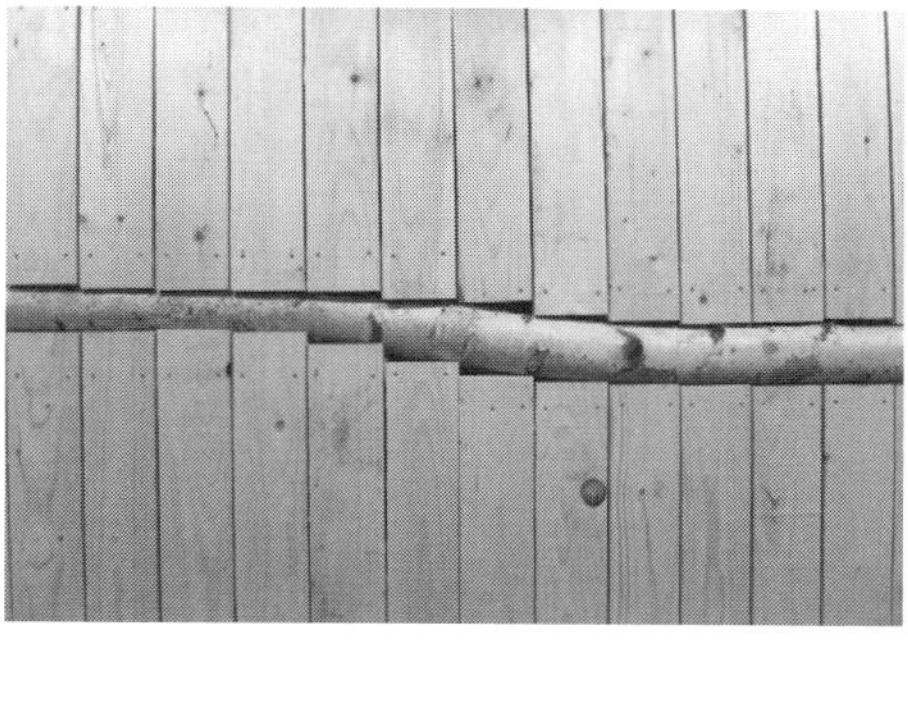

山田良
《横たわる樹木／光競争の跡》
(2014)

空のなかに思い描く環境アート
――山田良《Air Garden／空の枯山水》――

制作主旨

展覧会テーマに含まれるGardenの語源は、「囲まれた、守られた」土地という意味であり、古くは他者の侵入を防ぎ、領主の利益を守る意味も含んでいます。この語源から、作品像を導くことをはじめました。スタディを経て「領域を超える」「人々に等価に与えられる」Gardenを作品化することを目指しました。本展覧会は札幌国際芸術祭２０１４との連携事業として開催されたもので、「Sprouting」（芽吹く、拡張する）をテーマとして、札幌芸術の森野外美術館にて開催されました。

制作・出展した本作品は通路状の空間です。しかしながら通路を点と点を結ぶための道とするならば、作品はそれに留まりません。先には目に見える目的地が無く、空に向かう路なのです。

全長15メートル・幅60センチメートル・高さ（最高）４・２メートル、傾斜地につくられた水平の作品です。

山田良
《Air Garden ／空の枯山水》
(2014)

視覚には映らない空《くう》との接合点として

空気を感じ、味わうための庭となりました。一人だけ入る（歩く）ことができ、一人で空気を味わう時間を与える場です。空気だけは地球上のどこでも、その土地の人々に平等です。つまり空気は平等とボーダレスの象徴ということもできると考えています。

空《くう》との接合点を自然風景の中に現出させ、眺めだけでなく我々自身に向かう視点を設けることができていればと願います。拡張する庭という、いわば2つの相反する概念を作品化し、空《くう》を意識化する場となったと考えています。

まちの歴史を強調する環境アート
――山田良《小樽アートプロジェクト Previous Landscape/theatrical landscape》――

北海道小樽運河に宿すかつての記憶と活気について喚起する、「人」をテーマにした作品です。現存する倉庫建築は、小樽港開港時より約80年にわたり地域の歴史の一端を担ってきました。そのファサード（正面）は、働く人々によってかたちづくられてきたと言うことができ、人体像によってそれを再強調しました。林立するオブジェ群は、影もしくは残像のようでもあります。簡単には表現することのできないこの港湾地区の深い歴史や、人々の思いを象徴するかのように佇んでいます。

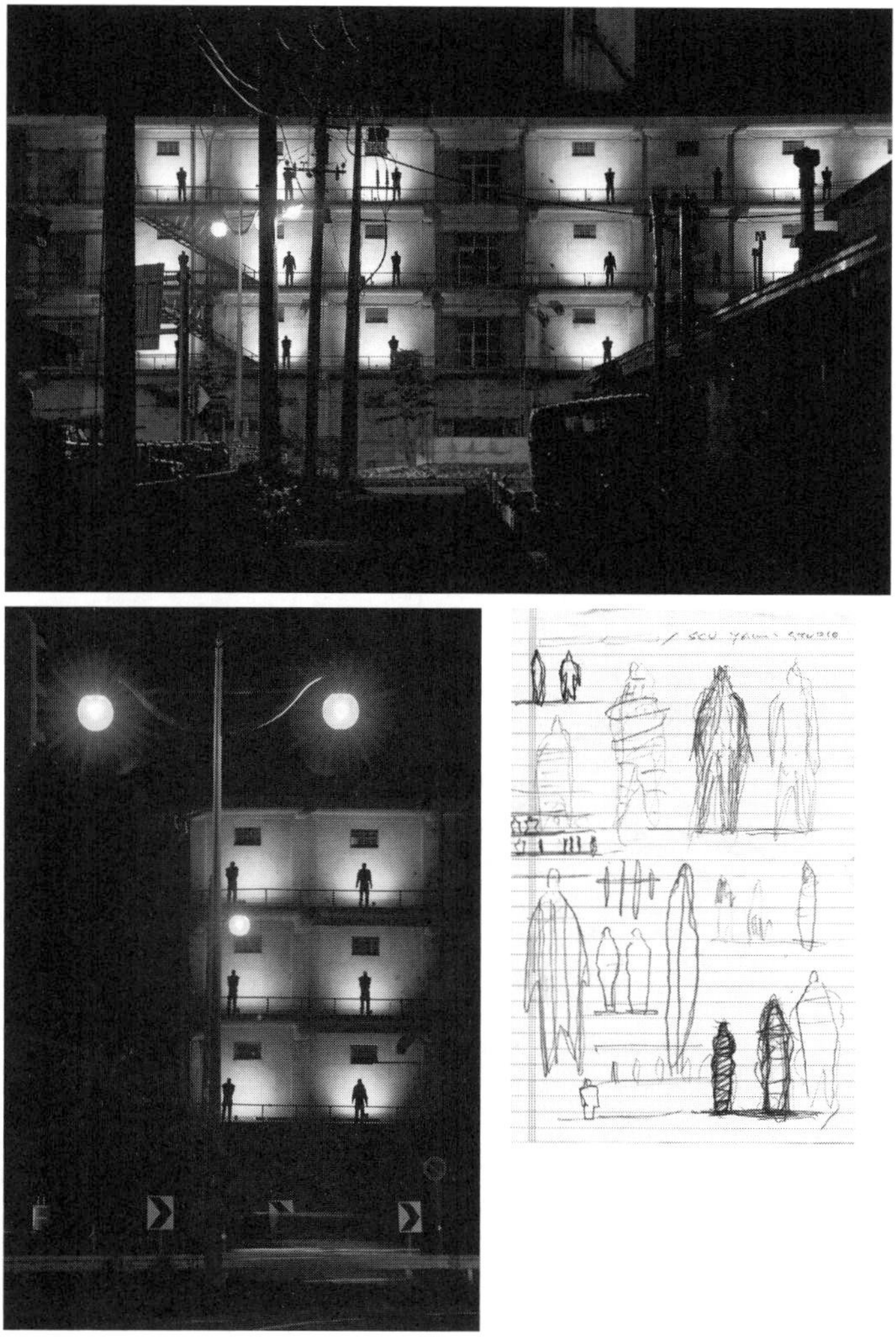

山田良《小樽アートプロジェクト／ Previous Landscape》（2012）

45体の人体像をレイアウトしました。屋外用遮光ネットを利用し軽量化と風雨に対する耐久性を図りました。身長は約１７５センチメートル、直立する者と腕組みする者のパターンを配置しました。遮光ネット内部にはビニル製の空気バッグを各人に約15個入れ、人体像の立体感と迫力を出せるよう試みました。同じ理由から、人体像が雨風で揺らぐことのないよう、脚部３カ所を鉄製手すりに緊結しています。

夕刻には背面壁の投光により人体像が浮かび上がります。人体像により倉庫建築を改めて強調しています。鑑賞者は人体像をきっかけに場を捉え、さらに像の佇む倉庫建築へと自然に意識が引き込まれていくことでしょう。

旧小樽商工会議所の建物内における全長約40メートルの巡回空間としての作品を製作しました。歩く場所を限定することで、空間全体の注視へとつながる試みです。壁面ディテール（細部）の見え方の強弱を和らげるため、窓枠の既存パターンを利用して光のコントロールを行ないました。

空間内を時間をかけて歩くことは、多くの事象を短時間で知ることが重視される日常とは対称的な経験であるといえるでしょう。また、小樽商工会議所の執務空間として使用されていた当時の各部屋や各スペースを統合（インテグレーション）し、一体の空間として見直すことのできる作品としました。建築が業務としての機能から離れ、本来より漂わせていたであろう場としての魅力、歴史による重層性を感じさせる試みです。

＊本稿は「接合点（Juncture）としての環境芸術 その1」（環境芸術第12号）、「接合点（Juncture）としての環境芸術 その2」（環境芸術第16号）、「環境芸術なる連続性」（環境芸術第11号）を改筆し、まとめたものである。

小樽アートプロジェクト 2011 の会場となった
旧小樽商工会議所（1933 年竣工）

山田良
《小樽アートプロジェクト／ theatrical landscape》（2011）

第2部
第6章
地域×大学で育むグリーンカーテン

齊藤 雅也

第６回目の講義担当は、齊藤 雅也先生。

温熱環境の研究が専門の先生です。ここで紹介するグリーンカーテンの地域活動は、栽培に対する個人の悦び、地域への愛着を育み、地域資源の醸成に寄与すると考えられるそうです。

今後の地域社会に求められる「まち育て」の活動の一例として、地域×大学の連携によって実現できる可能性に関して話して頂きます。

20世紀型まちづくりの姿

大都市・地方市町村は、これまで地域開発を積極的に進める成長戦略として多くの資金を投入し、公共施設の建設や運営などハード面を整備してきました。例えば、庁舎、学校、公園、地下鉄、道路、動物園などの箱モノ・インフラの建設を進め、同時に公共サービスの充実を図ってきました。しかし最近では、施設の老朽化に加え、少子高齢化などの社会構造の変化によって施設の機能や役割は社会のニーズに十分に対応できなくなっている自治体が増えています。

札幌市などの政令指定都市では、国からの交付金のほか、地方からの人口流入・増加によって一定の税収があるので、施設の建替や改修、公共サービスをなんとか維持することができます。一方、それ以外の地方市町村は人口減少によって税収が減り、財政状況が良好ではないため、施設の建替や改修には手が付けられずに「負の遺産」と化している例が少なくありません。２００７年の夕張市のように財政が破たんした自治体の例もあります（現在、財政再生団体）。現代社会の構造変化に辛うじて対応できる政令指定都市に対して、それ以外の地方市町村は公共施設の整備や維持管理に限度があり、両者の格差が拡がる状況にあります。

以上の傾向は、例えば大都市の中心部とその郊外で、私たちの住まいの環境に表れています。

いわゆる現代の「空き家」問題はそのひとつといえます。戦後の高度経済成長を背景に、地方から大都市への人口流入・増加によって、当時、都心部の土地は不足しました。首都圏や京阪神などでは湾岸が埋め立てられ、丘陵地を宅地化した「ニュータウン」と呼ばれる住宅街が多く生まれました。当時の日本住宅公団（現・UR都市機構）が中心になって開発を進めた、かつての憧れの都市デザインです。通勤・通学のための都心部への鉄道網の整備も積極的に進められました。高い住宅ローンを組んで土地と家を手に入れた親世代は毎日、1、2時間かけて満員電車で通った会社を勤めあげた後、退職金を使ってローンを完済します。その前後で彼らの子どもたちは高校・大学を卒業し、就職とともに親の家を出ます。親と同居しないライフスタイルが2代目、3代目と続き、核家族で親と同居しない暮らしが標準となって半世紀が経ちました（筆者もその一人）。何倍もの入居抽選倍率で人気だった公団住宅は、核家族で住むことを想定した間取りだったので、親子2世代、3世代が同居することは困難でした。かつてのニュータウンは高齢者が目立つようになり、少子化が著しい地域では小・中学校の統廃合が進み、地域の商店はシャッター街に変わりました。「老々介護」の世帯が増加し、親世代が亡くなると、何も手が付けられない場合はその家は「空き家」に変わります。札幌市を例にあげると、郊外での宅地開発が1970年代に始まった南区ではすでに人口が減少に転じ、空き家が増えています。

このような「20世紀型まちづくり」によって生まれた大都市郊外のニュータウンのまちの姿

は、夕張市の例を先述しましたが、１９６０から70年代のエネルギー革命による地方産炭地の閉山後の状況と同じで、すでに限界を迎えています。いま、なんらかの社会的・戦略的な対応が求められています。

住民・大学・自治体による「まち育て」

「20世紀型まちづくり」のいまの姿を述べましたが、２０００年以降、地域住民が主体になった協働・協奏のまちづくり活動が注目されています。箱モノ・インフラのハード面の整備が20世紀型ならば、ソフト面の活性化は21世紀型といえるでしょうか。これまでの方法が「まちづくり」であるなら、これからは「まち育て」と呼んではどうか？　という提案が本書のコンセプトになっています。

地域住民主体による「まち育て」を進めるために、現在、多くの自治体で提案型委託制度が運用されています。これは、自治体がこれまで主導してきた「まちづくり」の一部を地域住民に担ってもらう（提案者に委託する）制度です。たとえば、札幌市厚別《あつべつ》区では米国シアトル市を参考に２００５年から同制度を導入し、住民主体によるまちづくり、住民相互の関係性の構築やコミュニティ意識の醸成が図られています。札幌市厚別区の紹介事例には、地域にあるサイクリン

写真１　モザイクタイルアート壁画の制作による住民主体の活動（札幌市厚別区）

グロードの自動車道路と交差するトンネル内壁面にモザイクタイルアート壁画を制作する事業があります（写真1）。これは札幌市がサイクリングロードという社会資本を20世紀型の方法で整備しましたが、それを運用する住民が主体となって、自分たちの街の演出を担うことによって地域への愛着、住民同士のコミュニケーション醸成を企図したものといえます。

壁画の制作は、住民からの提案で開始されましたが、早瀬（２００３）[1]は、この活動を円滑に進める条件を２つあげています。第一は壁画制作や住民主体の活動を展開するための専門家の存在が不可欠なことです。この事業では、壁画制作を指導する厚別区在住のアーティストのほか、同区内の大学教員などの専門家が活動のリーダー役となって進められました。第二は行政側の支援準備・対応です。担当した厚別区地域振興のセクションは、住民が主体的に活動するための要望に応えるため、厚別区管内にとどまらず、札幌市の各セクション（建設局道路課・環境局公園課ほか）、教育委員会などの縦割りセクトの横断連携が結果的に求められました。多くの苦労の甲斐があって実現した事業で、活動は厚別区からスタートしましたが、現在はサイクリングロードでつながる白石区にまで活動が波及し、大きな効果をもたらしたといえます。これまで自治体主体で住民参加を依頼するかたちの活動はありましたが、住民自らの提案によって事業を回す今後の「まち育て」の好例といえます。ただしそのためには住民のほかに、専門家の存在と行政の支援準備・対応が不可欠です。

地域×大学で育むグリーンカーテン

ここで紹介する「地域で育むグリーンカーテン栽培活動」は、地域×大学によるまち育ての試みです。札幌市立大学芸術の森キャンパスのある札幌市南区芸術の森地区は、札幌都心部から車で30分圏内にある閑静な郊外住宅地で、庭付きの戸建住宅が多く点在しています。この地区では地域住民が植栽を楽しむことや、同地区の国道を通行する人を緑で癒すことを目的に、２０１２年からグリーンカーテン栽培を夏の地域活動のひとつとして開始しました。具体的には、同地区のまちづくりセンターと町内会連合会による提案型事業として、札幌市南区より活動支援助成を受けて進められたものです。その準備や活動が展開されている状況下で、2013年より札幌市立大学が町内会連合会からの協力要請を受けるかたちで活動に関わることになりました。

　札幌市立大学では、地域よりも先行するかたちで、2010年より大学附属図書館の東面にてグリーンカーテンの栽培を開始しました（写真2、3）。図書館は冷房（エアコン）が設置されておらず、夏の日中は閲覧室の室温が急

写真2
札幌市立大学附属図書館の東窓面に設置されたグリーンカーテンの様子

写真3　地域住民の方の散歩経路になったグリーンカーテンの様子

激に上昇し、図書館利用者に熱的な不快を及ぼすことから、室内の熱環境改善を目的として筆者の研究室が主体となって進めたプロジェクト「グリーンカーテンによる涼房デザイン」です。当時、筆者の研究室の卒業研究で、グリーンカーテンの栽培活動をテーマにした学生がいたことから本プロジェクトがスタートしました。

　グリーンカーテンは、夏の強い陽ざしを窓外で遮ることで「涼しさ」を得る環境調整手法[2][3]のひとつです。窓ガラスの外側で日射を遮るという手法は、温暖地にみられる簾《すだれ》や葦簀《よしず》と同じで、蒸発散をする植物によって日射を遮っているので、簾や葦簀にはない蒸発冷却効果が加わり、夏を冷涼に過ごすことができます。写真のように、設置されているグリーンカーテンの種類は、ゴーヤやキュウリなどのツル性植物で、寒冷地でも水やりと植物の管理を十分にすればひと夏で４～５メートルほどまでに成長します。大学図書館は、利用登録した18歳以上の市民は自由に利用できます。また、芸術の森キャンパスの敷地周囲には柵などの仕切りがないので、近隣の市民は犬の散歩などで敷地内を自由に利用できます。グリーンカーテンの下は木陰のような涼しい空間になり、地域住民の方が朝・夕の散歩で立ち寄る機会が増え、ゴーヤやキュウリの成長を楽しみにしている人が現れるようになりました。

　このように大学での教育・研究活動が地域住民の目に留まり、２年後の２０１３年からは、芸術の森地区連合町内会からの要請で札幌市立大学との連携によってグリーンカーテンの栽培活

写真４　グリーンカーテンの栽培の様子

写真５　説明会（公開講座）の様子

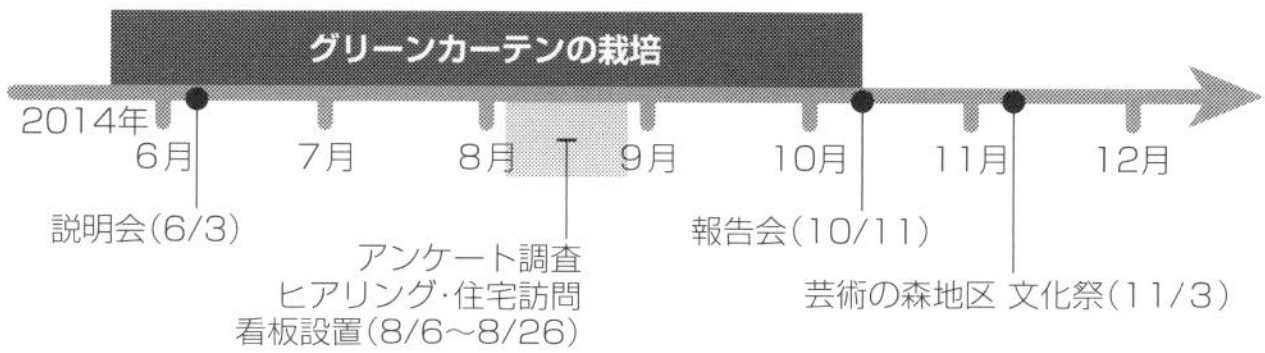

図１　2014 年の芸術の森地区グリーンカーテン栽培のスケジュール

動が拡大して進められました（写真４）。地域×大学によって取り組むグリーンカーテン栽培活動を通して住民の協働意識がどのように育まれたのか、また家族や参加者同士のコミュニケーションとしての会話頻度がどのように変化したかを大学では調査しました。図１は、プロジェクト全体のスケジュールで、２０１４年６月の説明会（公開講座）から10月の報告会までの活動を示しています。

前述した大学附属図書館での先行プロジェクトは、地域住民に対して壁いち面を覆うグリーンカーテンの視覚的なインパクトに加え、収穫した

写真６
グリーンカーテン栽培を地域活動として PR する共通のサイン設置（大学製作）

ゴーヤのもつ味覚的なインパクトがあったようです。プロジェクト開始前は収穫できる野菜や栽培そのものを楽しみにしている住民が多くいました。大学の先行プロジェクトは住民の共通意識・目標を醸成していた可能性があります。このような共通の下地ができている中、グリーンカーテンの栽培に関する説明会とともに、筆者が建築環境学の専門家としてグリーンカーテンの効用を解説する公開講座をしました（写真5）。講座では、グリーンカーテンの効用は、ゴーヤやキュウリなどを収穫して食べるだけではなく、冷房（エアコン）で得られる「涼しさ」とは異なる、爽やかな「涼しさ」が得られることであることを伝えました。

各家庭でグリーンカーテン栽培が開始された後は、まちづくりセンターの職員と、大学の教員・学生が協働で各家庭を定期的に訪問し、栽培状況の確認や意見交換の場を設けました。写真6は、大学で製作したグリーンカーテン栽培を地域活動としてPRする共通のサインを各世帯の栽培現場に設置した様子です。各家庭に共通サインを設けることで、地域の一体感をもたらす効果を狙ったもので、住民には好評でした。

グリーンカーテンと地域資源

芸術の森地区まちづくりセンターの協力を得て、7～8月にかけて栽培活動に参加した23世帯と、不参加の10世帯を対象にアンケート調査を行ないました（表1）。図2はグリーンカーテン栽培を始めた理由について、活動年数別に示したものです。活動年数とは、本プロジェクトが開催される以前から庭で植栽や野菜を栽培した経験があるかを年数で回答してもらいました。活動年数の長短に関係なく「植物の栽培に興味があったから」「まちづくりセンターのプロジェクトに参加したから」が多いことがわかります。このことから、参加住民は植物の栽培に元々興味があり、まちづくりセンターを核とする地域活動として展開されていることがわかります。

図3は、栽培活動への「参加世帯」と「不参加世帯」それぞれのグリーンカーテンに対する印象についての回答です。「不参加世帯」に対しては近隣のグリーンカーテンを栽培の様子を見て、どう思うか?を調査しました。参加世帯は、「緑がきれい」「花がきれい」「育てた

表1　住民へのアンケート調査の内容

	参加世帯(N=23)	不参加世帯(N=10)
栽培活動について	・グリーンカーテンは楽しいですか。 ・グリーンカーテンで苦労したことは何ですか。	・グリーンカーテンの栽培を地域で取り組んでいることはご存じですか。 ・グリーンカーテンについてどのようなイメージをお持ちですか。 ・グリーンカーテンに興味はありますか。
	・グリーンカーテンは「地域資源」になると思いますか。（両世帯共通）	
コミュニケーションについて	・家族間または近隣住民とグリーンカーテンについて話す機会はありますか。	・近隣住民とグリーンカーテンについて話す機会はありますか。
	・話す頻度と会話の内容を教えてください。 ・今あなたが住んでいる地域を気に入っていますか。（両世帯共通）	

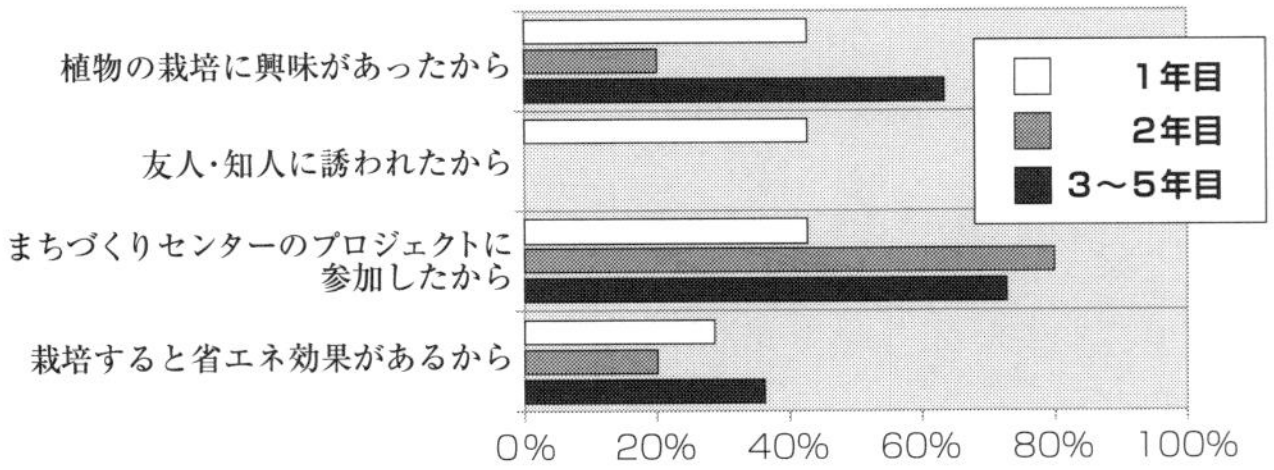

図2　グリーンカーテン栽培を始めた理由（活動年数別、N=36）

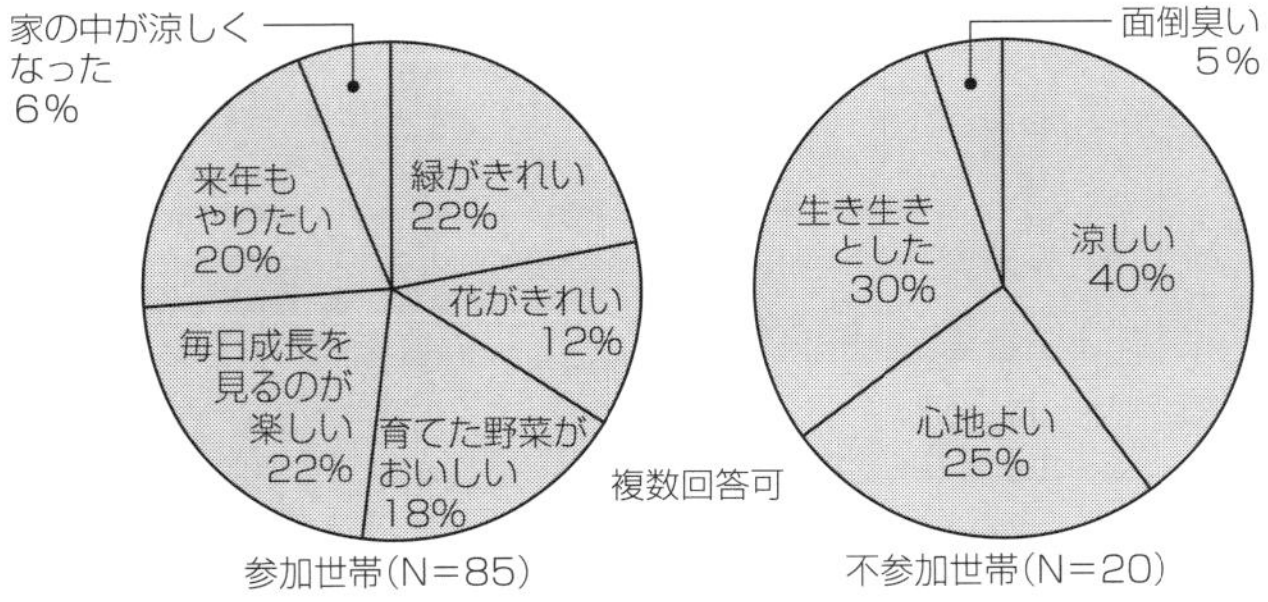

図3　グリーンカーテンに対する印象

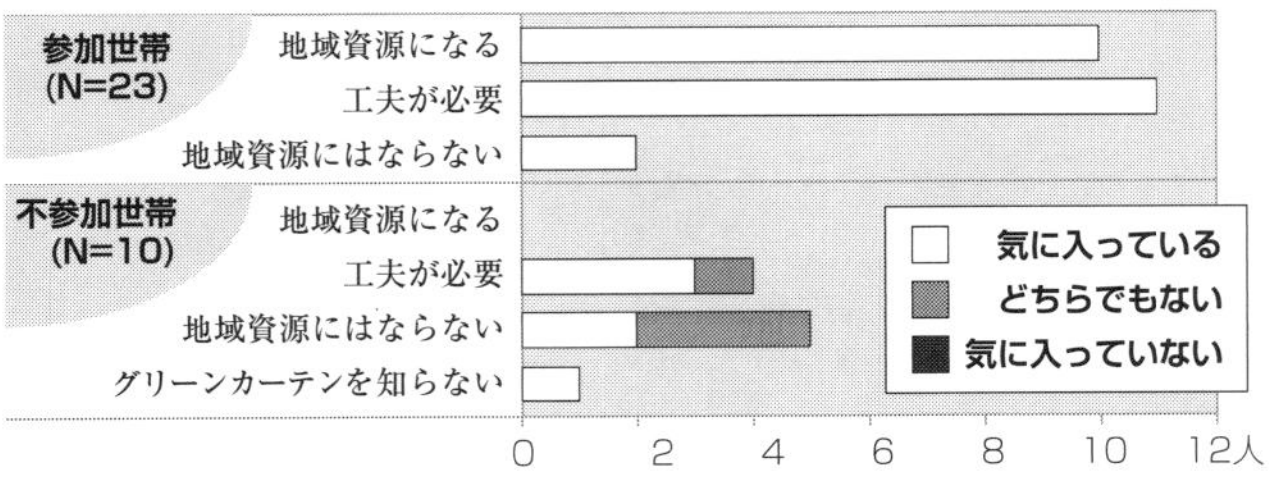

図4　グリーンカーテン栽培を通した地域への愛着・地域資源としての認識

野菜がおいしい」「毎日の成長を見るのが楽しい」等の栽培活動に対して主体的な印象をもっている世帯が多いことがわかります。一方、不参加世帯は「涼しい（涼しそう）」が多く、両者には顕著な差があります。参加世帯は「きれい」「おいしい」「楽しい」などの五感に訴える印象をもっているのに対して、不参加世帯は「涼しい」などの視覚的な印象にとどまっています。栽培活動の体験を通して、自分が育てている植栽、野菜への愛着が創出されていることが推定されます。

図4は、グリーンカーテン栽培を通した地域への愛着・地域資源としての認識について、参加世帯と不参加世帯で比較したものです。参加した全世帯が地域に愛着があり、うち10世帯（43％）が「グリーンカーテンが地域資源になる」と感じています。一方、不参加世帯でも6世帯が地域に愛着を持っているが、「グリーンカーテンが地域資源になる」と感じている世帯はいませんん。本研究の対象地区のグリーンカーテンの栽培活動は、自らの栽培活動への悦びが地域への愛着形成、地域資源の醸成に寄与していることがわかります。

グリーンカーテンの繁茂と地域コミュニケーション

各家庭でのグリーンカーテンの栽培は、壁一面に繁茂するほど上手に育てられる家もあれば、なかなか上手に繁茂しない家もあります。おそらくその差は経験年数などの影響があると考えられますが、各世帯のグリーンカーテンの壁面被覆度に対する家族や近隣との会話頻度の関係を調べました（図５）。横軸の壁面被覆度は、大学の調査チームが各家庭を訪問してヒアリングした際に撮影したグリーンカーテンの写真に基づいて、窓面・壁面が植栽によってどの程度覆われているかを10段階で評価したものです。縦軸の会話頻度は、各家庭内や近隣の住民どうしで「グリーンカーテン」について毎日話題になった（４点）、２～３日に１回（３点）、週１回（２点）、月１回（１点）、話題にならなかった（０点）としました。図中の■は家族（０～４点）、□は家族＋近隣（０～８点）を示しています。

壁面被覆度が５～７のとき、家庭や近隣との会話頻度は高く、壁面被覆度がそれ以外のときは低くなっています。壁面被覆度５～７の世帯は、グリーンカーテンが適度に育っているものの、今後、植栽が窓や壁面を覆うかどうかの成長への期待や不安から家族や近隣との会話頻度が高まると予想されます。興味深いのは壁面被覆度が３以下、８以上になるとあまり会話頻度がないことです。３以下は植栽が育っていないこと、８以上は植栽が十分に育っていることの慣れがあって、グリーンカーテンの話題が会話に表れていないと考えられます。

図６は、グリーンカーテンの壁面被覆度に対する地域活動への参加率です。地域活動への参加率は、６月の最初の「説明会＋公開講座」出席（１点）、調査期間中３回の訪問受入数（すべて

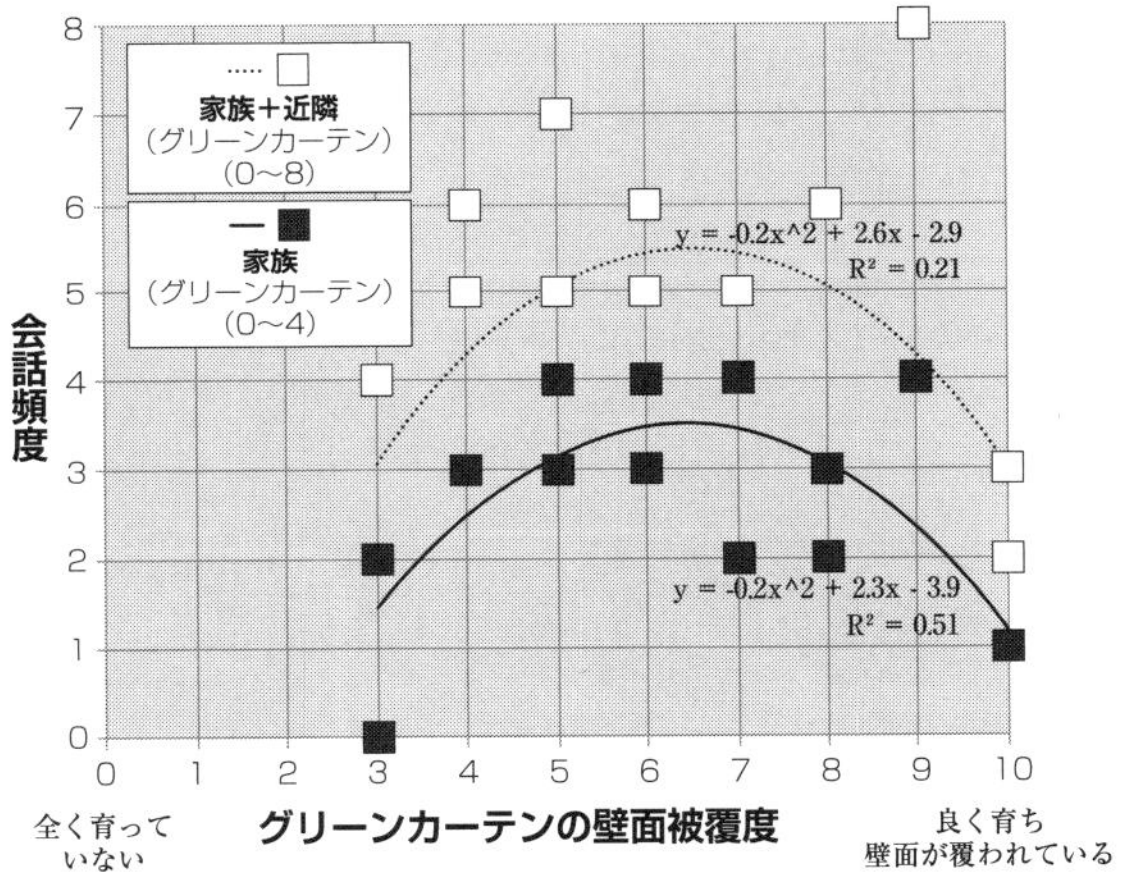

図５　グリーンカーテン壁面被覆度と家族・近隣との会話頻度

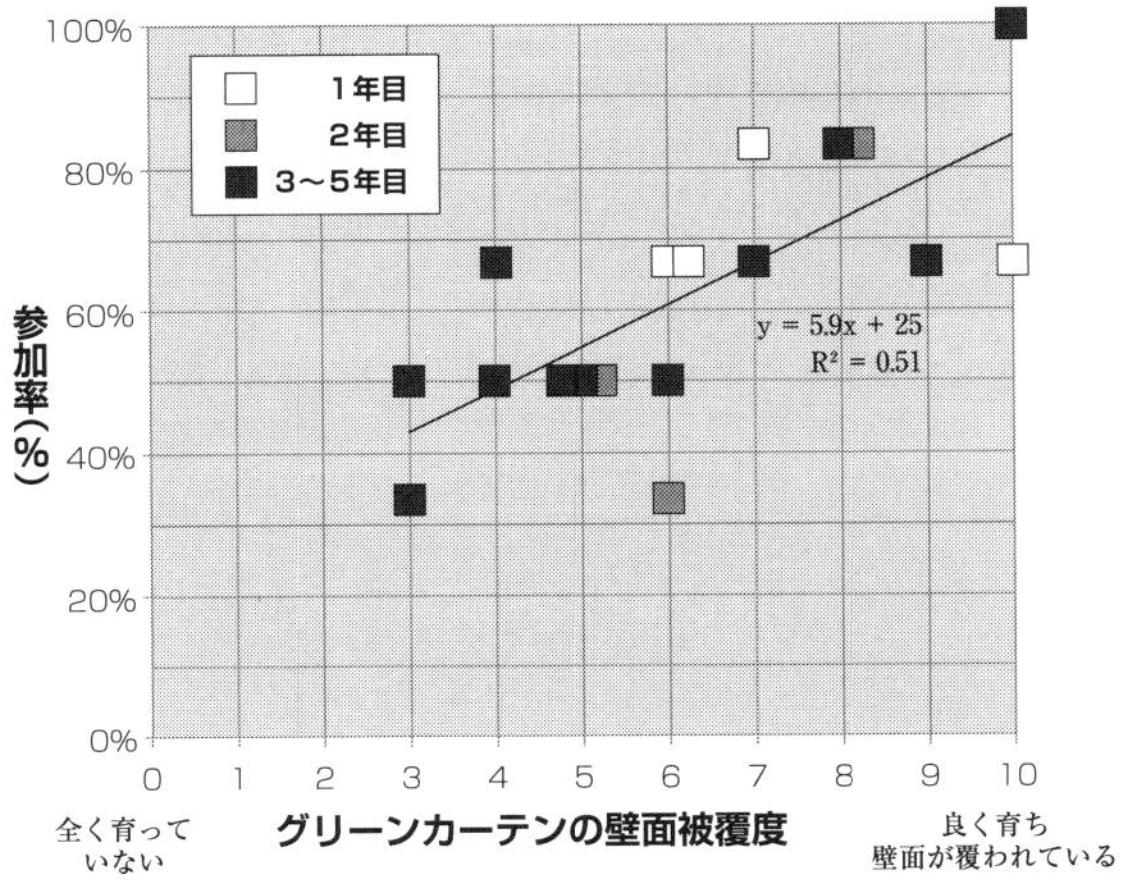

図６　グリーンカーテンの壁面被覆度と地域活動への参加率

受け入れて3点）、アンケート回答（1点）、10月の「報告会」出席（1点）の合計6点満点の場合を参加率１００％としています。グリーンカーテンの壁面被覆度が高い世帯ほど、活動年数に関係なく参加率が高い傾向があります。これらの世帯は、植栽の成長過程、採れたゴーヤの実で作った料理の情報、自ら撮影した写真の提供などに積極性が見られました。いわゆるグリーンカーテンの栽培が得意な住民は、グリーンカーテンで得た楽しみを地域で共有しようとする協働の意識が高く、地域活動が継続するための核になり得る人材と考えられます。

本章では、地域×大学によるグリーンカーテンのプロジェクトを紹介しましたが、本学全体の取り組みについても最後に触れておきたいと思います。２０１３年に文部科学省は全国の大学に対して、地域活動を授業に取り入れることを奨励し、大学教育を地域との連携によって高めていく「地（知）の拠点整備事業（ＣＯＣ）」を開始しました。札幌市立大学も初年度に採択され、札幌市南区10地区を対象としたデザイン学部と看護学部の連携授業や地域活動を5年間にわたり展開してきました（第14章参照）。札幌市立大学のＣＯＣプロジェクトでは、「20世紀型まちづくり」の終焉として、統廃合された小学校校舎を第4番目のキャンパス（現・まこまないキャンパス）として再生し、地域向けの活動を展開しています。筆者が関わった事例の一つでは、「授業公開」として大学院デザイン研究科の授業の一部を市民にも公開し、大学院生と市民のディスカッションの場としました。この授業公開の取り組みには、大学院生に交じって地域の専門職（建築設計者・工務店）のメンバーが出席し、身近な生活環境や建築実務等に関係する諸課題に対して大学のもつ専門的知見を紹介することを目的として現在も活動を継続しています。大学が地域と連携して活動を継続するためには、教員が有する専門性に裏付けられた知見を活かす必要があります。さらに、まちづくり活動の継続性を担保する大学組織における専門スタッフを配置し、地域との潤滑油として円滑な動きを取ることが求められます。そのためには、大学が地域に果たす役割を明示し、学内外で合意形成を図りながら学内事業（教育・研究）とできるだけ一体的に進める必要があります。

まとめ

グリーンカーテン栽培のような地域住民全体で目標をもって取り組む活動は、栽培に対する個人の悦び、地域への愛着を育み、地域資源の醸成に寄与する可能性があります。具体的には、グリーンカーテンの栽培活動によって窓・壁面がある程度、緑で覆われている家では、家族・近隣住民との興味関心が高く、窓・壁面が十分に覆われている家では、活動年数に関係なく地域活動への参加率が高いことがわかりました。このような今後の地域社会に求められる「まち育て」の活動の一例としては、地域×大学の連携によって実現できる可能性があると予想されます。大学には地域に対して単純な奉仕（ボランティア）をする立場ではなく、専門的知見を地域に還元することによって地域活動を展開していくことが求められます。

第2部

第7章
地域活性化の企画立案に学生が参加するメリット

石井 雅博

第７回目の講義担当は、石井 雅博先生。

地域活性化には、よそ者・若者・ばか者が必要である、といわれるそうです。過去の事例を分析してみると、成功した地域にはこれらの人材が存在していた、というのです。一方、この法則に当てはまらないケースが散見される、という反対の見解もあるそうです。今回は、この争点を社会心理学や認知心理学の知見に基づいてお話頂きます。

地域活性化策の企画における難しさ

地域活性化を目的とした取り組みは多種多様であり、代表例としては、祭りや催しなどのイベント開催、景観地・史跡・博物館など鑑賞型観光スポットの整備、体験型観光の開発、特産品による食の提供、地場産業や伝統工芸などによる特産物の開発、などがあります。これらの取り組みによって、地域に観光客が訪れることや観光客が消費すること、あるいは大都市圏での店頭販売やネットショッピングなどによる経済的循環を地域は期待しています。

近年では、所得の上昇、交通網の発達、発信される情報の多様化と量の増加などによって観光旅行者数は世界的に増加しており、前述のような地域活性化の取り組みによって観光客の取り込みに成功している地域もあります。しかしながら、苦戦している地域もあります。人々は、自身の嗜好や旅行目的、各地域の自然、文化、歴史、産業、雰囲気、娯楽機会などについての情報から構築される個人ごとのイメージによって旅行先を選択しており、その選択行動は一様でなく、予測は難しいからです。また、観光客にとっての選択肢が多いことも苦戦の一要因となっています。たとえば、２０１８年時点で日本には１７００以上の市町村があります。また、日本イベント産業振興協会の試算によると、２００９年に国内の市町村で開催されたイベントは４万件以上でした。このような状況で人々に選択してもらうためには、他との差別化を図りコモディティ化、つまり同質化を回避する必要があります。コモディティ化が起こると、特徴が薄れ、人々にとっての選択基準が価格、量、容易性などに絞られます。地域活性化策の特徴に違いがなければ、より安価・安易なモノやコトばかりが好んで選択されることになります。行き過ぎた価格競争は収益構造にとってマイナスとなるため、地域活性化策にできるだけユニークさを与えて、他地域にはない価値の提供に努める必要があるのです。

独創的なアイデアを生むためには

成功する地域活性化策を立案するためには、いくつかの創造的プロセスを経る必要があります。ひとつ目は、地域の特産品、加工技術または観光資源など、活用する地域資源を明確化することです。有名観光地や温泉など自然と人が集まる資源だけでなく、地域に何気なくあるものに光を当てることも重要です。地域の人が地域のことや地域の魅力を知らない、あるいは感じていない、というケースもよくあります。次は、その資源を活用し、新たな価値を考案するプロセスです。ターゲットユーザーが必要とするモノづくり・コトづくりを行なうことが重要です。コモディティ化しない、他との違いがわかる企画立案が必要です。そして、ブランド化や情報発信方法を考えるプロセスがあります。地域の歴史、文化、考え方、モノやコト、ストーリーなどに魅力を感じてくれるファンをつくるための方策やモノやコトの明確なイメージ戦略を構築することも重要です。また、地域資源の情報を全国へ発信することも必要です。ターゲットユーザーに知ってもらうことができなければ、観光客増加あるいは特産物の消費拡大は実現しないからです。

独自性と魅力を有する地方活性化策の立案には、当然ながら、創造的な思考が求められます。しかし、これは容易ではありません。認知心理学の分野では、問題解決に関する思考パターンを2つに大別します。ひとつは、過去に経験した解法に基づく再生的思考であり、もうひとつは、まったく新しい解を創造する生産的思考です。前者は、既知の手段を統合して解決する思考であり、習慣や過去の体験が再生されることによってなされます。後者は、既存の解決手段の組み合わせでは解決できない場合に使われる思考であり、既存のものの再生ではありません。日常的活動では、ほとんどの問題は再生的思考によって解決可能であり、創造力が必要となる場面はそれほど多くありません。

さて、G・ウォーラスは、創造的思考のプロセスを、課題環境から情報を収集する準備期、集められた情報を操作、変形し、過去の経験と照合するなど模索する孵化《ふか》期、問題に対するアイデアが突然得られる啓示期、啓示によって得られたアイデアの有効性や妥当性を確認する実証期の4段階として整理しました[(1)]。また、同様のプロセスを想定したJ・W・ヤングは、創造性の元となる情報収集の重要性を強調しています。特に、広範囲に多くの情報を集める必要があると説いています。J・P・ギルフォードは、創造は拡散的思考と収束的思考によってなされる、と述べました[3]。拡散的思考は集めた情報から新しい何かを創造する思考であり、収束的思考は与えられた問題に対して正当性のある既知の解答に思考を収束させる思考です。準備期・孵化期・啓示期には拡散的思考が重要であり、実証期には収束的思考が重要であることが知られています。

地域活性化策の立案には集団活動が向いていると思われます。集団の方が、広い視野で多くの情報を集めることができるからです。つまり、拡散的思考が自然になされるのです。さらに、集団活動は、個人の持つ知的資源の単純総和以上の創造性を発揮することができるメリットもあります。集団活動で他者のアイデアが提示されることで生成されるアイデア数が増加し、多様なアイデアを提示された方がより多様なアイデアを生成できます[4]〜[7]。

集団を形成するメンバーの構成も重要です。集団による創造的活動ではメンバーの多様性が重要であることが知られています。多様性とは、メンバー同士が異なる考えを提示しあえる度合いであり[8]、メンバーが多様である場合に特に集団活動の利点が発揮されます[9][10]。メンバーの多様性の増加は、選択肢の幅を広げ[11]、活用できる情報を豊かにし[12]、視野を広げます[13]。なお、個人の創造性を調べた実験では、外国での居住経験が創造性と正の関連を持つことが示されています[14][15]。これは、利用可能な知識の範囲がアイデアの発想に影響していることを示しています。このことは、地域活性化策を検討する際、その地域の人だけで考えると産出されるアイデアの幅が狭くなることを予想するものです。

また、J・スロウィッキーは数多くの集合知が効果的に機能した事例をふまえ、集合知の要件として以下の４つをあげています。[16] 各自が独立して意見を出すこと（独立性）、色々な人たちが参加すること（多様性）、各自が別々の情報源を持つこと（分散性）、意見を集約するメカニズムがあること（集約）。なお、実証期の収束的思考については別の報告がなされています。由井薗隆也は、メンバーが多いと出される意見数も多くなるが、その後に行なわれる意見をまとめて結論を出す際にはメンバー数は影響しないことを示しています。[17] 人数が増えると集団の意思決定が極端な方向に振れやすくなる（極性化する）ことも指摘されており、５名の会議が最も効率がよいという報告もあります。これらの知見をまとめると、拡散的思考あるいは準備期・孵化期・啓示期は大きな集団で行ない、収束的思考あるいは実証期は小さな集団で行なう方がよいということがわかります。

地域ロゴデザインにおける学生参加の事例

２０１４年7月初旬、札幌市立大学デザイン学部に北海道有珠郡《うすぐん》壮瞥町《そうべつちょう》商工会から授業向けのデザイン課題提供のお話がありました。壮瞥町商工会は、壮瞥温泉、蟠渓温泉、北湯沢温泉の地域を合わせた奥洞爺温泉郷のロゴマーク、地場産の黒毛和牛である奥洞爺牛のロゴマーク、そして壮瞥町ＰＲのための観光パンフレットやポスターなどのデザインの制作を希望していました。地域や特産品の知名度を向上し、ブランド化することが目的でした。なお壮瞥町は次のような地域です。当該地域には前述の温泉地の他、洞爺湖、有珠山、昭和新山などがあります。また、北海道内としては比較的温暖な気候で、リンゴやブドウなどの果物や米、地熱を利用した野菜などさまざまな農作物が生産されています。また、スポーツ雪合戦を開発し、国内外に普及させるなどの取り組みを行なっています。

ロゴマークを作成する際の、最も簡単な工程は次のようなものです。

①　主題を確認する
②　方向性を決定する
③　デザイン案を作成する
④　依頼者に確認してもらう

①主題の確認は、アピールしたいもの、アピールしたい相手、などの確認です。②方向性の決定では、デザインの雰囲気や包含する内容を決めます。③デザイン案を考え、最終的に３つ

程度のデザイン案に絞って、実際に作成します。④デザイン案を依頼者に示し、ひとつを選択してもらいます。

依頼者の満足度を高めたいときやロゴの完成度を上げたいときには、いつくかの段階を追加し、次のような工程とすることが一般的です。

① ヒアリング
② 事前調査
③ デザイン案制作
④ デザイン案選定
⑤ 最終調整

①ヒアリングでは、ロゴマークやグッズを作成する目的、想定しているターゲット像、企業・団体の理念やコーポレート・アイデンティティ（ＣＩ）などデザインの基本となる情報を依頼者から収集します。②事前調査では、市場調査、競合調査、当該企業・団体・地域の分析などを行ない、商品、サービス、企業、地域などの独自性や優位性を把握します。③デザイン案制作では、ヒアリングの情報や事前調査の結果をもとにコンセプトを決めて、それを具現化するようなデザインをいくつか制作します。④デザイン案選定では、複数のデザイン案の中から最も良いと思うデザインを依頼者に選定してもらいます。必要があれば、その後にデザイン修正を行な

います。⑤最終調整では、最後の仕上げとチェックをします。壮瞥町商工会からのデザイン課題でも、基本的にこのような工程に沿って制作することとしました。

デザイン作業は、通常、一人または数名の依頼者側とデザイナー側による打ち合わせが行なわれた後に開始されます。実際のデザイン作業には、一人または数名のデザイナーが関わることが一般的です。しかしながら今回の取り組みでは、これまでの創造的活動に関する研究の知見に関する考察をふまえて、デザイン作業の準備期・孵化期・啓示期は集団で行ない、実証期は少人数で行なうこととしました。また、集団は複数の大学生により構成し、多様性の確保に努めました。

今回のデザイン課題の内容はロゴマーク制作およびプロモーション提案です。したがってデザイン活動の初期段階では、ロゴやプロモーションを通して消費者にどのような理念、メッセージ、ストーリーを伝えたいかを決定することが重要です。消費者に打ち出すべきイメージは、商品、サービス、企業・団体ごとにそれぞれ異なるので、どのようなメッセージを伝えるのが良いのか十分に調査し、吟味する必要があります。また、ロゴやプロモーションは、当然ながら、消費者に向けてデザインしますが、それだけでは十分ではありません。依頼者やステークホルダーにも気に入ってもらう必要があるのです。せっかく作っても、依頼者が気に入らないものは利用が消極的になってしまうからです。今回の取り組みでもデザイナーである学生たちが最初にするべきことは、見栄えをどうするかというデザインを考えることやラフ案を描き始めることではなく、どういう特徴を持つ地域・特産物なのかを知ることです。そこで、ヒアリングや事前調査が重要になります。このような考えのもと、地域住民との交流を兼ねた意見交換会を開催することとしました。デザイン作業に地域住民が参加することは、主体性や当事者意識の高揚、町やロゴへの愛着、参加意識の高揚、相互理解・情報共有、住民ニーズの反映・きめ細かな対応、などの効果も期待できます。

今回のデザイン課題には40名の学生がデザイナーとして参加しました。40名の学生は札幌市立大学デザイン学部の３年生、４年生、大学院１年生であり、その出身地は、札幌市内、北海道各地、本州各地など多様でした。３から5名を１つの班として、10班に分かれてデザイン作業を行ないました。参加者は、基本的に前述したような工程に沿ってロゴやプロモーション企画を制作しました。最初に、インターネットや書籍を使って事前調査を行ない、コンセプトやデザインを考えました。次に、現地を訪問してフィールド調査を行ない、コンセプトやデザインをさらに磨きました。現地を訪問してのフィールド調査では、視察、商工会や町職員の方々との情報交換、地域住民を交えた地域の魅力発見ワークショップなどを行ない、当該地域の魅力を確認・発見していきました。これらの調査を経て、班ごとにデザイン作業を行なうと共に、全体でのデザイン案の意見交換を行ないました。この意見交換によって、生成されるアイデア数が増加し、多様な

写真1　現地でのフィールド調査（昭和新山）

写真2　魅力発見ワークショップの様子

写真3　壮瞥町へのプレゼンテーションの様子

アイデアを提示された方がより多様なアイデアを生成できます。

一人のデザイナー（学生）はひとつのデザイン対象に対して複数の案を作成したので、合計では100を超えるデザイン案が作成されたことになります。今回は2つのロゴマークとひとつのプロモーションを提案するというものであったので、全体では数百のデザイン案が作成されました。次に、班ごとに奥洞爺温泉郷のロゴマーク、奥洞爺牛のロゴマーク、壮瞥町プロモーション企画の3点を提出しました。結果的には、それぞれのデザイン対象に10のデザイン案が示されることになりました。これらを壮瞥町の依頼者にプレゼンテーションし、意見や感想をもらいました。さらに、壮瞥町での選別作業を経て正式なデザイン案を1点ずつ決定しました。

各班から提出された奥洞爺温泉郷のロゴ案に使われたモチーフは次のようなものでした。１班は洞爺湖と有珠山、２班は有珠山、３班は洞爺湖と国道４５３号線・長流川、４班は洞爺湖と有珠山、農産物、５班は有珠山と黒毛和牛、６班は洞爺湖、７班は山と長流川、８班は有珠山と温泉、９班は洞爺湖、農産物、温泉、10班は有珠山。

奥洞爺牛のロゴ案に使われたモチーフは次のようなものでした。１班は黒毛和牛、２班は有珠山、温泉、黒毛和牛、３班は洞爺湖、黒毛和牛、４班は洞爺湖、黒毛和牛、５班は洞爺湖、黒毛和牛、６班は洞爺湖、黒毛和牛、７班は洞爺湖、黒毛和牛、８班は黒毛和牛、９班は洞爺湖、黒毛和牛、10班は有珠山、黒毛和牛。

図２　奥洞爺温泉郷のロゴ

図１　奥洞爺牛のロゴ（商品登録されたもの）

多くの班のデザインで洞爺湖と有珠山が使われたことがわかります。次いで温泉と農産物がモチーフに選ばれました。これらのモチーフは、地域の魅力として地域の方々も観光客も認知しているもので、観光ガイドブック、観光パンフレット、あるいは壮瞥町などの公式ウェブページなどにも記載があります。ただし、モチーフは同じでもそのテイストやデザインの方向性はまったく別物であり、多様性を有する集団作業の効果はあったといえます。

最終選考に残り、修正を施し提出したロゴが図1と図2です。奥洞爺牛のロゴは、洞爺湖と黒毛和牛を合わせたモチーフとキネマ文字を使ったものです。奥洞爺温泉郷のロゴは、同じキネマ文字を使いながら、洞爺湖と国道453号線・長流川をモチーフに入れています。壮瞥温泉、蟠渓温泉、北湯沢温泉は国道453号線の沿線にあり、その地図的情報を表現したものです。

「よそ者・若者・ばか者」論

今回、地域活性化のための取り組みに複数の学生を参加させることによる効果を期待しました。その利点は十分にあったと思われます。地域活性化では、住民だけでなく、よそ者・若者・ばか者の力が有用であるとの主張が見られます。その一方で、地域活性化の成功法則としていわれてきた彼らの活躍が当てはまらないケースも見られる、という報告もあります。一見矛盾するこれらの主張は、本稿の考察に基づけば、どちらも正しく、どちらも間違っているといえます。認知心理学や社会心理学の研究結果に基づいて考えれば、準備期・孵化期・啓示期は集団で行ない、実証期は少人数で行なう方がよいのです。また、このときの集団は多様性を有する必要があるのです。さらに、スロウィッキーの４要件（独立性、多様性、分散性、集約）を有していなければなりません。前述したように、企画の立案には複数の創造的プロセスが必要です。その初期段階ではよそ者・若者・ばか者の力を活用し、最終的には少人数で仕上げる、という形式がよいのです。

参加する学生側のメリット

ここまで、地域活性化の企画立案に学生たちを参加させるメリットについて論じてきました。最後に、学生側のメリットについて触れておきます。現在、若者の地域コミュニティとの関わりや地域活動への参加は、諸外国と比較して希薄です。そのためか、実社会への関心を示さない若者が増えているようです。今回の取り組みのように、大学で学んだことを地域という実社会で実践することは、学生の学びの面でもメリットがあります。地域社会における学習の効果としては、実物や本物を視野に入れることによる取り組み姿勢の変化、実物が有する非モデル性を扱うことによる多角的思考の育成、具体的で実感的な学び、地域社会の一員としての共感性の育み、認知する世界の拡大、などが期待できます。

第3部
計画・実践編

第3部
第8章
TSSその1　大学による地域創生の試み

柿山 浩一郎

第8回目の講義の担当は、札幌市立大学 教授で、日本デザイン学会、日本感性工学会理事の柿山浩一郎先生。実験室内で行なうような研究スタイルを、地域フィールドに持ち込む試みに面白みがあると感じているそうです。

ここでは、札幌市立大学 で行われた大規模な地域創生活動を紹介して頂きます。

はじめに――大学が取り組んだ地域創生

第１部社会背景編で述べたように、現在わが国では少子高齢化や大都市への一極集中に伴う地域の衰退への対策が大きな課題となっています。特に北海道はその傾向が顕著で、「未来日本の縮図(1)」として早急な対応が求められています。また、２０１４年5月に日本創成会議からの提言が、同年９月には政府により「まち・ひと・しごと創生本部」が設置され、国をあげての取り組みも強化されてきています。同様の課題は近隣の東アジア諸国も潜在的に抱えており、この問題への解決策の提示はわが国のみならず、東アジア諸国にとっても極めて有意義なものと考えられます。

地域創生にまつわる活動は行政主体で行なわれるものも多いですが、若い学生や各分野の専門家である教員が集う「大学」という組織でも取り組まれています。本章と次の第９章では、２０１３年から２０１５年度までの3年間、札幌市立大学デザイン学部の12名の教員が主体となり、科学研究費補助金・基盤研究(A)の補助を受けて実施した「タイム・スペースシェアリング型地域連携による地域創成デザイン研究」（以下ＴＳＳ）の取り組みを通して、「研究」という観点から地域創生を考えた事例を紹介します。

2年目 平成26(2014)年度
3年目 平成27(2015)年度
タイム・スペースシェアリングによる相乗効果が期待される組み合わせの明確化
秋・冬の
１週間～２ヶ月
５組７名
札幌
街の井戸端寺子屋の運営
延べ60名3回のWS
2回のフォーラム
中高年世代を対象としたタイム・スペースシェアリング実証実験
若者世代を対象としたタイム・スペースシェアリング実証実験
夏の１週間
41名
リアルな体験とバーチャルな体験の提供による満足度評価手法の確立
教育プログラム化
地域連携手法のモデルの確立
学問としての体系化

図１　TSS の全体スケジュール

ＴＳＳ型地域連携——大学が考えた地域創生のコンセプト

本研究は、大都市（拠点都市）と周辺市町村（周辺地域）がそれぞれの強みを活かし合いながら交流を活発化させることにより、総合的に地域の魅力創出と地域力の強化が図れるようなデザインプログラムの実践を試みたもので、「タイム・スペースシェアリング型地域連携」を基本コンセプトとしたものでした。大都市と周辺市町村の相互交流を通して人的ネットワークを構築し、住民らが互いの「時間《タイム》・空間《スペース》をシェアする《シェアリング》」ことによって現在の大都市一極集中による地方の衰退を食い止められるという仮説に基づいた、短期居住・二地域居住の可能性に対する研究を中核とするものです。

大都市と周辺市町村、それぞれの魅力や強みを明確にし、特性を活かして役割を分担することで、両地域の潜在的なポテンシャルは最大限に発揮されます。たとえば、高度医療は大都市、終末医療は周辺市町村が役割を担う。幼少期は周辺市町村の大自然の中で豊かな感性を育む教育を受け、青年期は大都市で先端的な技術知識に関わる教育を受ける。そしてリタイヤ後は、また周辺市町村で生涯教育を受けるといったことも、ＴＳＳの考え方の一例といえます。

人口１００万人の大都市と、人口1万人の周辺市町村との間でのＴＳＳ型地域連携を考えてみます。たとえば両地域の住民すべてが二地域居住を実践し、それぞれ人生の半分を大都市で、もう半分を周辺地域で過ごしたとします。これを長期スパンで見ると、1年当たりの居住者数は大都市が50万５０００人、周辺地域も同じく50万５０００人となります。このような仮定はもちろん極論ですが、一部の住民が短期居住・二地域居住によるＴＳＳを実践することで、一極集中による周辺地域の衰退をある程度食い止めることができるという考えです。

ＴＳＳの５つの柱――何をどのように進めたのか？

地域の衰退を懸念した研究として、国外では、Ｊ・Ｊ・ＢＥＧＧＳら[2]が、首都の比較から、非首都の方が人間的なつながりがより濃厚であると結論づけたもの、国際環境開発研究所のＣ・ＴＡＣＯＬＩら[3]が周辺市町村と大都市の相互作用に関して行なった研究などがあります。本研究では、これらの先行研究などを参考に、大都市と周辺市町村それぞれの魅力や課題を明らかにし、アンケート調査や実証実験を通じて具体的にどのようなＴＳＳの仕組みが地域創生に有効であるかを検討しました。

具体的には、次の５つの試みからなる研究活動を行ないました。

【Ａ】アート＆デザインの力の定義と地域創生活動の型の抽出を目的とした「地域創生活動実践」

【Ｂ】地域創生のキーパーソンの素質抽出を目的とした「大規模アンケート調査」

【Ｃ】短期居住・二地域居住のあり方の検討を目的とした「井戸端寺子屋ワークショップの運営」

【D】中高年世代を対象とし二地域居住の課題抽出を目的とした「居住体験実証実験」
【E】若年世代を対象とし地域創生のための観光の型の抽出を目的とした「短期居住国際ワークショップの実施」

次に具体的な内容を紹介します。

【A】アート&デザインの力の定義と地域創生活動の型の抽出を目的とした「地域創生活動実践」

これは２０１３〜２０１４年度に北海道内の８地域をフィールドに行なったアート&デザインによる地域創生活動事例の概要です（一部詳細は第２部事例編参照）。

情報発信ツールとしてのお弁当デザイン　寿都町／喜茂別町《きもべつちょう》／壮瞥町

お弁当を開けると広がっている景色。地元の食材を使ったお料理の味と香り。ＱＲコードを読み取ると聞こえてくる海や川の音。お料理を食べ進めると出てくる探検マップ。新しい地域情報発信のプロジェクトとして、札幌市立大学と光塩学園女子短期大学の学生と教員が、喜茂別町民と寿都町民、壮瞥町民の協力を得てパッケージデザインとメニューを考えました。

風ぐるまアートプロジェクト　寿都町（第３章に詳述）

「風の町」寿都で、千の風ぐるまの風景をつくるアートプロジェクト。地域の資源である風を可視化するだけでなく、子どもからお年寄りまで誰もが気軽に参加でき、地域づくりのきっかけとなることを目指しました。誰もが一目でわかる町の風景は、身近な生活空間への新たな気づきを促すだけでなく、地域の外へと発信できる町の魅力の再評価にもつながりました。

炭鉱《やま》の記憶アートプロジェクトでの意識調査　三笠市／夕張市／岩見沢市（第４章に詳述）

２００４年から継続して取り組んでいる「炭鉱の記憶アートプロジェクト」は、空知産炭地での炭鉱遺産を活用したアートプロジェクト。地域資産に寄り添いアートを介在してその価値に光を当てる活動であると共に、学生が足繁く現地に通いながら地域の人々と交流を重ねた協働プロジェクトでした。ＴＳＳ研究では期間中にモニターツアーを実施、ＴＳＳの仮説検証を行ないました。

ミライサイクルプロジェクト　札幌市

札幌市中心エリアの大通地区に空間デザイン作品群を展示したプロジェクト。未来の自転車利用を考えるイベント「自転車ｄａｙ」にて出展したもので、道ゆく人々が体験＝試乗できる作品。計４種類、８点の空間からなり、自転車に乗ったままの姿勢でカフェ空間となる「自転車カフェ」「自転車スタンド」など、都市部における自転車利用促進と未来の可能性を表現しました。

札幌グリーンカーテンプロジェクト　札幌市（第６章に詳述）

札幌市南区（芸術の森地区）の住民とともに行なったグリーンカーテン栽培プロジェクト。地域住民が交流しながら愛着を持ってゴーヤなどを育て、参加した全世帯が来シーズンも栽培したいという意欲を示しました。参加した過半数の住民が植栽への興味に加えて、地域交流に意欲があることがわかりました。

奥洞爺ロゴデザインと観光促進グッズの提案　壮瞥町（第７章に詳述）

壮瞥町商工会の依頼を受けて、奥洞爺牛と奥洞爺地域のロゴデザインおよび壮瞥町の観光促進を目的としたプロモーションの提案を札幌市立大学デザイン学部の学生が行ないました。現地視察や地域住民を交えたワークショップを通じて、当該地域の魅力を確認・発見し、それを活かしてデザイン作業を進めました。

鹿革商品開発プロジェクト　平取町《びらとりちょう》

地域の人々と連携し、鹿革を使った商品開発に至る一連の社会実験を行ないました。フィールドワークや地域でのワークショップを通して地域課題を抽出し、テーマを設定しました。商品の製造プロセスが地域内の文化や地区をつなぎ、さらには地域を越えて商品が人々をつなぐことを目指しました。町民や出身者が地元を誇り、地域外に発信できるようにとの願いも込め「鹿革名刺」をデザインしました。

これらの活動は、デザイン学部を有する札幌市立大学で開学以来数多く実践されてきた地域創生活動の一部ですが、ＴＳＳでは「大都市が有する魅力の明確化」「過疎市町村が有する魅力の明確化」を中心に据えて実施し、活動を記録して研究的・理論的に整理する試みを行ないました。

整理にあたっては、「①地域創生に役立つアート&デザインの力」「②地域創生のキーとなる要素」「③地域創生の段階とステークホルダーの役割」の明確化を目指しました。結果は次章にて述べます。

【B】地域創生を担うキーパーソンの素質抽出を目的とした「大規模アンケート調査」

前述の「地域創生活動実践」をはじめとする事例を通して、本研究では、「地域創生を成功させるには活動の中心となる地元住民＝キーパーソンの存在が不可欠」と考えました。本研究では、特にアート＆デザインの力を駆使して地域創生を担う人材を「地域伝道師」と名づけ、その育成が重要との考えに至りました。そこで、北海道の大都市と周辺市町村の住民を対象とした意識調査および「地域伝道師」を発掘するために有用な知見を得ることを目的として、「大規模アンケート調査」を実施しました。

調査対象者は北海道民とし、具体的には札幌市中央区の約６％にあたる７０５０戸、札幌市南区の約５％にあたる３０００戸を北海道の大都市住民の代表とし、三笠市の全戸である４３９１戸、寿都町の全戸である１４５０戸、平取町の全戸である２２２７戸、喜茂別町の全戸である１０３３戸を北海道の周辺市町村の代表と位置づけ、合計１万９１５１戸にアンケート用紙をポスティングにより配布しました。回答者はアンケート用紙に回答を記入し、返信用封筒を用いて返送するか、インターネット上に設置したアンケートページから回答するものとしました。

アンケート用紙の配布は２０１３年12月16日～21日、回答締切を２０１４年１月末日としました。アンケートはＡ４判８ページからなり、大きく次の６つの質問項目で構成しました。

①　回答者の属性を明らかにするための質問（年齢や性別、アート&デザインに対する関心度合いを問うもの）
②　居住地に関する一般的な質問（居住地に対する過去／現在／未来の印象を問うもの、大都市・周辺市町村への一時居住に対する関心度合いを問うもの）
③　現在の居住地域に関する質問
④　地域の活性化に関する質問（地域活性化に対する貢献意欲など）
⑤　催し物（イベント）の形態に関する質問（参加形態、開催場所、イベント内容、主催者の４要素で構成される催し物形態に対する印象）
⑥　回答者の価値観に関する質問（マズローの欲求段階説[4]の５（＋１）段階に対する重要度合いの把握）

結果は次章にて述べます。

【Ｃ】短期居住・二地域居住のあり方の検討を目的とした「井戸端寺子屋ワークショップ」

前述のように、本研究は短期居住・二地域居住が地域創生に有効との仮説に基づく研究です。そこで、短期居住・二地域居住のあり方をワークショップ（以下ＷＳ）形式で議論する「井戸端寺子屋ＷＳ」を実施しました。地域創生活動を実際に行なう際には、行政担当者や地域住民、研究者など、地域に集う人々がアイデアの発想や合意形成のために議論を行なう場面が多々あります。これらはＷＳ形式で実施されることが一般的で、テーブルを囲んでブレインストーミングを行ない、ＫＪ法[5]でまとめるのが典型的な手法です。本研究はそういったＷＳの手法を試行することも視野に入れた実験的な活動と位置づけられました。

また、地域創生活動の実践者や研究者、行政担当者などによる基調講演やパネルディスカッション、研究チームによる成果報告や情報共有を目的としたフォーラム（公開討論会）の開催も地域創生活動を推進する上で重要な活動といえます。本研究では二度のフォーラムを開催しました。一方向になりがちなフォーラムにおいて全員が議論に参加できる（参加者全員が議論に参加した気持ちを抱けるような）仕組みづくりが重要と考え、フォーラム参加者の思いを瞬時に可視化する手法を検討、試験的に実施しました。
具体的な内容に触れていきます。

井戸端寺子屋ＷＳの目的と位置づけ

井戸端寺子屋ＷＳは、主に次の３点を明らかにすることを目的として実施しました。
・短期居住に対して人はどういうイメージを持っているか。
・短期居住を行なう際の地域の「魅力」とは何か。壮瞥町を例に考える。
・短期居住を行なう際に障害となる要素は何か。

また、井戸端寺子屋ＷＳは全３回とし、各回をそれぞれ次のように位置づけました。
第１回：一般的なＷＳ
第２回：議論を活発化させる仕組みとしてのＷＳ
第３回：議論をまとめる仕組みとしてのＷＳ

また、各回の議論の結果を次回に引き継ぐことで、短期間で明確な結論が得られる構造としました。

ＷＳのあり方について考える（事前のブレインストーミング）

２０１４年7月29日、ＴＳＳ井戸端寺子屋の拠点とした「リフレサッポロ」（札幌市白石区）にＴＳＳ研究チームのメンバーが集い、ブレインストーミングを行ないました。テーマは地域創生を実施する上での「ＷＳのあり方」であり、以下のような意見交換がなされました。

・ブレインストーミングをしてＫＪ法を行なうと意見が収束してしまう傾向がある。
・ＷＳの目的が「コンセンサス（合意）をとる」ことだけになっていないか？
・ＫＪ法は、発言しない人の意見を引き出す手法としては優れている。
・ＷＳの「新しい手法」（意見をまとめるだけでない手法）はないのか？
・クリエイティブで新しいモノ／コトが生まれるＷＳの手法を開発すべき。
→よりビジュアルなＷＳ／ゲーム性のあるＷＳ
→コンセンサスを得るためのＷＳから、創造が可能なＷＳへ
→特徴的なＷＳの開発が必要。初めて出会った人がすぐに仲良くなれる仕掛けなど

その後、実施した井戸端寺子屋ＷＳ[*1]の具体的な内容は次の通りです。

第１回ＷＳ「札幌市民が抱く地方都市での短期居住のイメージ」

日　時◉２０１４年９月30日（火）14時～17時

会　　場●リフレサッポロ４階（札幌市）
テ ー マ●札幌市民が抱く地方都市での短期居住のイメージ
参 加 者●札幌市民12名
位置づけ●ＷＳ運営のノウハウを構築するための「一般的なＷＳ」。ＷＳ運営におけるポイントを明確にすることを目的に、ＷＳ運営経験の乏しいメンバーが学ぶ機会ともした。（ＷＳ運営の教材づくりのための視点の明確化を含む試み）
目　　的●本研究の目的が「ＴＳＳによる地域創生」であることを参加者に提示した上で、「魅力的な短期居住のあり方」「それを実現する仕組みのあり方」について描くという目標を提示し、「短期居住のイメージ」を明らかにすることとした。
方　　法●「一般的なＷＳ」と位置づけていることから、典型的な手法といえるブレインストーミングとＫＪ法を用いることとした。初めての人にわかりやすく短時間で伝達可能なコンテンツ（内容）を工夫した。配布資料はＴＳＳの概要パンフレット、用意した道具は、模造紙、付箋、ペンなど一般的なＷＳに使用されるものとした。

＊１　全３回の井戸端寺子屋ＷＳは株式会社ノーザンクロスの協力を得て実施した。

第２回ＷＳ「札幌市民と壮瞥町民の協働による壮瞥町での短期居住を想定した「魅力発見」」

日　　時◉２０１４年10月12日（日）12時30分〜15時
会　　場◉旬菜宿房いこい荘（壮瞥町）
テ ー マ◉札幌市民と壮瞥町民の協働による壮瞥町での短期居住を想定した「魅力発見」
参 加 者◉27名（壮瞥町民13名・札幌市民14名）
位置づけ◉第１回のＷＳ運営の実績をもとに、ステップアップを行なうこととした。具体的には、「議論を活発化させる仕組みとしてのＷＳ」と位置づけた企画／運営を行なうこととした。
目　　的◉壮瞥町での短期居住時の「魅力」を明らかにする。
方　　法◉まず、ＴＳＳの概要を説明するコンテンツの提示と、第１回ＷＳの成果（札幌市民が抱く地方都市での短期居住のイメージ）の提示を行ない、議論が前にすすむ設計とした。「議論を活発化させる仕組みとしてのＷＳ」とするためのしかけとして、「初めてあった人が短時間で仲良くなるしかけ」「意見を出しやすくするためのしかけ」を組み込むこととし、前者は「お弁当を食べながらのＷＳ」、後者は「叩き台を提示した上でのＷＳ」とすることとした。具体的には、前者は壮瞥町の旬の食材をもちいたお弁当のおかずを大皿に用意し、札幌市立大学の学生がデザインした壮瞥町の魅力が散りばめられたお弁当箱に、参加者自らが盛りつけをして、共に食しながらＷＳを行なうこととした。後者は、このお弁当箱に施された壮瞥町の魅力マップ（札幌市立大学の学生の視点による壮瞥町の魅力）を模造紙に大きく印刷し、このマップに付箋を追加してもらうという方法で、参加者が意見を出しやすくなるしかけとした。

第３回ＷＳ「札幌市民と壮瞥町民で考える壮瞥町での短期居住の「課題」」

日　　時●２０１４年10月20日（月）14時〜17時
会　　場●札幌市立大学サテライトキャンパス（札幌市）
テ ー マ●札幌市民と壮瞥町民で考える壮瞥町での短期居住の「課題」
参 加 者●21名（壮瞥町民２名、札幌市民19名）
位置づけ●第１回、第２回のＷＳ運営実績をもとに「議論をまとめるための仕組みとしてのＷＳ」と位置づけた企画／運営を行なうこととした。
目　　的●実際に短期居住を試みる際の「課題」を明らかにする。
方　　法●まず、ＴＳＳの概要を説明するコンテンツの提示と、第１回ＷＳの成果（札幌市民が抱く地方都市での短期居住のイメージ）の提示、第２回ＷＳの成果（壮瞥町での短期居住時の「魅力」）の提示を行なった。以上の提示によって、参加者に「短期居住」を共通のイメージとして抱いてもらえるように配慮し、また「議論をまとめるための仕組みとしてのＷＳ」に関しては、ある程度の枠組みを参加者に提示することで、議論が発散しないようにすることができると考えた。そこで、本研究の２０１３年度の成果として得られた地域創生のキーとなる要素「人・事・場・物」の視点で短期居住の「課題」をまとめる模造紙と、「我←→他」（自分自身の問題←→自分以外の問題）といった視点で短期居住の「課題」をまとめる模造紙を準備し、議論のまとめが脱線しないよう設計した。

フォーラムの考え方

地域創生活動の実践者や著名な研究者、行政担当者等による、基調講演・パネルディスカッション・研究チームによる成果報告や情報共有を目的としたフォーラムの開催も地域創生活動を推進する上で重要な活動といえます。本研究では、一般的なフォーラムが、主催者側からの一方的な情報発信にかたよってしまうことを問題とし、地域創生を行なう際に実施するフォーラムにおいて重要なのは、一方通行的な教示に陥ることなく、参加者全員が意見を述べ、意思表示ができることと考えました。具体的には次に示す2回のフォーラムを実施しました。

フォーラム（1回目）

「TSS井戸端寺子屋会議 in 札幌　ひと・こと・ば・ものでつなぐ2つの森の協宴」

日　時◉2014年4月26日（土）14時〜16時30分

会　場◉札幌市立大学サテライトキャンパス（札幌市）

フォーラム（2回目）

「TSS井戸端寺子屋会議　高知&北海道　二地域居住で見えてくる「地域創生」

日　時◉2015年3月15日（日）13時〜16時20分

会　場◉札幌市立大学サテライトキャンパス（札幌市）

1回目のフォーラムは、参加者が意見を述べられる機会、交流することが可能な機会の創出を目的に、「コーヒーブレイクポスターセッション」をしかけとして組み込みました。本研究の趣旨と、小谷敦氏（高知県総務部長・当時）による基調講演「全国的な地域創成施策の動向と高知県の地域創成施策」の後、地域をフィールドとして活動している研究者らの活動報告ポスターを前にして行なわれたコーヒーブレイクは、参加者の活発な議論の場となりました。

2回目フォーラムでは1回目と同様の「コーヒーブレイクポスターセッション」に加え、

フォーラム開始前と終了間際に回答するマークシート式のアンケート用紙を、短時間（15分程度）で集計、分析する仕組みを構築し、フォーラム終了時に会場全体の意識がどのように変化したかを共有する仕組みを導入しました。この仕組みは、簡易スキャナーとパソコンのみで動作する、オリジナルに作成したマークシートを自動的に読み取り集計するものでした。以上のフォーラムの成果は、次章にて紹介します。

【D】中高年世代を対象とした二地域居住の課題抽出を目的とした「居住体験実証実験」

本研究では、２０１３年度の複数のフィールドでの活動をもとに、「人・事・場・物」が地域の魅力を分類する4要素になるとの仮説を構築しました。これを受け、この4要素が短期居住にどういう影響力を持つのかを検証することを目的に、大都市住民（札幌市民）、周辺市町村住民（壮瞥町民）に短期居住を実際に体験してもらう「居住体験実証実験」を実施しました。

この実験では、実際に短期居住を体験してもらうことで、構築した「人・事・場・物」の妥当性について検討を行なうことを第一の目的としました。また、客観的な分析手法の検討を行なうことを第二の目的としました。さらに、短期居住を社会システムとして成立させる際のポイントを明らかにすることを第三の目的としました。

　具体的な居住のための住居に関しては、図２に示すように札幌市に１箇所、壮瞥町に２箇所の住居を整備しました。居住体験のプロセスとしては図３に示すように「参加者募集」「説明会」「参加申し込み」「書類選考」「研究参加協力同意」「開始時インタビュー」「日常生活ガイダンス」「指定イベントへの参加」「日々のメール報告（日報）」「週報」「居住体験終了報告書執筆」「終了時インタビュー」からなるものとしました。また、取得するデータの中核としては、「日報」として居住者に報告してもらった自由記述的文章とし、これに加え毎日のワクワク感を１００点満点で申告してもらうものでした。

　前述の図３のプロセスで居住実験を実施するにあたって、参加者募集から実験終了のインタ

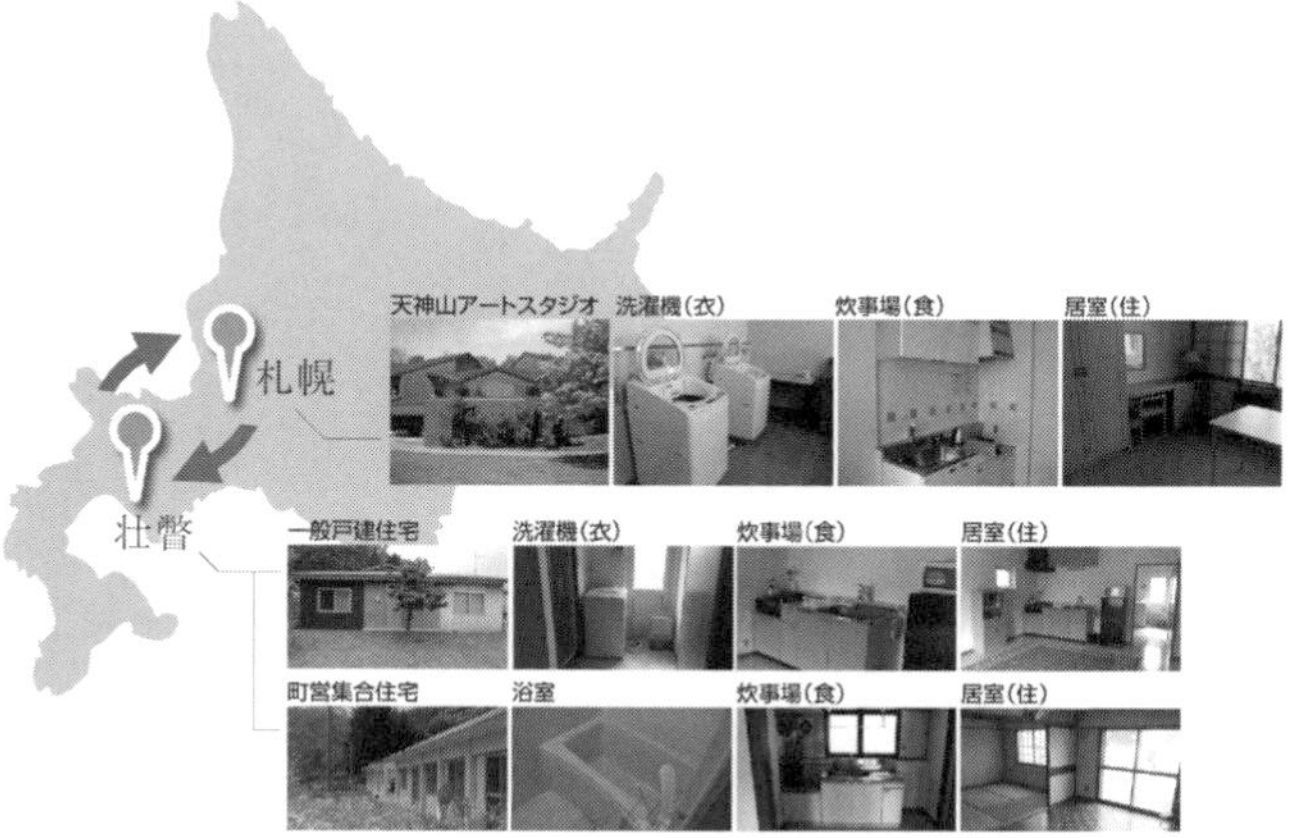

図２　整備した短期居住環境

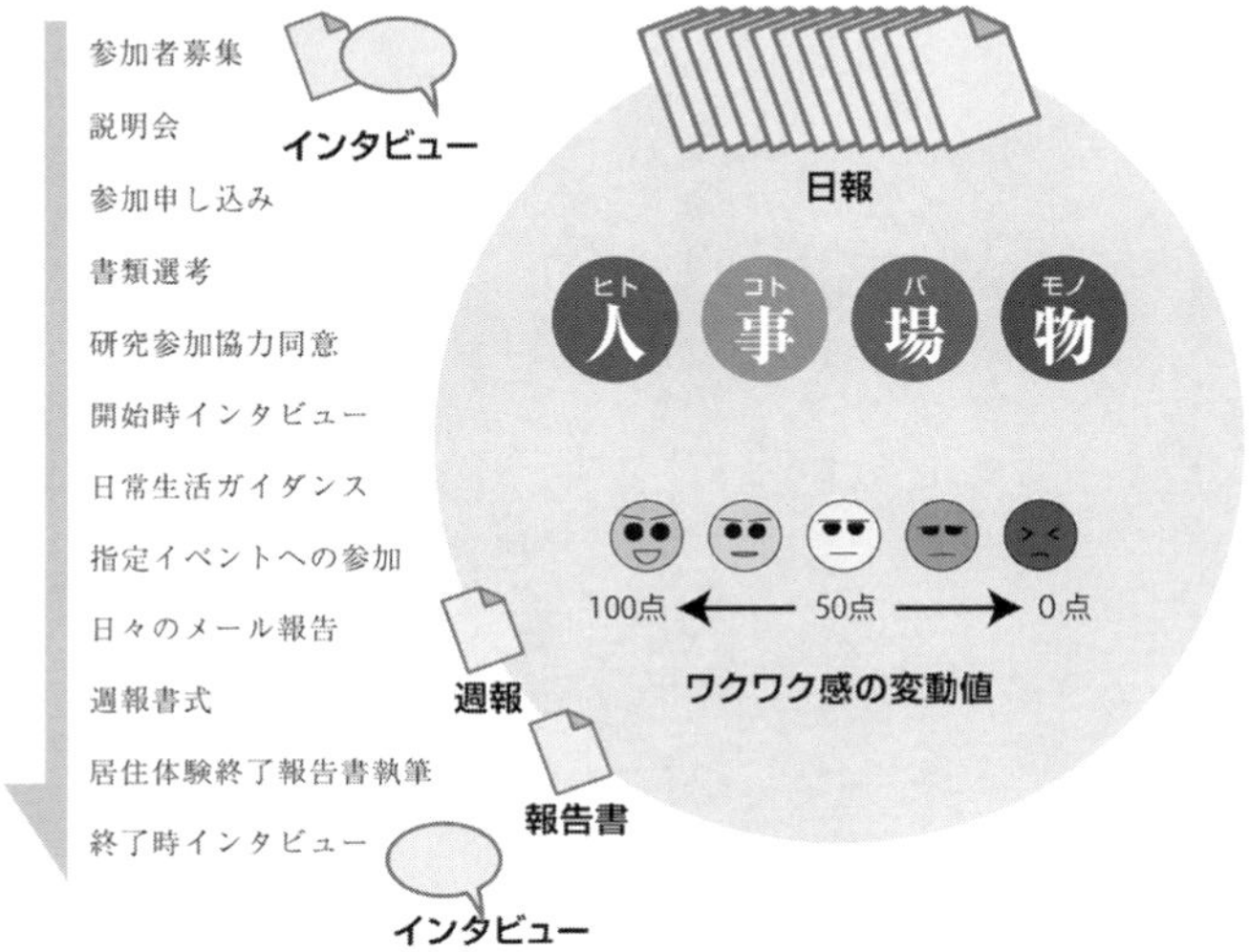

図３　短期居住のプロセス

ビューに至るまでの書式を整備しました(図４)。参加者には居住実験期間中も日常生活を送ってもらうことになるため、「生活のイメージをどのようにつくってもらうか」ということを伝達することが難しいものとなりました。また、実験であることから、実験データをどのように提供してもらうかも課題となりました。居住体験者に大きな負荷がかからないように「人・事・場・物」の４要素を対象とした日々の報告が適確に行なえるとともに、実験データとして過不足がないようにバランスをとった結果、図５に示す日報書式となりました。

居住実験の参加者募集時の障害

居住実験の参加者募集は困難を極めまし

図４　整備した書式

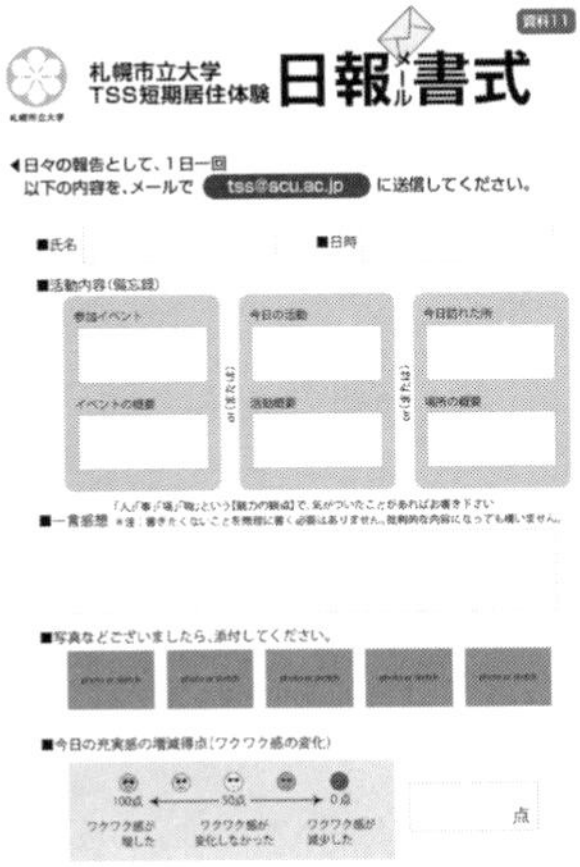

図５　日報の書式

た。主に、以下に示す問題が参加の妨げとなりましたが、これは二地域居住を地域創生施策とする際に解決すべきポイントといえます。

・医療問題（かかりつけ病院への定期的な通院など）
・移動手段の問題（周辺地域に短期居住する際は、現地での移動手段確保のため自家用車の利用を参加条件としました）
・家族の問題（子どもの日常生活・介護・ペットの世話など、家族のために短期間でも家を空けることができない）
・仕事の問題
・趣味の問題（「仕事の問題」がないリタイヤ世代であっても趣味の活動など定期的な予定があり、完全に時間がフリーなわけではない）
・畑／花壇の問題（水やりなど植物の世話で、長く家を空けられない）

これらの問題により参加者募集は難航しましたが、最終的に5組7名の協力を得て実施しました。

【E】若年世代を対象とした地域創生のための観光の型の抽出を目的とした「短期居住国際ＷＳ」

さまざまな課題を抱える地域を活性化させるには、地域の自律した振興・発展が不可欠です。そのために、未来の担い手である若者が地域にとどまり、振興を主導する必要があることは明白で、若者が地域に定着しやすい環境をつくるには何が必要で何が不要かといった点を一つひとつ精査していくことが重要といえます。

これまでの研究では、実験参加者を「居住地域」で分別していましたが、前述の将来展望から「年齢」に焦点を絞ることとしました。若者の視点から地域を評価し、魅力や課題を浮き彫りにする必要がありました。

そこで、現地に滞在しながら地域課題の解決策を提案するＷＳ型実験を実施しました（写真１、２）。

ＷＳ型実験では以下の３つの目的を設定しました。

Ⅰ　若者が地方に対してどのような魅力を抱くのか、そしてどのような課題を見出すのかを明

写真１　WS の様子（昭和新山にて）

写真２　同右（滝之上キャンプ場跡地にて）

らかにすること。

Ⅱ　若者による地域の魅力活用案・課題解決案は地元住民にどのように評価されるのかを明らかにすること。

Ⅲ　若者層／中高年層、町民層／町外住民層という対比の中に何か特殊な相関関係が見えてくるかを明らかにすること。

実験によって得られる結果に、より高い一般性を求めるため、近隣都市部（札幌市）の若者だけでなく東京都、台湾（台中、台北）の各地域からも学生を募り、全41名を対象としました。参加者の平均年齢は21・1歳（標準偏差±４・０歳）でした。実験参加者は国籍・出身地・年齢・性別を考慮し全７グループに分け、グループ別で行動してもらいました。なお、壮瞥町を実験の対象地として設定し、壮瞥町および壮瞥町商工会の協力を得て実施しました。

実験は６日間にわたって行ない、全体研修とグループ別研修を経て提案内容を検討することとしました。７つのグループはＡ群（３グループ）とＢ群（４グループ）に分けられ、Ａ群には地域の魅力発掘活動に有意であると考えられるキーワード「人・事・場・物」に関連づけて地域を評価する方法が記載されたワークシートを、Ｂ群にはキーワードの記載されていないワークシートを使用して、以後のＷＳに参加するよう説明しました。

日にちごとの内容をまとめたものを図６に示します。本研究のフローにおいて特に特徴的なことは、全員が参加する全体研修（図６Ａ）と、グループごとに研修したいところを選ぶグループ別研修（図６Ｂ）があるという点です。

1日目

参加者合流
移動日

2日目

A. 全体研修

三松正夫記念館
昭和新山
たつかーむ
ほりぐち果樹園
壮瞥情報館ｉ
壮瞥公園展望台
力岩
滝之上キャンプ場跡地

グループ別研修計画立案

3日目

B. グループ別研修
グループディスカッション
C. 商工会メンバーとのディスカッション

4日目

グループ別研修
グループディスカッション
発表資料作成

5日目

グループディスカッション
発表資料作成

6日目

D. フィールド調査報告会
移動

7日目

最終成果報告会

図６　ワークショップの概要

全体研修のスケジュールは実験実施者らが設定し、これを壮瞥町商工会とディスカッションする中で「壮瞥町の見どころ」「町の魅力となり得るところ」と判断できる内容としました。

この全体研修によって壮瞥町の魅力の片鱗に触れた実験参加者らが、自らが魅力と感じる内容あるいは課題をさらに深く掘り下げるため、グループ別研修の時間を設定しました。グループ別研修では、およそ7時間を公共交通機関・自転車・徒歩による自由移動時間として、各グループ内で決定した研修内容を遂行することとしました。

その後、簡易的に研修内容をまとめるグループディスカッションタイムを設けた後、図６Cに示した商工会メンバーとのディスカッションタイムを設けました。これは、２日間にわたる研修を経て疑問に思ったことや、すでに実施されていることなどの情報を地域の情報を持つ人々と共有し、今後提案する内容の種をまく段階として設定したものです。この後、２日間にわたって提案内容を推敲し、６日目に壮瞥町民などを対象としてフィールド調査報告会を実施しました（図６D）。

ＷＳフローの中で、提案内容や実験参加者の参加意欲を推定するため、以下の４つの方法で実験参加者からデータを取得しました。

①　事前アンケート調査

実験参加者がＷＳ型実験を行なう前段階の状態を把握するために実施しました。質問項目にはＷＳ参加に際しての個人的な目標やＷＳ参加への準備内容、二地域居住に対する知識・意識、壮瞥町に対する知識と印象などについての質問項目をまとめたものでした。内容は選択式回答と記述式回答を併用し、記述式回答の結果は主観的な傾向を読み取るために利用しました。

②　事後アンケート調査

実験参加者がＷＳ型実験を通してどのように状態が変化したのかを把握するために実施しました。質問項目には目標の達成度、二地域居住に対する印象変化の度合い、壮瞥町に対する印象変化の内容、二地域居住に対する知識・意識の変化などといった項目を設定しました。事前アンケートと同様に選択式回答と記述式回答を併用しました。

③　提案内容評価

図６Ｄに示したフィールド調査報告会において、各グループの提案内容が、どのように評価されるのかを調査しました。評価は専用の質問紙に記述するタイプで、設問は３つとしました。設問はそれぞれ、「壮瞥町の魅力が伝わったか」「提案内容を自分も経験したいか」「提案内容で町

外の人々を呼び込めるか」とし、すべて5件法で実施しました。

④　WEBアンケート調査

WS2日目以降の各実験参加者のモチベーションや感じたことなどを時系列で観察するため、WEB上にアンケートフォームを設け、いつでも利用できるようにしました。また、定期的にWEBアンケートの回答時間を設けることで、アンケートへの積極的な参加を促しました。A群の実験参加者にのみ直近の刺激となった内容を「人・事・場・物」の4要素で選択してもらう項目を設け、B群の設問と異なる仕様としました。その他の設問内容は、次の6問としました。

・「今自分がやるべきことは明白か」
・「直近の作業難易度はどの程度か」
・「課題の進捗度合いはどの程度か」
・「直近で一番刺激的だった要素は具体的に何か」
・「今のワクワク感はどの程度か」
・「壮瞥町に対する印象はどうか」

質問項目への回答は5件法、10件法、自由記述の3種を併用し、質問への回答と同時に回答日時、回答者（ニックネームも可）がわかるようにし、特定の回答者のWS参加姿勢を時刻歴で観察できるように配慮しました。

実験の結果と得られた知見は、次章にて後述します。

第3部

第9章

TSSその2　地域創生に活用可能なテクニック

柿山 浩一郎

第９回目の講義の担当も、第８章に続き柿山浩一郎先生です。

第８章で紹介された地域創生活動を対象に、「各活動を通して得られるもの」に関するまとめをして頂きます。

研究教育機関が対象とする「地域創生」

前章で述べた通り、札幌市立大学が札幌市に貢献する（札幌市を元気にする）大学としての役割を担っていることは明らかであり、札幌市にとどまらず北海道全域をその対象として地域創生を行なう大学であることを本研究の実績が物語っています。また、２０１４年９月、政府に「まち・ひと・しごと創生本部」が設置され、地方創生における若者への期待が示されました。

以上のような社会的要求に呼応することにもつながりますが、ＴＳＳ研究がゴールと設定する「地域創生デザイン学」とは、地域を元気にする方法論、具体的に言い換えれば、「地域創生の経験のない人が、地域創生デザイン学の教科書（マニュアル）に従って何らかの活動を行なうことで、その地域が元気になることが保証される」ものにならなければなりません。しかしこれは非常に高度な課題といえます。一般的に、定量的になんらかの法則性を見いだす際には、ノイズ（検証したい仮説に想定外に影響する可能性のある事柄）となる要素を極力排除した上で定量化を試みますが、地域創生といった多くの要素がからみ合う活動を定量的に評価する試みは、研究の現場に課された大きな課題といえます。ＩＴ化の進行が著しい現在、人の行動の記録を行なう手段が多く生まれており、これらの技術を活用し、地域創生活動を記録する方法論の開発ならびに参加者の心理状態の記録手法の開発、それらを統合する分析手法の開発が、地域創生を研究の対象とする研究者に課された課題といえます。

まだまだ実績に積み重ねが必要ですが、ＴＳＳ研究で実施した試み（第８章参照）から得られた知見をもとに、本章では、地域創生を実施する際に担当者が頭の片隅においておくべき考え方について述べます。

【Ａ】アート＆デザイン力の定義と地域創生活動の型の抽出を目的とした「地域創生活動実践」から得られた考え方

第２部事例編で紹介したアート＆デザインの力をベースにした地域創生活動は、それぞれ地域を元気にする成果を得ています。本研究では、こうした個別の活動を教科書的にまとめる議論、つまり「個々の活動にはどのような負担が必要なのか、また、どのような効果があるのか？」ということを「どのように測定し、どのように評価し、どのように定量化し、どのように裏付けて、方法論としてまとめるか」に関する議論を行ないました。

一般的な方法論にする最初のステップは、複数のタイプの事例を共通の枠に当てはめて相互の位置づけを客観的に把握することです。この際、「①地域創生に役立つアート＆デザインの力」

Art&Designの「パワー」を活用して地域にある限られたリソース発見を通して
0状態から何かを一気に創出する起爆力

Art&Designの創造活動により得られる「ワクワク感」を一般の人に体験させせることを通して
人と人の質の高い交流を促し心をつかむ求心力

Art&Designの創造性の表現力により得られる「ナットク感」を一般の人に与えることを通して
地域のブランドイメージの適切な伝達をする発信力

Art&Designの「設計力」で地域にある限られたリソースを適切に組み合わせて
運営/経済の仕組みを生み出すことでの継続力

図１　地域創生に役立つアート＆デザインの４つの力

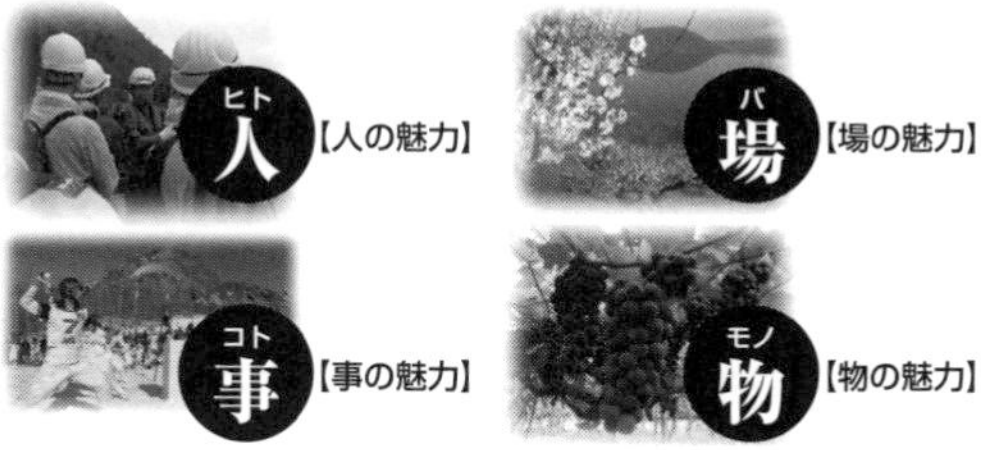

図２　地域創生のキーとなる要素

	地域住民	大学	行政	短期滞在者（観光客）	長期滞在者（シェア者）
【A】TSS魅力発見期 **交流期**	地域の魅力の素の収集	アート・デザイン力による集客	交流の場の提供	短期イベントへの参加 ↓ 感動体験	
【B】TSS魅力育成期 **創造期**	地域の魅力の素の創造	アート・デザイン力による集客 地域の魅力の素の評価/創造	ビジネスソースとしての評価	短期イベントへの参加 ↓ 該当地域の応援団	
【C】TSS魅力発信期 **発信期**	地域の魅力を活用した運用テスト（サービス）	サービス運用のためのアート・デザイン力の活用	運用テストのインフラ的サポート	サービスの利用体験 ↓ 該当地域の応援団 口コミ担当	
【D】TSS循環期 **運用期**	地域の魅力を活用した経済活動		経済活動のサポート	観光リピーター	地域への定住

図３　地域創生の段階とステークホルダーの役割

	起爆力	求心力	発信力	継続力
人《ヒト》	★	☆	★	★
事《コト》	☆	★	☆	☆
場《バ》	★	☆	★	☆
物《モノ》	★	☆	☆	☆

図4　地域創生活動の記述方法

「②地域創生のキーとなる要素」「③地域創生の段階とステークホルダーの役割」の観点から議論を行ない、各々、図1、図2、図3のように整理を行ないました。

この議論における整理の過程で、各活動は期間の長短や、活動における関係者の多少さ、各活動の目的が地域住民の交流かビジネス的な展開を目指すものか、というように、多くの複雑な要素から各活動を捉えなければ定量化が難しいことが明らかになりました。今回得られた図1、図2、図3は、定性的な、経験則に基づく整理ですが、アート&デザインの力をベースにした地域創生活動の構成要素を明らかにし、各々の活動を適確に捉え、その効果を予測するモデルの構築が、地域創生をテーマに研究活動を行なうゴールです。

ちなみに、第2部で紹介した個々の地域創生活動をまとめる際に、図4のような記述方法をもちいて各活動の担当者による自己評価を行ないました。これは「①地域創生に役立つアート&デザインの4つの力」（図1）と「②地域創生のキーとなる要素」（図2）をマトリックス化したもので、各々の地域創生活動が、アート&デザインの力を各地域や各組織がもつ４つのポテンシャルといえる「人・事・場・物」の何と結びつきやすいのかを明らかにできると考えたものです。

この記述方法では、そのプロジェクトの活動で特筆すべきポイントがマトリックス上に★印で示されます。たとえば図４でいえば、〝人〟と〝発信力〟の部分に★印が記載されています。このプロジェクトでは、情報発信を行なうキーパーソンの活躍が、成果に直結したことを意味するとの記述です。またこの記述方法は、プロジェクトのスタート段階での目標設定（このプロジェクトでは、「〝事〟にあたる○○祭りの○○を求心力になるよう位置づけよう」など）に活用したり、定性的な評価手法（このプロジェクトでは、「〝場〟を〝発信力〟のポイントとすると目標設定したが、複数人でその正否を評価した結果、それを達成できた」など）としても活用できます。

本研究で対象とした地域創生活動の件数が少ないため、このマトリックスを通した分析により一般解を得るには至りませんでしたが、先行事例を含め各種の地域創生活動を、同じ記述手法を用いて行なうことで、アート&デザインの力を最大限に活かす地域創生の手法を明らかにすることができると予想します。

地域創生には段階があると考えられます。図４の記述手法により、各プロジェクトの効果を把握することができ、さらに、各プロジェクトが、図３のどの段階に最も効果を発揮するものなのかを明示することで、地域創生の教育プログラムに活用できると考えられます。これらの整理を行なうことは簡単なことではありませんが、北海道はもとより、人口減少などの地域課題を解決する方法論の構築は急務といえます。

【B】地域創生のためのキーパーソンの素質抽出を目的とした「大規模アンケート調査」から得られた考え方

前章で紹介した大規模アンケート調査では、合計１１８９件（郵送１１０３件、インターネット86件）の回答を得ました（回収率６・２％）。なお、本稿で考察の対象としたデータに関しては、インターネット上で回答されたものは対象としていません。

分析手法としては、【あ】質問項目「５　催し物（イベント）の形態に関する質問」にて、

・参加形態（参加する／運営する／見守る）
・開催場所（徒歩圏内／大都市／地方）
・イベント内容（体験体感型／鑑賞閲覧型／授業受講型）
・主催者（行政／町内会／大学）

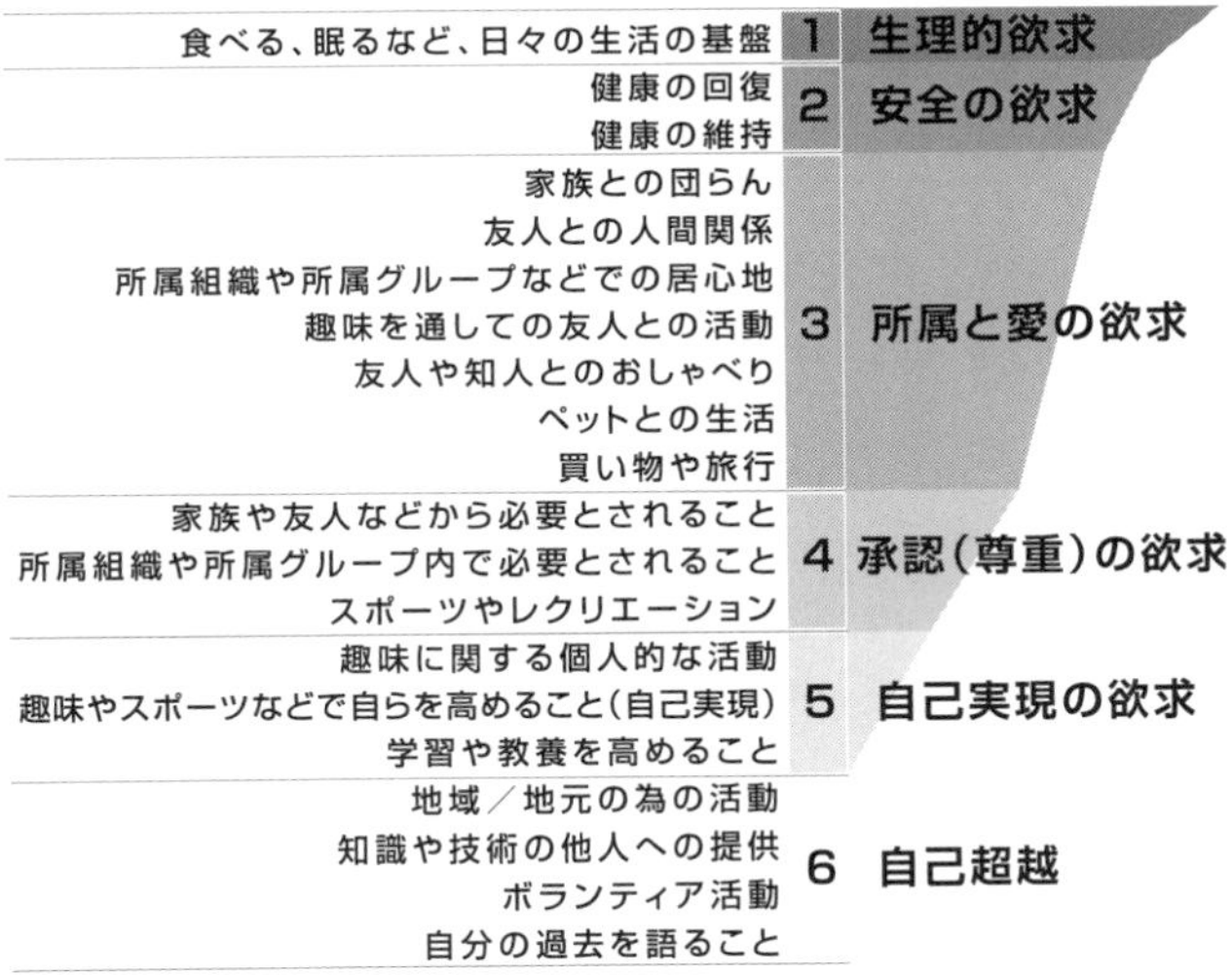

食べる、眠るなど、日々の生活の基盤
1　生理的欲求
健康の回復
健康の維持
2　安全の欲求
家族との団らん
友人との人間関係
所属組織や所属グループなどでの居心地
趣味を通しての友人との活動
友人や知人とのおしゃべり
ペットとの生活
買い物や旅行
3　所属と愛の欲求
家族や友人などから必要とされること
所属組織や所属グループ内で必要とされること
スポーツやレクリエーション
4　承認（尊重）の欲求
趣味に関する個人的な活動
趣味やスポーツなどで自らを高めること（自己実現）
学習や教養を高めること
5　自己実現の欲求
地域／地元の為の活動
知識や技術の他人への提供
ボランティア活動
自分の過去を語ること
6　自己超越

図 5　大規模アンケート調査の質問 6「回答者の価値観に関する質問」

5.自己実現の欲求
(Self Actualization Needs)
4.尊重欲求
(Egoistic／Esteem Needs)
3.社会的欲求・愛情欲求
(Social Needs)
2.安全の欲求
(Safety Needs)
1.生理的欲求
(Physiological Needs)

参考：マズローの欲求段階説

の4属性3水準の要素を対象としたコンジョイント分析を、[2]【い】質問項目「1　回答者の属性を明らかにするための質問」や「6　回答者の価値観に関する質問（図5）」の各種の要素

・年齢
・居住地域
・マズローの欲求段階説の5（＋1）段階に対する重要度合いの把握）

などで2つのグループに回答者を分けて比較分析し、各グループの価値観の違いを把握する手法をとりました。

図6は、マズローの欲求（要求）階層のピラミッドの底辺に近い要素を重要だと現在感じている傾向にあると回答した598名（下段）と同ピラミッドの頂点に近い要素を重要だと現在感じる傾向にあると回答した144名（上段）の「参加形態」と「主催者」に関する部分効用値の比較です。承認（尊重）の欲求／自己実現の欲求／自己超越の欲求が高い人程、主催者が「町内会」である催し物に「運営スタッフ」として参加することに意義を感じ

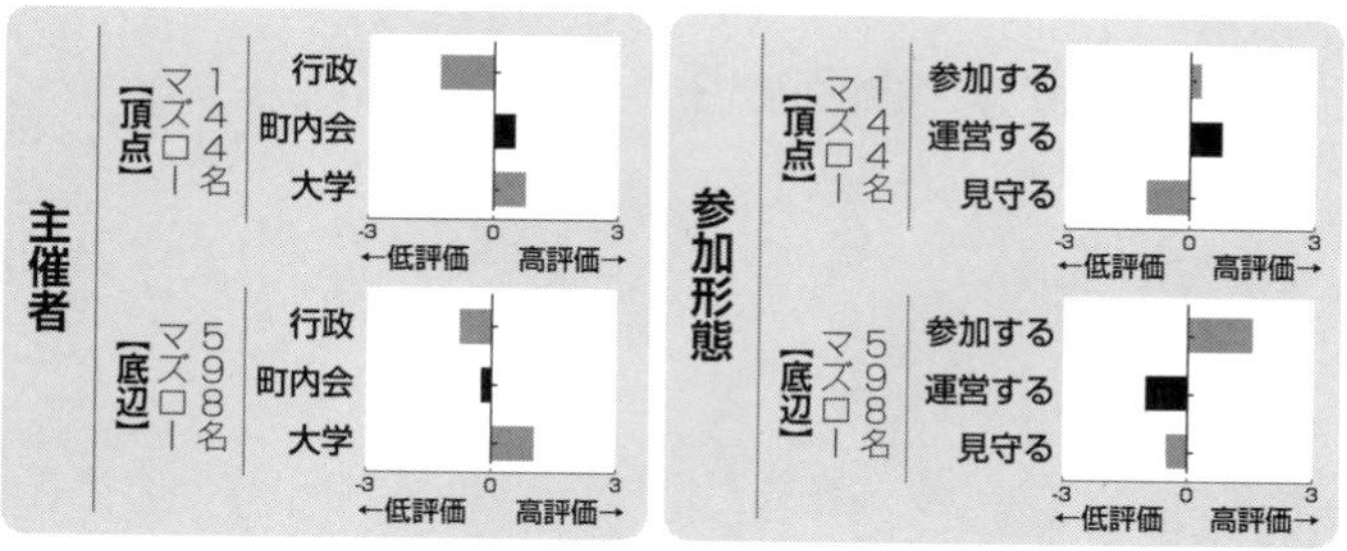

図6　マズローの欲求（要求）階層比較

るとの傾向が確認されました。

図７は、デザイン（価値創造）やアート（芸術活動）に関心が無いと回答した１６３名（上段）と関心が有ると回答した４８６名（下段）の「主催者」に関する部分効用値の比較です。本アンケート調査の実施元が大学であったため、回答にリップサービスが含まれた可能性がありますが、関心が無い人は町内会が主催するものに魅力を感じ、関心が有る人は大学が主催者であることに魅力を感じるという傾向が確認されました。

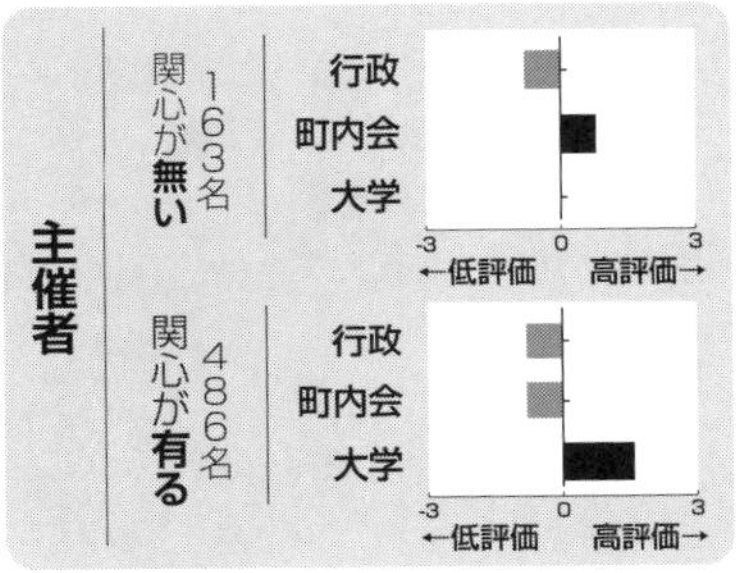

図７　デザインとアートへの関心度比較

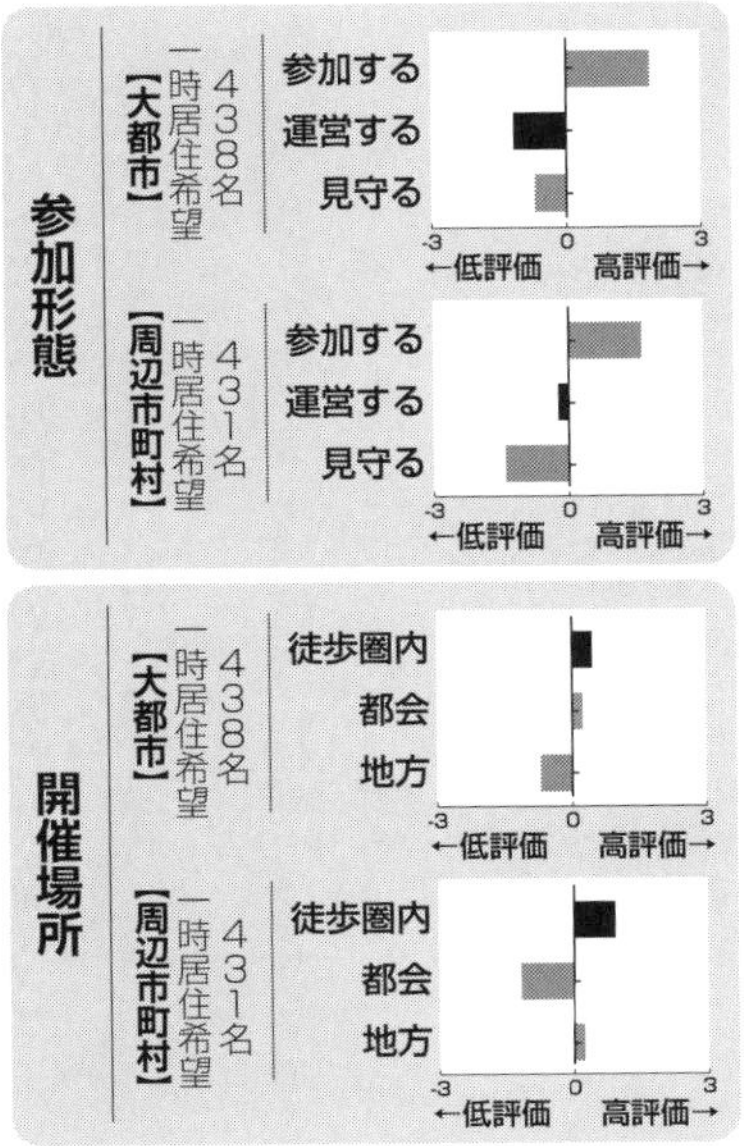

図８　一時居住希望比較（都会と田舎）

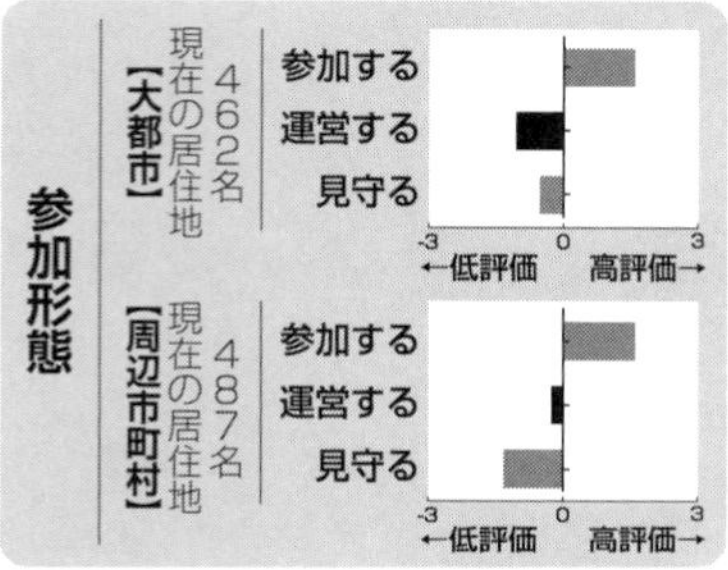

図9　現在の居住地比較（都会と田舎）

図8は、大都市への一時居住に魅力を感じると回答した438名（上段）と周辺市町村への一時居住に魅力を感じると回答した431名（下段）の「参加形態」と「開催場所」に関する部分効用値の比較[*1]です。周辺市町村への一時居住に魅力を感じる人ほど運営スタッフとして参加することにネガティブではないこと、徒歩圏内で開催される催し物に魅力を感じていることがわかりました。

図9は、現在大都市（札幌市中央区・南区）に居住している462名（上段）と周辺市町村（他の4市町村）に居住している487名（下段）の「参加形態」に関する部分効用値の比較です。周辺市町村に居住している人ほど、運営スタッフとして参加することにネガティブではないと考える傾向が確認されました。

この他、スペースの関係で詳細は割愛しますが「60歳をボーダーとした場合には60歳以上の人」「女性より男性」「現在居住している地域の住みやすさに不満が少ない」ほど、運営スタッフとして参加することにネガティブではない傾向にあることが示唆されました。

以上の分析結果から、アート&デザインの力を駆使して地域活性化を担う人材を発掘するには、「マズローの欲求（要求）階層のピラミッドにおいて頂点に近い要素を重要だと感じる人」「周辺市町村への一時居住に魅力を感じる人」「現在、大都市よりも周辺市町村に居住している人」「60歳をボーダーとした場合には60歳以上の人」「女性より男性」「現在居住している地域の住みやすさに不満が少ない人」という条件をもとに選考をすることが有効と考えられます。

【C】短期居住・二地域居住のあり方検討を目的とした「井戸端寺子屋ＷＳ」から得られた考え方

第１回ＷＳの成果

第１回ＷＳでは、「札幌市民が抱く周辺市町村での短期居住のイメージ」が次のように明らかになりました。

・交通機関：「車 or 列車」で移動する
・行程（時間距離）：「2〜4時間」程度で移動できる
・期間：「1〜2週間 or １カ月」程度の期間

＊１　この分析に関しては母集団に重複がみられる可能性があり参考程度。

・季節：「夏〜秋 or 季節の変わり目」の時期
・居住施設：「周辺市町村の家 or 居心地が良い」住居

また、短期居住中にやりたいことは「【非日常】的なコト」、短期居住中にやりたくないことは「【日常】的なコト」というイメージであることも明らかになりました。

なお、第1回WSの運営は大きな問題もなく、WS運営のポイントを研究チームの全メンバーが把握するに至りました。

第2回WSの成果

第2回WSでは、壮瞥町内の各種魅力に関する要素が数多く出され、次の6つの要素に集約することができました。

①自然で遊ぶ・自然に触れる　②人とのふれあい　③ゆったり・のんびり過ごす　④農業体験をする　⑤巡る、散歩・散策する　⑥ちょっと違う日常生活

なお、第2回WSの運営はトライアル的なモノでしたが、初めて顔を合わせた参加者らが「同じ釜の飯を食う」ことで、素早く打ち解けることができました。また、本学学生視点の壮瞥町の

魅力が模造紙に印刷されてテーブル上に提示されたことから、「こんな感じの要素」を出せば良いのだという、通常のＷＳであれば「冒頭の探り合い」のようなやり取りが少なく、素早い進行がはかられました。「議論を活発化させる仕組みとしてのＷＳ」のひとつの方法論となりました。

第３回ＷＳの成果

第３回ＷＳでは、短期居住を行なう際の「課題」が次の６つの要素に集約されました。

①移動（交通）②目的　③金銭・仕事　④医療（介護）⑤情報　⑥環境差

なお第３回ＷＳの運営は大きな問題もなく実施されましたが、議論を集約するためには、主催者側がしっかりとした枠組みやシナリオを構築していることが重要であると感じられました。

また、地域創生におけるＷＳとは、「何かを参加者に知ってもらう（広報）」「学びの一環（教育）」「参加者のコミュニケーション（交流）」「地域課題等の問題解決・アイデア創出（創造）」「地域住民等の立場の異なる人々の意見の集約・調整（合意形成）」などの役割があると考えられます。ＷＳを通して、新しいアイデアが発想されたり、集団の意見がまとめられたりすることが成果のひとつとなり得ますが、その成果の質を測ることは難問です。少なくとも、ＷＳ終了後にＷＳへの参加や成果に対する満足感を問うアンケートを実施したり、前章のフォーラム運用時の内容で触れたマークシート自動集計システムなどで、集団の意見を即座に可視化して共有することで、その成果（変化）を定量的に評価することが可能と考えられます。これらのデータの取得は、今後の地域創生活動におけるWS活動／フォーラム活動で実施すべき要素といえます。

以上のように、全3回の「井戸端寺子屋WS」と、全2回の「井戸端寺子屋（フォーラム）」の議論を通して、「人・事・場・物」の魅力は、地域ごとに異なったものであり、4要素のうち、いくつかが潜在化しているか、または欠けている地域も存在し、地元で存在が認識されていない魅力要素を顕在化させることは容易ではないことが明白となりました。また「短期居住」を地域の活性化手法のひとつと位置づけた際に、前述の4要素の魅力は、その地域のポテンシャルそのものであり、この魅力を短期居住者に体感してもらうための仕組みづくりに可能性があるといえます。また、実際に短期居住を試みる際の問題（日常生活を中断し、他地域で生活する際の問題）が「金銭・仕事」「医療（介護）」「移動（交通）」「情報」「環境差」「目的」等の要素から構成され、解決すべき課題であることが明らかになりました。

以上のWSの成果は、TSS型地域連携において重要となる人と人との交流を仕組みとして行なう方法論の基礎になったと考えられます。各々に目的を設定し、その目的を効果的に達成できる方法論を、今後も実践・検証していくことが重要といえます。

【D】中高年世代を対象とした二地域居住の課題抽出を目的とした「居住体験実証実験」から得られた考え方

前章で紹介した居住体験実証実験には、図10で示した5組7名の参加を得ました。実験の結果と日報の解釈を通した考察は、図11のような日報により、記載されたキーワードを複数の研究者の視点で、「人・事・場・物」に分類する試みを行ないました。分類の結果、図12のように本研究が仮説として構築した4要素の考え方の再検討と、付加すべきひとつの要素「日常」があげられました。

第8章の図4のように本居住体験中の日報の最後に、参加者に「ワクワク感」を自己申告してもらいました。このワクワク感の増減に関わる要素が、「人・事・場・物」「日」の、どの要素に影響するかが明確になれば、地域を活性化する際に重要視するポイントが見えてくると考えられます。そこで、これらの日報のコメントを自由記述的文章

		2014年	
夏期 to 札幌	SAPPORO-01（49歳男性）	9月16日～11月 2日	
	SAPPORO-02（63歳男性）	9月12日～9月18日	ご夫婦
	SAPPORO-03（63歳女性）	9月12日～9月18日	
夏期 to 壮瞥	SOBETSU-01（70歳男性）	9月 2日～10月30日	
	SOBETSU-02（46歳男性）	10月20日～11月30日	
冬期 to 壮瞥	SOBETSU-03（47歳男性）	12月29日～2015年1月4日	ご夫婦
	SOBETSU-04（49歳女性）	12月29日～2015年1月4日	

図10　実験参加者の概要

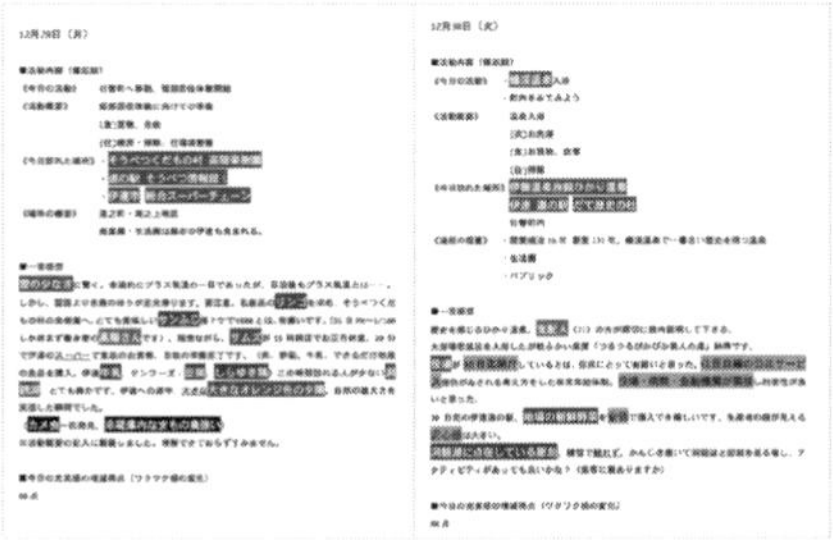

図 11　取得した日報と解釈

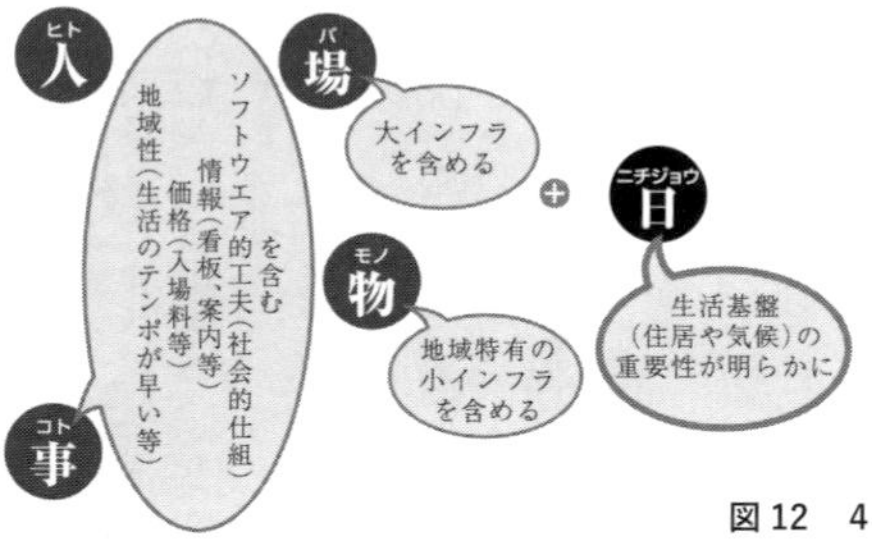

図 12　４要素の再検討と１つの付加要素

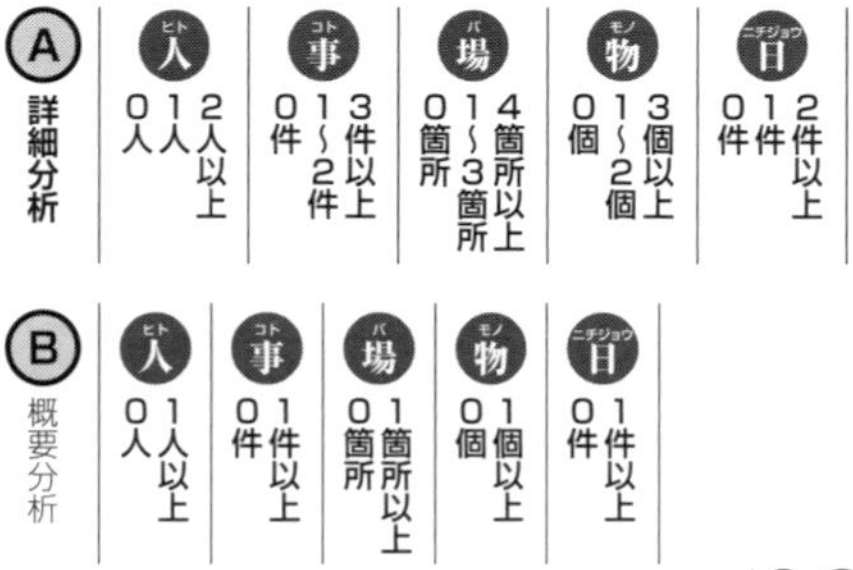

図 13　出現頻度比較

	A	B	C	D	E	F	G	H	I	J
	詳細分析	概要分析	詳細分析	概要分析	概要分析	概要分析	詳細分析	概要分析	詳細分析	概要分析
	札幌	札幌	壮瞥	壮瞥	壮瞥	札幌	札幌	札幌	壮瞥	壮瞥
	被験者S04		被験者S01		Y夫婦	M夫婦	札幌全3名		壮瞥全3名	
重相関係数(R)	0.482	0.406	0.840	0.650	0.429	0.627	0.482	0.425	0.716	0.518
決定係数(R^2)	0.232	0.165	0.707	0.422	0.184	0.393	0.232	0.180	0.513	0.268
	○	×	○	×			○	×	○	×

図 14　出現頻度比較の結果

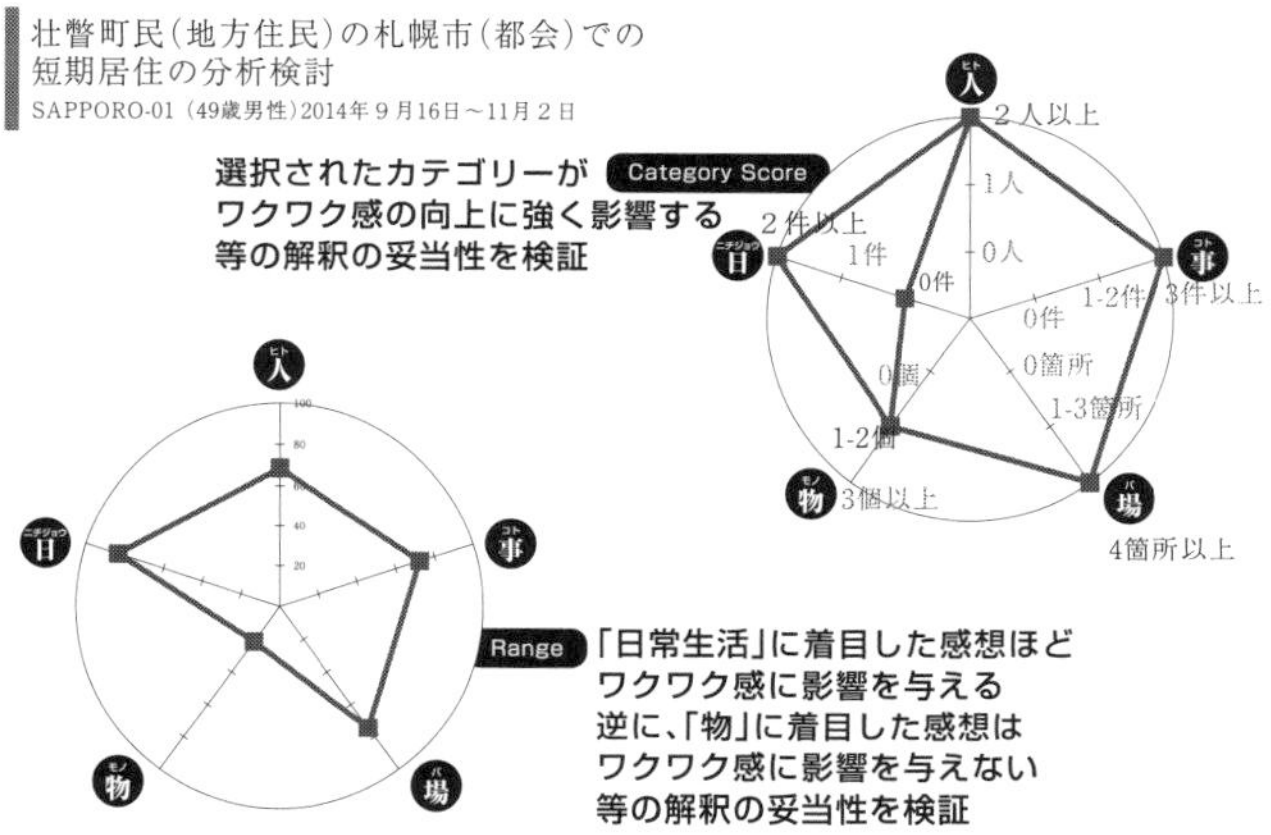

図15　分析結果の一例

として捉え、「人・事・場・物」「日」の出現頻度をカウントし（図13）、ワクワク感との関連を統計解析手法（数量化理論I類）により明らかにする試みを行ないました。

まず、分析の効率化を検討するために、図13のAのように出現頻度を細かくカウントする詳細分析方式と、Bのように出現したかしないかのみに着目する概要分析方式の比較を行ないました。結果、図14を得ましたが、詳細分析方式の方が、ワクワク感との関連が高い傾向が確認されました。

図15は、分析結果の一例です。Category Scoreを参考に考察するとすれば、「人」「事」「場」の要素に関しては、参加者がこれらの要素に多く触れれば触れる程、ワクワク感が向上すると考えられます。また、Rangeを参考に考察するとすれば、「日常生活」に着目した感想ほどワクワク感に影響を与える

こと、逆に、「物」に着目した感想はワクワク感に影響を与えない、等の解釈が可能と考えられます。

居住体験実証実験では、実際に短期居住を体験してもらうという、通常では実施が困難な実証実験を、参加者の協力を得て実施することができました。

また、構築した「人・事・場・物」の妥当性の検討を行なうといった第一の目的に関しては、図12に示したような4要素の検証とともに、「日常」という新たな要素を得ることができました。短期とはいえ実際に居住することから、日常生活の質の維持なくしてこの地域活性化の方法論は成立しないとの知見が得られました。

また、第二の目的とした客観的な分析手法の検討に関しては、図14に示した結果のように、分析に手間がかかるというデメリットはあるものの、日報を細かく分析する方が地域の魅力を適確に分析することにつながることを明らかにすることができました。

第三の目的とした、短期居住を社会システムとして成立させる際のポイントは、「居住実験の参加者募集時の障害」にあげた6つの要素をクリアすることが重要であり、日常生活の質をいかにして保つかがポイントになるといえます。

また実証実験の結果、短期居住中は、周辺の観光施設の訪問が日常生活の中心となりました。したがって、観光施設の良否がワクワク感に直結する傾向にありました。また、観光施設や食堂などのサービスは自分が生活している地域を基準に評価され、大都市のサービスの充実度合いと周辺市町村のサービスの充実度合いとのマッチングが課題といえます。加えて、日常生活が基盤となるため、基本的な住宅設備の充実が、居住中のワクワク感に大きく影響することも明らかになりました。住宅設備や観光施設の充実を図るにはコスト面でも課題となりますが、一方で、同じ施設を継続的に利用することで四季の変化や人との出会いを楽しんでもらうなどの工夫（フットパスの整備など）が有効であることも明らかになりました。

本研究の『居住体験実証実験』に関する反省点としては、途中で設定した指定イベントがかならずしもワクワク感向上に寄与しなかったことから、研究色が強すぎたとの自己評価を行ない、遊びの要素を盛り込む必要があるとの結論に至りました。また時期的な問題もあり地元住民との交流が不足しがちとなり、サービス提供者と顧客という関係だけでは「人」の効用の検証が難しく、今後の課題となりました。

【E】若年世代を対象とした地域創生のための観光の型の抽出を目的とした「短期居住国際ＷＳ」から得られた考え方

前章で紹介した「短期居住国際ＷＳ（壮瞥町を対象としたＷＳ型短期居住実験）」で、各種アンケート調査を実施しました。「壮瞥町の魅力が伝わったか＝（魅力伝達）」「提案内容を自分も経験したいか（＝経験願望）」「町外の人を呼び込む可能性を感じるか（＝呼込可能性）」という３つの設問に５件法で回答してもらい、年齢や居住地の違いで地域への評価基準が異なることを示す結果を得ました（表１）。また、全７グループの提案内容に含まれる要素をＳＤ法により分類し、これをアイテム変数として数量化Ⅲ類で構造化しました。具体的には、各グループの提案内容は「イベント創出」「住民活用」「住環境整備」「参加型・体験型」「職資源活用」「自然資源活用」「情報サービス」「短期観光客対象」「施設提案」「固定客層対象」「常時実施型」「参加者間コミュニケーション」「可視化表現度」の有無で評価しました。結果は表２の通りで、各グループが提案した内容を可視化したものといえます。

表１に示した平均評価得点とアイテムカテゴリの相関を求めたところ、町外住民層では魅力伝達点・体験願望点・呼込可能性点のいずれについても、また若年層では魅力伝達点と呼込可能

性点にI軸との相関が認められました。中高年層と町民層では有意な相関が認められませんでした。

数量化解析III類で示されたI軸はアイテムスコアの傾向から「モノ―コト軸」であると解釈さ

表1　層別でみた提案への平均評価得点

	グループ	魅力伝達度	経験願望度	呼込可能性	総合得点
若年層	Group A	3.9	3.6	3.8	11.4
	Group B	3.6	3.8	3.8	11.2
	Group C	3.3	3.5	3.5	10.4
	Group D	3.9	4.2	3.9	11.9
	Group E	4.1	3.9	4.1	12.1
	Group F	3.8	3.8	3.9	11.6
	Group G	3.4	3.6	3.3	10.4
中高年層	Group A	3.6	4.0	3.4	11.0
	Group B	4.1	4.2	4.3	12.7
	Group C	3.5	3.5	3.8	10.8
	Group D	3.5	3.8	3.4	10.8
	Group E	3.9	3.6	3.7	11.2
	Group F	3.9	3.6	3.8	11.3
	Group G	3.4	3.4	3.1	9.9
町民層	Group A	4.0	4.3	3.6	11.9
	Group B	4.1	4.2	4.4	12.7
	Group C	3.2	3.4	3.6	10.2
	Group D	3.4	4.1	3.2	10.7
	Group E	3.8	3.7	3.9	11.4
	Group F	4.0	3.8	3.9	11.7
	Group G	3.6	3.5	3.3	10.4
外部民層	Group A	3.8	3.7	3.7	11.1
	Group B	3.8	3.9	3.9	11.6
	Group C	3.4	3.5	3.6	10.6
	Group D	3.8	4.0	3.9	11.7
	Group E	4.1	3.8	3.9	11.8
	Group F	3.8	3.7	3.9	11.4
	Group G	3.4	3.5	3.2	10.1

表2　各グループが提案した内容の評価

	イベント創出	住民活用	住環境整備	参加型・体験型	食資源活用	自然資源活用	情報サービス	短期観光客対象	施設提案	固定客層対象	常時実施型	参加者間コミュニケーション	可視化度・表現度
Group A	-	-	○	○	○	○	-	○	○	-	○	-	-
Group B	○	○	○	○	-	○	-	-	○	-	○	○	○
Group C	○	-	-	○	-	-	○	○	-	-	-	○	-
Group D	-	-	-	○	○	○	-	○	-	○	○	-	○
Group E	○	-	○	-	-	○	-	○	○	-	-	○	○
Group F	-	-	-	-	-	-	-	○	○	○	○	○	○
Group G	-	○	-	-	-	-	○	○	-	-	○	-	-

れました。相関係数はいずれも正の値であり、町外住民層の考える壮瞥の魅力や体験したいと思う内容、他地域から人を呼び込む可能性は、いずれのイベントや情報サービスなどといったコトの提供よりも、食べ物や自然資源・施設といった実際に存在するモノによって高く評価されることが明らかになりました。また、町外住民層だけでなく、若年層が考える壮瞥町の魅力や他の地域の人々を呼び込む可能性についても、モノ要素によって向上することが示されました。

これらの結果を通して、WS型短期居住実験で設定した3項目の目的（第8章【E】）対して、次の知見を得るに至りました。

Ⅰ：若者が地方に対してどのような魅力を抱くのか、そしてどのような課題を見出すのか

今回の実験では主にモノとしての地域資源を高く評価しているということが示されました。また、課題としては交通機関に関する問題など、WSの中で実際に体験した内容を基に問題意識を内在させていることが示唆されました。

Ⅱ：若者による地域の魅力活用案・課題解決案は町民層にどのように判断されるのか

表1に示した内容からもわかる通り、町民層が比較的高く評価する内容と外部民が高く評価する内容とでは異なっていることが示唆されました。

Ⅲ：若者層―中高年層、町民層―町外住民層という対比の中に何か特殊な相関関係が見えてくるか

部分的ではありますが相関関係を見出すに至りました。特に若年層や外部民による評価は地域が持つ実在するモノ要素によって高く評価されやすい傾向をうかがうことができました。

また、短期居住ＷＳの成果に、この３年間の研究成果を合わせて総合的に分析・考察した結果、大都市においては立地する大学や企業を、周辺市町村においては遊休施設や観光資源を活用し、住民参加型ＰＢＬ（Project Based Learning）プログラムを提供することが、地域活性化に向けた新たなビジネス手法となる可能性を見出しました。

第3部

第 10 章

ACP 理論編 拡張するキャンパス

酒井 正幸

第 10 回目の講義担当は、酒井 正幸先生。
札幌市立大学の活動フィールドを、大学が立地しない市町村に拡張することにより、市町村の「まち育て」と大学の「アクティブラーニング」の両方に活用する、ACP 研究を実施したとのことです。ここでは、具体的な事例をもとに、ACP 研究の理論編をお話頂きます。

背　景

拡張するキャンパスといっても、現在ある札幌市立大学キャンパス周辺の土地を入手して敷地を広げるというわけではありません。現在、札幌市立大学には芸術の森キャンパス、桑園キャンパス、サテライトキャンパス、まこまないキャンパスの４つのリアルなキャンパスがあります。これらはいずれも札幌市内に立地しますが、札幌市以外で大学の立地しない市町村をバーチャルなキャンパスに見立て、学生や教員の活動の場を、さらに広げようというのが本プロジェクトの狙いです。

次に市町村側の視点からこのことを考えてみましょう。現在全国には１７２４[*1]の自治体があります。これ

＊1　2018年9月 e-Stat より。

写真１　札幌市立大学 芸術の森キャンパス 航空写真

に対し大学の数は７８２で、[*2] その多くが大都市に集中しています。すなわち、自治体の大半は、地元に大学がありません。詳しくは第14章ＣＯＣを参照いただきたいのですが、大学がその立地する地域の生活・経済・文化等に及ぼす影響は少なくありません。本章で述べるＡＣＰ（Augmented Campus Program）の目的とするところは、大学の立地しない市町村へバーチャルな形でキャンパスを拡張し、その地域の「まち育て」のお手伝いをしようとするものです。大学の基本的な役割としては、教育、研究などが挙げられますが、地域に対する効用という視点からは、若くて元気な学生たちが居住し生活することによる賑わいの創出や地域経済の活性化もあげられるでしょう。また学生が生活を通じてその地域に愛着を持ち、卒業後地元に就業すれば人口増も期待できます。

一方、大学側から見ると既存のキャンパスから周辺市町村へ教育の場を広げることにより、よ

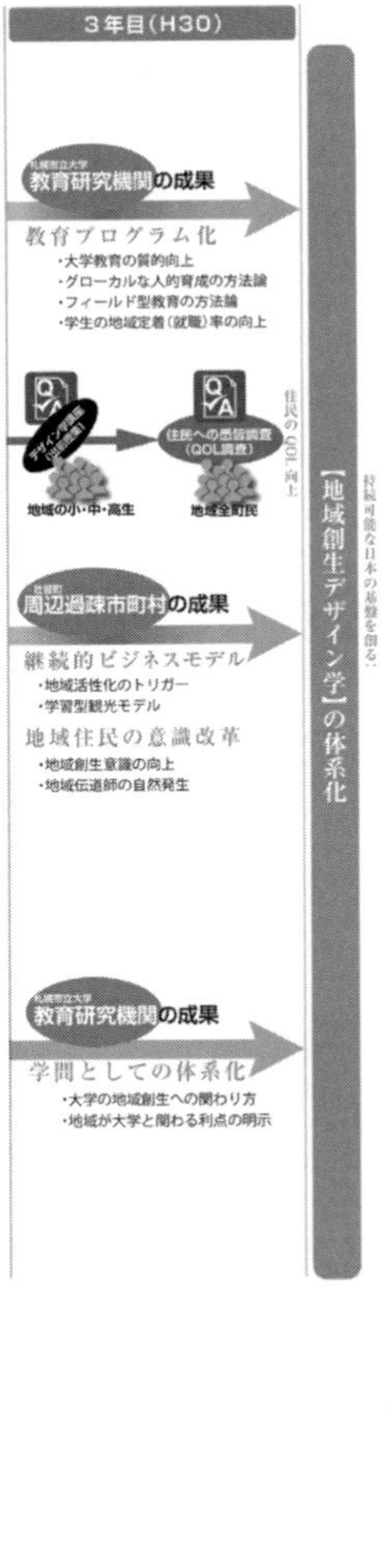

＊2　2018年8月 e-Stat より。

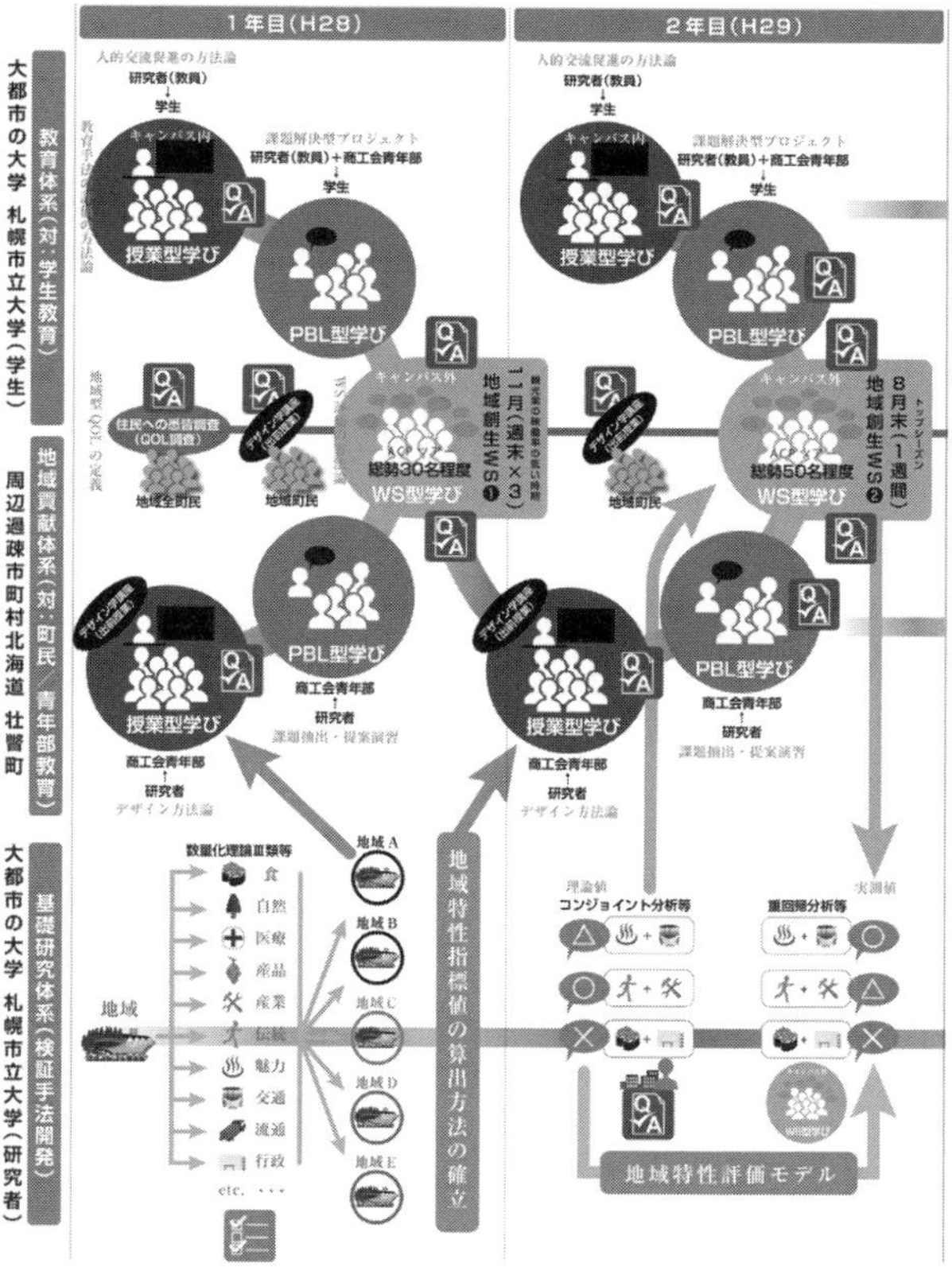

図 1　ACP の研究計画図

り実践的、体験的なアクティブラーニングを行なうことができ、教育の質的向上が見込まれます。すなわちＡＣＰは周辺市町村、大学の双方にとってメリットの大きい活動であるということができます。ただし、今回のＡＣＰ研究では大学の役割のうち、特に「教育」に的を絞り、教育内容は本研究チーム教員の専門分野である「デザイン」としました。また、ケーススタディとして対象地域をＴＳＳプロジェクト（第８章～10章参照）でも研究に協力していただいた壮瞥（そうべつ）町とし、ここを舞台に実証研究を行なうこととしました。私たちはこのプロジェクトを「拡張キャンパス型地域連携（Augmented Campus Program）による過疎市町村の自律的創生デザイン研究」（略称ＡＣＰ）と名付け研究公募に申請し、日本学術振興会 科学研究費助成事業 基盤研究（Ａ）として採択され、研究がスタートしました（図１）。

デザインとは何か

そもそもデザインとは何でしょうか？

近代デザインの概念は19世紀の産業革命を経て20世紀前半にかけ欧州、米国を中心に発展してきました。もともとは芸術と技術の融合を理念に建築や工業製品等を主な対象としてきました。

しかし、近年はいわゆるモノからコトへと対象範囲が拡大し、産業界のみならず生活・社会全般へ大きく関わってきています。この状況は最近のグッドデザイン賞の選定分野をみても明らかで、まちづくりなど地域創生の実践事例も選定の対象となってきています。

このような背景を踏まえ、地域創生関連のＡＣＰプロジェクトでも「デザイン教育」をその柱に据えました。

私はデザインのプロセスを「観察する→気づく→創る→確かめる→提案する」の５ステップと捉えています（図２）。もちろん「提案する」以降に実現のステップがありますが、その段階になるとデザインの対象分野によって異なる多様な職能との連携プレーとなるため、まずはデザイン一般に共通なプロセスとしてこの５ステップを取り上げます。

また、このプロセスをふまえたデザインの役割を下記のように定義します。

Ａ：世の中のいろいろな場面からニーズを拾い出し、ユーザーの立場から解決策を考え、柔らかな頭でそれをかたちにする

その上で、

図２
５ステップのデザインプロセス

Ｂ：解決策をユーザーにとって、わかりやすく、使いやすく、かつ魅力的な方法で提供する

Ａはデザインのもつ課題解決力、Ｂは表現力を端的に表現したものであるといえるでしょう。

拡張キャンパスでの教育プログラム

さて、大学のもつ基本的な役割である「教育」が地域にどのようなかたちで貢献できるのか、特に一般学生だけではなく、地域の社会人を対象とした教育の形態としてどのようなものがふさわしいのかについて実証実験を通じて検討を行ないました。この実証実験において地域における学生の役割を演じてもらったのは壮瞥町商工会青年部の方々です。また比較対象として札幌市立大学デザイン学部1年次〜2年次の学生有志の協力もいただきました。実証実験は札幌市の札幌市立大学芸術の森キャンパス、および壮瞥町の民間旅館や商工会会議室等において模擬授業の形式で実施しました。授業形態は従来型のいわゆる座学形式によるスタイルを「授業型学び」、具体的な課題について学生たちも積極的にかかわる3種類の実践型アクティブラーニングの授業を、「ＰＢＬ（Project Based Learning）型学び」「ワークショップ（ＷＳ）型学び」「フィールドワーク（ＦＷ）型学び」とそれぞれ名付け、全部で4つの学びの形態を試行しました。

それぞれの授業スタイルによる実証実験の具体的な進め方は次の通りです。

(1) 授業型学び（札幌市：札幌市立大学芸術の森キャンパス、壮瞥町商工会会議室）

講師1名がスライド等を用いて口頭で講義を行ない受講生複数名が個々に聴講。これを全3回実施、のべ参加者は札幌市立大学学生が24名、壮瞥町商工会青年部員が30名。

(2) PBL型学び（札幌市：札幌市立大学サテライトキャンパス）

講師2名が運営役となり、受講生を5名前後×3グループに編成し、地域創生にかかわる具体的な課題に取り組

写真2　壮瞥町でのWS型学び：地元町民と学生の混成チーム

み、最後にグループごとに提案を行なう形態。これを３日間通学型の集中講義で実施。参加者は、札幌市立大学学生10名、壮瞥町商工会青年部員５名。

(3) ＷＳ型学び（壮瞥町内民間旅館、壮瞥町商工観光課会議室）
講師１名と講師補助が運営役となり、受講生を５名前後×２グループに編成、上記(2)と同様のテーマに取り組む。これを３日間壮瞥町に宿泊して、実際に地域の現場での調査・体験を通じて得たデータをもとにディスカッションする形式で実施。参加者は、札幌市立大学学生10名、壮瞥町商工会青年部員８名。

(4) ＦＷ型学び（北海道南部地区、青森県北部地区）
講師３名と講師補助が引率役となり、受講生を５名前後×３グループに編成、まち育ての事例として、道南、青森地区の視察調査・データ収集を実施。参加者は、札幌市立大学学生８名、壮瞥町商工会青年部員３名。

以上のさまざまな学びの形態による教育効果を確認するため、受講後参加者の「デザイン」に対する認識がどのように変化したかを問うアンケート調査を行ないました。

その結果、上記(1)から(3)へと教育体験プログラムが進行するにつれ、学生および社会人ともに「表現力」に関する評価が低下し、社会人が捉える「デザイン」が「表現などと関連する仕事」

から「問題解決要件と関連する仕事」という認識に変化していく傾向がみられました。これは、特にデザインが単に表現手段と認識される傾向の強い一般社会人にとっては大きな変化ではないかと思います。

尚、やや特殊な授業形態である上記⑷のＦＷ型学びの詳細については次節で報告します。

他地域のまち育て事例を調査する

壮瞥地区での教育体験プログラムと並行して、４番目の教育プログラム「ＦＷ型学び」という位置づけで、他地域のまち育て活動事例調査を行ないました。ＡＣＰに先立つＴＳＳプロジェクト（第８～９章参照）では、洞爺湖という世界的ブランドに隣接しながらも、壮瞥という地名の認知度が低く、このことが同地区の地域活性化の阻害要因となっていることが指摘されていました。そこで、むしろ壮瞥という一市町村を前面に押し出すより、洞爺湖を中心に周辺市町（伊達市、壮瞥町、洞爺湖町、および豊浦町の１市３町）の連携が今後進むべき方向ではないかというのが地元関係者を含めた共通認識に変わりつつありました。これをふまえ、複数地域の連携によるまち育て事例を調べていく中で、「マグロ女子会」という活動グループに行き当たりました。これは、２０１６年の北海道新幹線開業を見据え、津軽海峡を境に北の道南地区と、南の青森県の複数の市町村の主に民間有志が連携し、観光ビジネスを通じて両地区の活性化を目指すグループの愛称です。「マグロ女子会」という名称は一見漁業関係者の組織のように感じられますが、そうではなく、両地域に共通する津軽海峡の地域資源の象徴的存在であるマグロに由来するものです。またその名の通り同会の運営メンバーの多くが女性です。私たちは今回の調査を、「ＦＷ型学び」と位置づけ、２０１７年2月末から3月初めにかけ2泊３日の日程で実施しました。

【1日目】

いさりび鉄道本社（函館市）、北斗市役所（北斗市）、道の駅みそぎの郷きこない（木古内町）、ＧＰＳロガー（行動記録装置）によるデータ収集（以下、ＧＰＳ実験と略称。函館市街）

【2日目】

コミュニティカフェ　でる・そーれ（五所川原市）、立佞武多《たちねぶた》の館（五所川原市）、金木商工会議所（五所川原市）、ＧＰＳ実験（青森市街）

【3日目】

青森県庁（青森市）、ＧＰＳ実験（青森市街）

参加者は教職員・学生有志を含む札幌市立大学関係者13名と、壮瞥町関係者３名の計16名で、現地での調査は札幌市立大学と壮瞥町混成の３チームに分かれて実施しました。

マグロ女子会が接着剤の役割を果たしながら広域連携によるまち育て活動に取り組んでいる道南（函館市・木古内町等）地域および青森市・五所川原市に赴き、見学と関係者への取材を行ないました。また、同時にこの地域の魅力発見・課題抽出のため、GPSロガーを製作し、これを参加者が携帯することによって行動データを収集する試行実験も実施しました（詳細は第12章PART3参照）。次に調査先のいくつかについてご紹介します。

(1) 道南いさりび鉄道（函館市）ほか

道南いさりび鉄道は、北海道新幹線開業に伴いJR北海道の一部路線を第三セクター（出資者：北海道、北斗市、函館市、木古内町、JR貨物等）による経営形態に変更し再生を図った鉄道で、2016年に開業しました。函館から木古内に至る津軽海峡沿いの風光明媚な海岸線を走る鉄道で、車窓からは名称の由来となる「いさりび」すなわち津軽海峡で操業するイカ釣り漁船などを望むことができます。沿線住民は同社と連携して鉄道が地域連携の核としての役割を担うことを期待し、住民自らの手によるさまざまな「まち育て」活動が行なわれています。また同社のロゴマークは地元函館デザイン協議会と、札幌市立大学の提携校でもある公立はこだて未来大学がデザインを担当しました。このロゴマークは函館から木古内までの沿線の地形といさりびをモチーフとしています。

同鉄道の車両はＪＲ北海道から譲渡を受けた９両の気動車で、１両編成の運行です。特に同社が運行している地域情報発信列車「海峡ながまれ号」は隔週土曜日の運行で毎回ほぼ満席と好評を博しているそうです。車両外観はブルー地に函館山等のスカイラインを表現した黄色の帯のデザインで、「鉄旅オブザイヤー２０１６」でグランプリを受賞しました。おりしも沿線各駅では、ホームでの地元の食材を使用したバーベキュー、昔ながらの車窓を通じた駅弁販売など、さまざまなしかけで盛り上がっていました。また沿線各地域ではボランティア組織である地域応援隊が編成され、各種イベントの担い手となっているそうです。

次いで、道南いさりび鉄道の列車に乗車し、終点の木古内駅前の「道の駅みそぎの郷きこない」を訪れ、木古内町まちづくりグループと木古内町観光コンシェルジュの方からお話を伺いました。この施設は北海道新幹線開通に伴って２０１６年９月にオープンしました。木古内町は北海道新幹線各駅の中で青森県側の奥津軽いまべつに次ぐ人口の少ない市町村の駅です（木古内町人口４４００人）。新幹線開業前と比較し駅舎が拡張・近代化されており、新幹線開業が地域に大きなインパクトを与えた好事例のひとつでしょう。新幹線駅の所在と地理的な条件から、道南９町連携の拠点と位置づけられています。２０１２年からの準備段階では関係者が９町でそれぞれ１週間泊まり込み、それぞれの地域の魅力や課題の発掘作業を行なったそうです。みそぎの郷の名称は木古内町伝統のみそぎ祭りから採ったもので、この祭りを地域の象徴として広報・イベント等に展開していました。また、地元名産の赤和牛をモチーフにしたゆるキャラ「きーこ」は山本寛斎氏のデザインだそうです。

木古内町役場には各町の役場、交通機関、ＪＲ等の代表からなる9町協議会の事務局が設置され、地域の連携を推進しています。その他、木古内町は山形県鶴岡市と姉妹都市提携をしており、相互に広報宣伝を展開するなどの交流も行なっています。鉄道が結ぶ広域連携活動を推進するにあたっては、地元関係者の合意形成に大変苦労されたそうで、道の駅に新たに導入した食堂は、地元の既存の食堂と共存共栄が図れるよう工夫をしたとのことでした。

特に終着駅木古内は新幹線の沿線でもあり、地元の伝統祭事「みそぎ」をテーマに道の駅の開設、ゆるきゃらの創出など活発な活動が展開されていました。

翌日は同年開通したばかりの北海道新幹線で青森経由五所川原市へ移動、3チームに分かれて同地域での「まち育て」活動調査を行ないました。ここでは廃線寸前であった津軽鉄道へのストーブ列車の導入や、地域伝統祭事である立佞武多《たちねぷた》の再興により地域活性化を図った事例等を見聞しました。その後、青森市へ移動。同夜はフリータイムでしたが、ＧＰＳロガーをそのまま持ち歩いた一部メンバーは特定の飲食店で盛り上がり、位置データは一か所で長時間停滞していたとの証言もあります。

(2) コミュニティカフェ でる・そーれ（五所川原市）ほか

ＪＲ五所川原駅と隣接する津軽鉄道（津鉄）五所川原駅前にある、コミュニティカフェ でる・そーれを訪問しました。

「でる・そーれ」の店名の由来はイタリア語の「太陽」で、２００９年にオープン。地域の活性化を狙いストーブ列車等ユニークな取り組みを実施している津軽鉄道と連携し、「津鉄汁」「石炭クッキー」など、独自のメニュー、お菓子を揃えて提供しています。津鉄汁は津軽鉄道沿線農場産の青森シャモロックを食材としたメニューです。運営形態は各個人が組合員となって連合する企業組合で、スタッフは９名の女性。もともと青森県の企業の経営形態は企業組合形式が多く、地元の生産者のつくる食材と消費者をつなぐ役割を果たしているとのことでした。特に、地元特産の皮だけでなく果肉まで赤いリンゴ「御所川原」を活かしたジャムやジュースの販売に力を入れているそうです。また、でる・そーれは地域限定旅行業としての登録も受け、いわゆる「着地型観光」として、地域観光プログラム企画にも取り組んでいます。津鉄沿線の桜の名所芦野公園を訪れる「幻の観桜会」ツアーは、かつて賑わった昭和30年代の服を参加者に着てもらう趣向が受け県外からも参加者が集まりました。方針は赤字覚悟の安いツアーではなく、採算の取れる値付けで、これにより、かえって顧客の参加モチベーションも高まり盛り上がるとのことでした。

写真３　マグ女経営レストランの人気メニュー
地元出身の太宰治の作品を題材にした箸袋のダジャレが利いている

基本理念は、「地域の暮らしや魅力は住民が一番よく知っている。津軽弁で普段着のおもてなし」「よそ者を楽しませることができるのは地域住民。地域らしさの追究がリピーター増につながる」「地域の将来に希望と責任を持ち、つながりを意識した取り組みとする」、要約すると「地域や住民が主体となった観光振興」だということでした。

そもそも２００６年に廃線の危機から津軽鉄道を救うための「津軽鉄道サポーターズクラブ」が設立され地域再生がスタートしました。おりしも同店内では草むしているかつての転車台（ターンテーブル）を観光資源として再生しようとするクラウドファンディングの案内も行なわれていました

（当日が締切日でしたが、すでに目標額を超えていました）。

このほか、三半島連携と称し、津軽（でる・そーれ）、下北（あおぞら組）、渡島（江差歴まち組合）の各半島地区による連携もスタートしています。半島は三方が海に囲まれているという地理的特徴が共通しており、それがお互いの親近感を生み、それぞれがイベントに相互参加、相互広報することにより盛り上げを図っているとのことでした。

翌日は、青森市内にて青森県庁が進めている津軽海峡エリア（青森県、北海道道南地域）連携による活性化への取り組み事例を調査しました。その後市内で再びＧＰＳロガーによるデータ収集を実施しました。

この調査の結果、ＡＣＰの研究フィールドである壮瞥町も、周囲の市町村との広域連携による地域活性化促進の可能性が高いのでは、と感じました。

日本×台湾　学生デザインワークショップの企画

ＡＣＰでのデザイン教育プログラムの集大成として、壮瞥町を中心とした洞爺湖地区での体験型観光プログラム立案を目指す国際学生デザインワークショップを企画しました（詳細は第11章参照）。

このワークショップの課題である洞爺湖地区での体験型観光プログラム立案に向け、背景となる洞爺湖地区の現状についてふれてみましょう。

学生ワークショップの初日、株式会社北洋銀行の地域創生サポート業務担当の方から洞爺湖地区の現状調査の報告がありました。この調査は同社の他、地元の伊達信用金庫、経産省北海道経済産業局とも連携して実施され、政府が運用する「地域経済分析システム（RESAS）」による分析結果に基づくものです。報告の中で壮瞥町を含む西胆振1市3町（伊達市、壮瞥町、洞爺湖町、豊浦町）の産業構造や地域振興上の次の課題が提示されました。

(1) 従業員数割合からみた産業構造として、卸・小売業と宿泊・飲食業といった観光関連ビジネスが約50％を占める。農業・林業等の一次産業の割合は5％程度。

(2) 外国人旅行者が急増。中でも台湾からの旅行者が最も多い。

(3) 日帰り客が圧倒的に多数。宿泊も平均1泊2日で、長期滞在者が少ない。

これらのデータは、私たちが長期にわたり壮瞥町関係者とのディスカッションを通じての共通認識、すなわち観光ビジネスのさらなる振興、具体的にはリピーター、長期滞在者を誘引する魅力ある観光コンテンツや仕組みを生み出すことが壮瞥町を含む洞爺湖エリアにとって重要であるということを裏づけるものでした。

壮瞥町は支笏洞爺国立公園を擁し、有珠山、昭和新山等の活火山エリアが日本で初めてユネスコの世界ジオパークに指定されるなど全国有数の観光資源を持ち、観光産業のポテンシャルはかなり高いと考えられます。そこで今回は観光産業の振興を目的に、「教育」を取り入れた新たな体験型観光プログラムの立案を目標に大規模なワークショップ型実証実験を計画しました。

このワークショップには洞爺湖地区海外観光客数トップの台湾から、札幌市立大学と提携関係にある華梵大学と、国立台中科技大学、国立雲林科技大学の3大学、そして道外を代表して東京の明星大学に参加していただきました。尚、ワークショップの詳細については次章で報告します。

第10章のまとめ

1. チャンスを捉える（北海道新幹線開業）
2. 共通的な求心力となる存在を核とした広域連携
3. 業種を超えた事業連携
4. キーマンの人間的魅力（明るいノリ、こまめさ等）

第3部

第 11 章

ACP 実践編 楽しい体験エコプログラム

酒井 正幸

第 11 回目の講義担当も、第 10 回にひきつづき酒井 正幸先生。
新たな体験型観光プログラムの創出をめざし、「観察を通じてニーズを拾い出し、ユーザーの立場から解決策を考え、柔らかな頭でそれをかたちにする」というデザイン手法の適用を、住民と学生が連携し試行した実践事例を紹介して頂きます。

国際学生ワークショップ

拡張キャンパスプロジェクトのクライマックス「日本×台湾　学生デザインワークショップ」は、プロジェクト開始2年目の２０１７年9月にやってきました。

実施に先立ち、事前に地元関係者と綿密な企画会議、事前調整を経て次のような計画概要をまとめました。

名称　日本×台湾 学生デザインワークショップ
日程　２０１７年9月18日～23日（６日間）
場所　北海道有珠郡壮瞥町を中心とした洞爺湖地域
参加校　札幌市立大学（北海道）、明星大学（東京）、華梵大学、国立台中科技大学、国立雲林科技大学（以上台湾）
参加学生数　56名（日本30名、台湾26名）
参加学生を3つの日台混成グループに編成し、グループごとに設定されたサブテーマに取り組む。なお、学生のほか、４大学の教職員、壮瞥町ほか現地在住の

全体テーマ　協力者10数名も運営に参加
洞爺湖周辺地域の地域資源を用いた体験型観光プログラム提案
サブテーマ　既存の観光資源を活用した一般的観光プログラムの評価と課題改善案の立案
【Aグループ】サイトシーイング型プログラム
新規開拓地域資源を活用した体験型観光プログラムの評価と新しい体験型プログラムの提案
【Bグループ】ツーリズム型プログラム
【Cグループ】アートプロジェクト型プログラム
現地（洞爺湖畔旧滝之上キャンプ場跡地）に留まりアートによる現地の再興計画立案と実践
そして、いよいよその日が１週間後に迫った頃、突如日本の南海上に台風が発生しました。進路予想円内に北海道が含まれていたため、少々不安は感じていたもののまさか直撃はないものと高をくくっていたところ、開始日が近づくにつれ次第にその向きが北海道を捉えはじめました。

そして当日、なんと不安は的中し台風が直撃。東京、台湾から学生たちを乗せるはずだった航空便は大幅に遅延し、当日現地入りの予定が、札幌市内１泊、翌日現地入りを余儀なくされたのです。日程が1日後ろ倒しとなったため、前半のスケジュールは大幅変更。関係先への連絡、スケジュールの組み直しで運営スタッフは大混乱、文字通り嵐の中の船出となりました。

それでもスタッフの懸命の努力と関係各位の臨機応変なサポートのお蔭で、スケジュールは短縮されたものの、予定されていたプログラムはほぼ順調に進めることができました。それぞれのグループは精力的に活動に取り組み、最終日の報告会では、壮瞥町長をはじめ関係者列席のもと学生たちの熱のこもった発表が繰り広げられました。

実は事前の予想ではA・B・Cの3グループの提案内容や満足度にそれなりの差がつくものと考えていました。具体的にはAは既存の地域資源を活用するという制約下にあり、一般的な観光プログラムの枠を超えるのは難しく、新しいものごとに関心のあるデザイン系の学生には物足りなさを感じるのでは、との思いがありました。またCグループについては最も創造性を要求される取り組み内容であり、学生の関心も高いものの短期間（特に今回は台風の影響で1日短縮された）で、はたして仕上げまでもっていけるのかとの危惧がありました。その中でBグループのテーマは新たな地域資源の活用という点で創造性も発揮でき、かつCグループのテーマより具体性が高いため時間的にも提案段階までもっていきやすいのでは、との読みがあったのです。

ところが最終発表会で、その予想は覆されました。結果的には3グループの完成度、参加者の達成感等に顕著な差を認めることはできませんでした。Aグループの既存地域資源活用において

写真１　ワークショップ最終日の発表会

写真２　洞爺湖畔のアート作品

は、従来のバスでの周遊ルートを移動時間の効率化や感動を途切れることなく継続させるなどの観点から見直し、また顧客層の嗜好に対応したストーリー性のある周遊シナリオを描き、それに沿った見学スポットを再編することにより魅力的な観光プログラムが組める可能性が示されました。中でも多くの海外観光客にとって未知の領域である火山にフォーカスした周遊プログラムはこの地域の特徴を活かしたプログラムであると感じられました。

またCグループにおいては事前にアート作品に一定の制約条件（今回は材料を無塗装の一定寸法の角材に限定するなど）を課すことにより、細々とした準備や検討に時間を割くことなく大胆な作品を効率的に完成させることができました。一方Bグループからは新規開拓中のフットパスのハード面やルート面の整備による散策の満足度を上げるプログラム、穀物や野菜の成長過程を学べる農業体験と食をからめたプログラムなど具体的で実現性の高い提案がありました。

エコ体験プログラム

前述の通り洞爺湖地区は日本で最初に世界ジオパーク認定された世界的にも特異な火山地帯です。そもそも洞爺湖自体が大きなカルデラ湖であり、洞爺湖を取り囲む有珠山、昭和新山は今なお活動を続ける活火山です。また洞爺湖のほぼ中央に位置する中島も噴火により形成された地球史レベルでは生まれたばかりの島です。火山が生み出した洞爺湖の特異な地形は同地区の貴重な自然資源であり、同時に同地区の防災上のリスクでもあるという二面性を持っています。

そのため、この地区では洞爺湖有珠火山マイスター制度があり、一定の条件を満たした住民（1市3町）が認定審査を経て登録され、防災対策への助言や洞爺湖の自然の魅力について発信する役割を担っています。今回の学生ワークショップでは地元で旅館を経営する火山マイスターの方に洞爺湖中島の案内をしていただきました。

当日、遊覧船の船着き場から中島の遊歩道に足を踏み入れた途端、異様な景色が飛び込んできました。それは一般的な北海道の森の持つ雰囲気とは異なり、少々大袈裟に言えば異次元空間と呼んでもよさそうな光景でした。異次元の森が生まれた理由は、ある事情により生物多様性が失われた森であるためです。以前はヒグマやエゾシカ等の大型哺乳類が生息していない点を除いては、他の洞爺湖周辺の森とあまり変わるところはありませんでした。ところが約60年前に観光用にと3頭のエゾシカがこの島に持ち込まれてから生態系が一変したのです。繁殖力の旺盛なエゾシカはまたたく間に増殖し、餌となる植物を食い尽くしました。食べ物がなくなると普段は口にしない落葉も食べ始めました。このようにしてこの森はエゾシカの好む植物が食い尽くされ生物多様性の低い空間へと変貌したわけです。このような背景説明を聞きながらの異次元空間の散歩はいやおうなく興味がそそられます。途中にはネットで囲われた空間があり、これはエゾシカが増殖する以前に囲われたエリアで中島本来の植生が保護されています。この空間とまわりの森と

写真3
火山マイスターによる洞爺湖中島ガイド

写真4　捕獲したウチダザリガニの体長計測

写真5　三松正夫像と昭和新山（冬季撮影）

の対比も一目瞭然でたいへん面白いと感じました。

この日は直前に北海道を襲った台風の爪痕が、この火山島の構造を目に見えるかたちで示してくれていました。森の中のあちこちに根こそぎ持っていかれた風倒木があり、根が入っていた穴を見ると火山岩の上に薄く積もった火山灰からなる極めて浅い土壌に根を張る樹木がいかに強風に弱いかが直感的に理解できました。途中パイナップルのようなホウノキの実を見つけたり、遊歩道をふさぐアオダイショウに驚かされたりと1時間ちょっとの散策は退屈することがありませんでした。

このほか、洞爺湖には人為的に持ち込まれた北米原産の特定外来種ウチダザリガニが生息しており、在来種の捕食等による生態系への影響が懸念されています。このため2009年官民の団体等で構成される洞爺湖生物多様性協議会が発足し、主にウチダザリガニの駆除を通じて同地区の生物多様性保全活動を行なっています。ウチダザリガニを含め、全国各地でさまざまな外来種の駆除活動が行なわれていますが、これらの外来種は繁殖力が強く、多くの場合駆除活動が増殖に追いつかないのが現状です。その中で、本協議会の活動は水中ドローンによる生息状況調査などハイテクも駆使した本格的なもので、ウチダザリガニの生息数は年々顕著に減少し着実な成果をあげているとのことでした。本ワークショップでも、同協議会の協力を得て、捕獲した個体の体長計測記録等の作業体験を行ない、外来種の問題に対する理解を深めました。また伊達市に拠点を置く元環境省職員の方が代表を務めるＮＰＯ法人いきものいんくでは、洞爺湖地区を中心に子どもたちを対象に、川遊び、虫捕りなどフィールドで生身の魚や昆虫と触れ合う遊びを通じての環境教育活動を行なっています。

また、昭和新山のふもとにある三松正夫記念館は昭和新山が隆起する一部始終を克明に記録した元壮瞥町郵便局長、三松正夫の業績を展示しており、館長の軽妙洒脱な説明に学生たちは熱心に聞き入っていました。壮瞥町内の道の駅「そうべつ情報館i（アイ）」内に設けられた「火山防災学び館」と合わせ数十年おきに噴火を繰り返す有珠岳の現状と防災対策を学ぶことができました。

農業体験プログラム

裏庭に畑のある温泉宿で収穫体験ができると聞き、農業体験プログラムの実証実験に協力していただきました。洞爺湖を間近に望む湖畔の宿「いこい荘」で事前にその「裏庭の畑」を見て驚きました。一面広大な畑と水田が遠くまで続いています。裏庭の畑ではなく広大な田園の中にある温泉宿という表現の方が適切でしょう。ここの農作物は農薬を使用しない有機栽培で、宿で提供する料理の食材としても使われています。ワークショップ当日は若いオーナーと地元の協力者の案内で水田からリンゴ畑、クリ畑、ニンジン畑と多彩な田んぼや畑での収穫体験を行ないました。この体験の中で稲刈り用の鎌と一般の鎌との構造の違い、クリのイガに刺されずに実を取り出す方法など興味深いノウハウも学ぶことができました。おりしも直前の台風によるリンゴの落果、トウモロコシの腰折れなど、農業の抱える自然災害のリスクについても目の当たりにすることになりました。

学生たちの歓声に刺激されたのでしょうか、すでに引退されている先々代のオーナーが仕事着に着替えて飛び入りし、学生たちに鎌の使い方や、収穫した稲の干し方などを熱心に指導されていたのが印象的でした。

驚いたのは帰りがけに学生と一緒に参加していた台湾の方々から我も我もという感じでこの水田で収穫された米の購入リクエストがあったことです。想定外の事態のため、倉庫には最小でも10キロ袋入りの米しか在庫がありませんでしたが、皆さんはそれでも構わないとのことでした。もともと日本産米はその味や品質の良さにより台湾で大変人気が高いのですが、その点を割り引いても、自身が収穫体

写真6　壮瞥町内農場での稲刈り体験

験をした米に愛着を感じ食べてみたいという気持ちが起きたことも事実でしょう。

今後の展開――エコ体験プログラムの可能性

学生の提案内容、ワークショップでの現地調査時の学生たちの反応、近年のエコ意識、防災意識をふまえ、この地区での新たなエコツアーの可能性について述べてみたいと思います。

２０１８年9月6日未明、北海道胆振東部で震度7の地震が起き、住宅の倒壊、土砂崩れなどの大きな被害を受けました。直後に北海道全域がブラックアウトし道民の生活や経済に大打撃を与えました。２０１８年はこのほかにも、西日本豪雨、大阪北部地震、関西空港に大きな被害をもたらした台風21号など自然災害が相次ぎました。このように自然災害対策は全国各地域にとって喫緊の課題であり、国民の関心も高まっています。噴火を繰り返す活火山を抱え、いざというときの備えや心構えという点で住民の意識も高い洞爺湖地域に学ぶべき点は少なくありません。また、生物多様性保全などの環境問題への関心は世界的に高く、洞爺湖中島や有珠山周辺などこの地域の独特の生態系は貴重な地域資源でもあります。

札幌市立大学では２００６年の創立直後から地元札幌円山動物園の再生計画に協力してきています。その中には園内に手つかずのまま残された自然林を整備し来園者向けの動植物観察ツアー

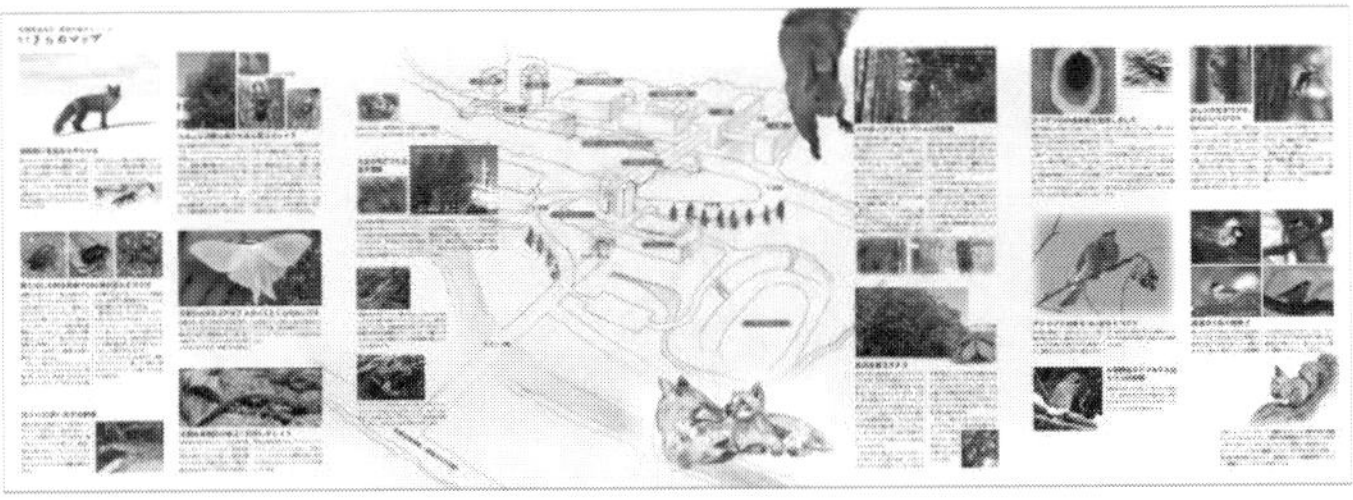

図 1　芸術の森キャンパスの自然を紹介した「いきものマップ」

も行なっている「動物園の森」と名づけられた一角があります。ここは環境保護の観点から一回の見学者数を制限していますが、毎回多くの応募があり人気が高いスポットです。

また、デザイン学部のある札幌市立大学芸術の森キャンパスは文字通り自然の森の中に作られたキャンパスです。絶滅危惧種のクマゲラも生息する生物多様性の高いこの森を学生や市民の環境教育の場として活用するフィージビリティスタディ（実現可能性研究）も進められています。

ＮＨＫの人気番組「ブラタモリ」は全国各地を巡り主に地質学、地理歴史的視点から解説しています。該博なＭＣの軽妙な語り口がこの番組の人気を高めていることはいうまでもありませんが、観光地の自然科学的側面に対する視聴者の関心が高いという背景もあると思われます。洞爺湖地区の観光プログラムに教育的側面すなわち科学的解説を加えることにより、より地域の魅力を引き出すことができるのではないでしょうか。

洞爺湖地区には前述の火山マイスター制度、洞爺湖生物多様性協議会や、三松正夫記念館など環境保全、自然災害対策やその啓発などを担う組織や制度があり、これらを活用した新たなエコ体験プログラムを、環境教育にも取り組んでいる札幌市立大学と拡張キャンパスの延長線の中で検討することも有意義ではないかと思います。

第10章〜11章のまとめと今後の展望

これまで紹介してきたＡＣＰプロジェクト全体を振り返り、まとめと今後の展望について述べたいと思います。

繰り返しになりますが、拡張キャンパスプログラムの目的は大学と大学を持たない市町村がウィンウィンの関係になることでした。そういう意味で札幌市立大学と壮瞥町（洞爺湖地区）間で行なわれた数々の実証実験的試み、特に今回の学生ワークショップは将来へ向けて拡張キャンパスプログラム実現の可能性を大いに感じさせるものでした。

まず大学側の教育、アクティブラーニングの質的向上という面からは、学生たちが観光産業や農業といった北海道の基幹産業の現場を体験し、少子高齢化が進む過疎市町村の抱える課題を認識できたことがあげられます。現地で缶詰になって現地の地域課題解決に向け、まさに前章で述べたデザインの基本である「世の中のいろいろな場面からニーズを拾い出し、ユーザーの立場から解決策を考え、柔らかな頭でそれをかたちにする」を実践したこと。最終報告会においては、壮瞥町長はじめ、地域商工会関係者など地域課題に日々取り組まれている方々を前に「解決策をユーザーにとって、わかりやすく、使いやすく、かつ魅力的な方法で提供する」ことの達成感と難しさを体験できたこと、などを成果としてあげることができます。

一方、壮瞥町（洞爺湖地区）の方々からは、若い学生たちの柔軟な発想は刺激的で参考になった、発想法や表現法などデザインの方法論を実践的に学ぶことができたなどの感想を伺うことができました。

「まち育て」は全国的課題であり、各地でさまざまな取り組みが行なわれています。その成功事例の中には、カリスマ的なプロデューサーによる長期的視点からの指示によりさまざまな施策が打たれるという例が目立ちます。しかしながらこのような天才的な人材はそう簡単に得ることはできません。私は現実的でどの地域でも可能な方法はカリスマプロデューサーが不在でも機能する自律分散型のシステムであると考えます。

自律分散型組織の例として社会性昆虫を取り上げてみましょう。たとえばスズメバチは女王バチと働きバチを中心とした組織が巣を維持しています。けれども女王バチが働きバチに仕事を指示しているわけではなく女王バチはひたすら産卵という自分自身の役割に専念するだけで、育児はもっぱら働きバチの仕事です。では、なぜ働きバチが指示もなしに自分の子どもでもない幼虫の世話をするのか？　諸説ありますが、働きバチが幼虫に餌を与えるとき、見返りに幼虫が分泌する栄養液を受け取るという説明が直感的にわかりやすいと思います。

人をハチに例えるのはけしからんという向きもあるかもしれませんが、自律分散型の組織やシステムがうまく機能するためにはシンプルなルール（ビジネスの仕組み）とリターン（報酬）が必要です。それも長期的ではなく短期的なリターンを得る仕組みを設けることがシステムや組織が長続きするポイントの一つではないでしょうか。このリターンはかならずしも金銭的なものとは限りません。「楽しい」「達成感がある」なども重要なリターンとなりえます。

今回、第10章でご紹介した「マグ女」をはじめ、全国各地のまち育てのキーパーソンと意見交換をする中で、共通する特徴として、オヤジギャグ連発の方などを含め「楽しく、明るい」方が多いことに気づかされました。サービス精神旺盛なキーパーソンのふるまいも参加者へのリターンのひとつといえるかもしれません。

今後、この拡張キャンパスプログラムが触媒となって、地域自身が新たな仕組み（ビジネスモデル）を創出し継続的な「まち育て」につなげていくことを期待したいと思います。

第4部
分析・手法編

第4部

第12章

ACP分析編

金 秀敬、矢久保 空遥、柿山 浩一郎

第12回は3名の先生に登壇して頂きます。

PART1は、札幌市立大学 講師の金 秀敬先生に「効果的な学習形態の提案および実践的試行」を、PART2は、札幌市立大学 助教の矢久保 空遥先生に「自律的行動を促すワークショップ」を、PART3は、札幌市立大学 教授の柿山 浩一郎先生に「カメラ付きGPSロガーによる地域ポテンシャルの把握」についてお話頂きます。

ＰＡＲＴ１　効果的な学習形態の提案および実践的試行

金　秀敬

大学のもつ主な資源は、人材育成を目的とする教育システムと、そのシステムで育った人材となります。こういった2つの大学資源は、地域創生にて活用価値の高い軸となりますが、それが「仕事」と「観光」です。本章のＰＡＲＴ１では、地域創生にて活用が期待される「仕事」と「観光」を活かす際に、重視される価値や期待される成果、および、地域がもつポテンシャルを最大限に創り出すために考慮すべき着眼点について考えます。

そのひとつとして、「認識差」を取り上げたデザイン試行の問題点を検証し、その成果をふまえて地域創生デザインで推進すべき学習形態について考察します。

２０１６年度から私たちが取り組んできた「『拡張キャンパス型地域連携』による過疎市町村の自律的創生デザイン研究」（略称ＡＣＰ／第10～11章参照）の成果報告でもある本章は、大学のもつ教育システムや人材を周辺過疎市町村に効果的に適用する仕組みづくりの創出を目的とし、大学の学習形態および期待される成果の明確化を目指しました。〝まち育て〟に活かせる大学力のあり方について実践的な活用の可能性を問い、「仕事」と「観光」創生のあるべき姿について考察します。

検証1：デザインで求める能力

初年度の2016年度は、地域創生デザインに必要と思われる能力に関する認識の差に着目し、〝まち育て〟で有効な学習手法の提案を目的としました。対象は地域創生の担い手となる学生と地域住民とし、ACPで実施した4つの教育プログラムに参加することで、学生と地域住民といった、属性の異なる両グループにどのような認識の変化が生じたかについて効果検証を行ないました。

本検証で行なった学習形態は次の4つです。

(1) 授業型学び

通常の座学型教育形態で、札幌市および壮瞥町で地域創生デザインの概論について受講する。

(2) ＰＢＬ（Project-based Learning）型学び

与えられた課題について最適な解決策を提案する教育形態で、お土産のデザインをテーマとして、グループワークによる立案・プロトタイプの制作・プレゼンテーションまでの一連のデザインプロセスを行なう。

(3) ワークショップ（WS）型学び

与えられた課題ではなく、問題発見から解決までの一連のデザインプロセスで学ぶ学習形態。壮瞥町を訪れる観光客に提供する体験型ツーリズムの提案をテーマとして、現地調査に基づく問題発見・グループワークによる立案・プロトタイプの制作・プレゼンテーションまでの一連のデザインプロセスを行なう。

(4) フィールドワーク（FW）型学び

現地で行なう学習形態。地域住民による内発的な活動により地域活性化のための事業が展開されている事例として、環津軽海峡地域（函館市、木古内町、青森市、五所川原市）を選定し、現地での調査をふまえた解決策の提案を行なう。

具体的な検証は、「FW型学び」を除いた「授業型学び」「PBL型学び」「WS型学び」の3つの学習形態について行ないました。対象は「学生」としての札幌市立大学の学生、「地域住民」としての壮瞥町商工会青年部とし、学習形態ごとに地域創生デザインに必要と思われる10項目の能力（企画力、発想力、実践力、表現力、発信力、継続力、協同力、調整力、探求力、問題

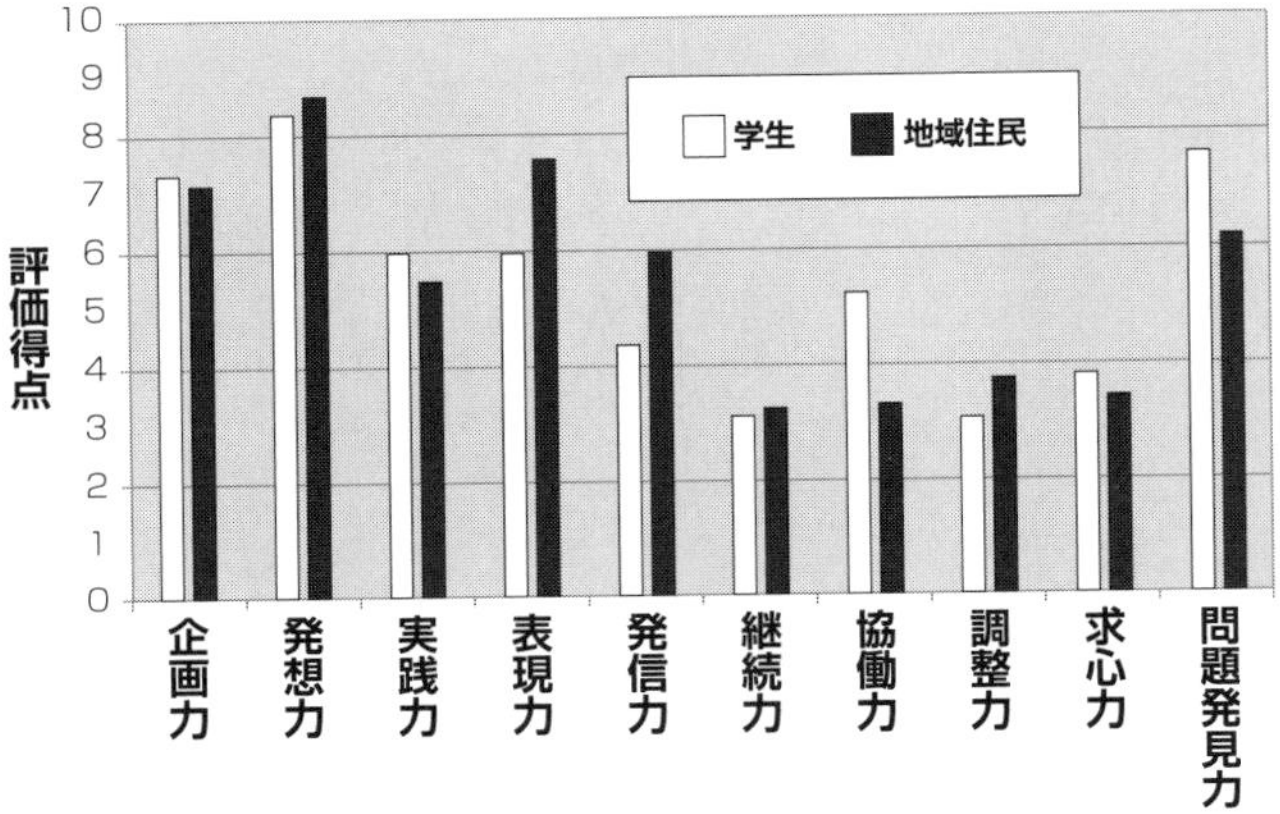

図1　地域創生デザインで必要と思われる能力に関する学生と地域住民間の「認識差」

発見力）について「まったく重要でない」から「非常に重要である」までの10段階評価で行ないました。

その結果、学習形態全体を通じて、学生・地域住民ともに「発想力」を重視する傾向がみられました。また、地域住民は学生より「表現力」「発信力」を重視しているのに対し、学生は地域住民より「協働力」「問題発見力」を重視する傾向がみられました（図1）。

ACP教育プログラムの進行につれて、学生・地域住民ともに評価が変化し、どちらも「表現力」に対する評価が低下しました（学生p＝0.0056、地域住民p＝0.0009）（図2）。また、統計的な有意差は認められなかったものの、地域住民の「継続力」に対する評価が高くなる傾向がみられたことから、ACP教育プログラムの進行につれて「デザインは表現するスキルである」という一般的な認識

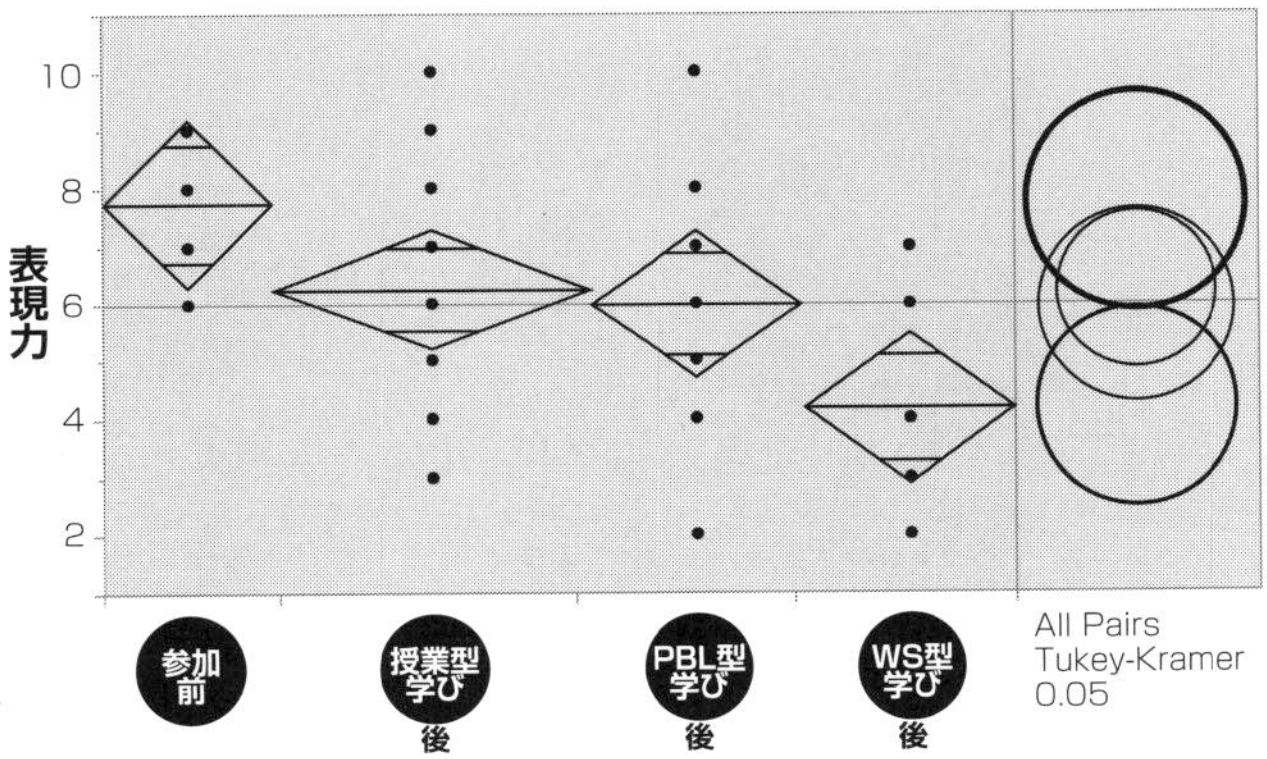

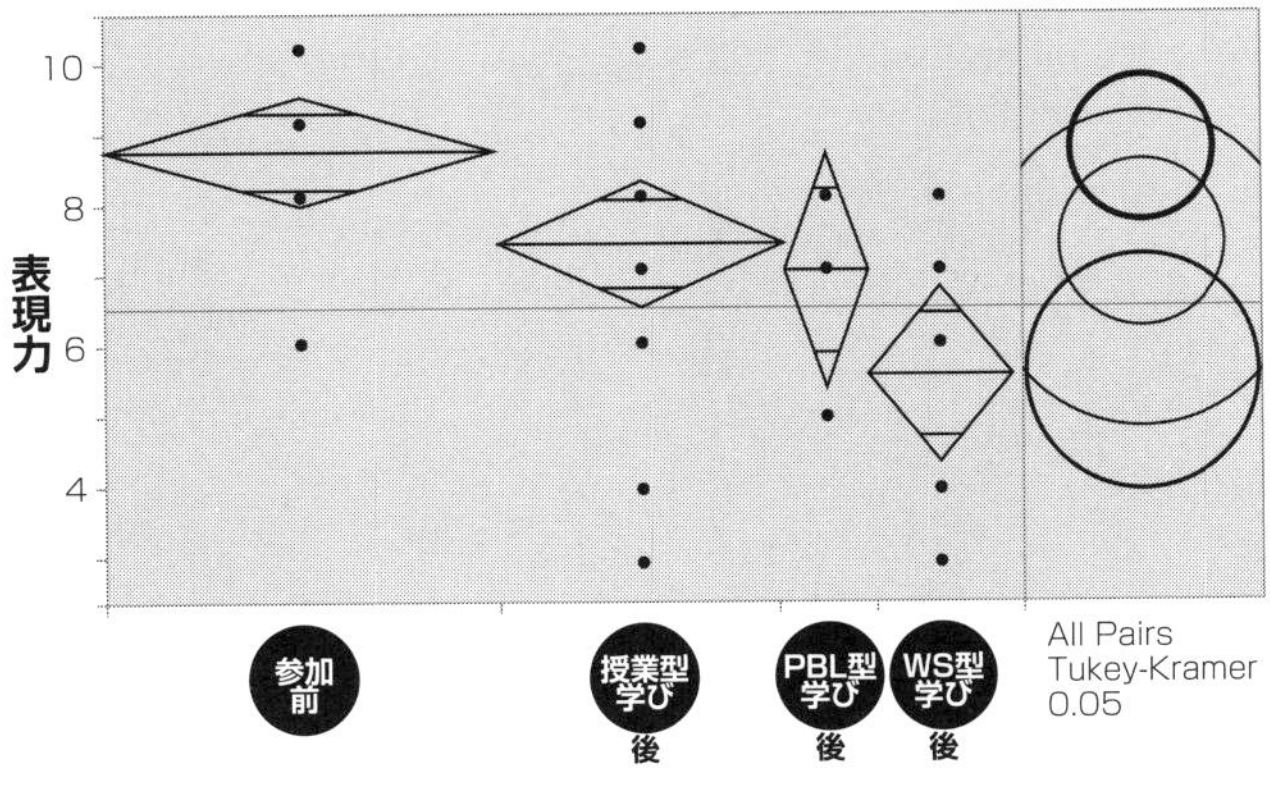

図 2　「表現力」に対する学生（上）と地域住民（下）の意識変化

が、デザインにおいても継続的な関わりがより重視されるようになったと考えられます。

同時に、図２からもうひとつの認識変化が読み取れました。授業型やＰＢＬ型ではみられなかった変化が、ＷＳ型学びで得られたことです（学生ｐ＝0.0030、地域住民ｐ＝0.0005）。つまり、ＡＣＰ教育プログラムの参加前と比べて、統計的に有意差が認められた認識変化は、ＷＳ型学び後であることが証明されたと言えるでしょう。

検証２：地域創生デザインの試行

地域創生デザインでは、地域ごとの特性に基づく地域資源の活用に関して、気づく（もしくは気づかせる）「価値」を明確にする必要があります。そのため、２０１７年度は初年度の研究で教育効果が認められた「ＷＳ型学び」について、デザイン思考に基づく「（観光を含む）ツーリズム」の試行および検証を行ないました。具体的には、「ＷＳ型学び」を通して「（観光を含む）ツーリズム」で重視される価値や期待される成果を検討し、デザイン思考による実践的な試みとなる「ツーリズム」の価値および有効性について明確にしました。

また、学生（札幌、東京、海外）の地域定着を誘発するツアーの企画や運営を通じて、若い人材の地域定着を促進する可能性を検討するとともに、個々の多様な人々が潜在的にもつデザイン能力の地域創生への活用性を高めました。

では、「ツーリズム（Tourism）」とは何でしょうか。一般的な概念からすると、ツーリズムとは楽しさを求めて旅することで、観光やキャンプなどのアクティビティを含みます。観光の英訳となる「サイトシーイング（Sightseeing）」が、ある場所を遊覧する行為（“the activity of visiting of interest in a particular location”）を意味するのに対して、Tourismは楽しさを求めるトラベル（“travelling for fun”）です。つまり、観光が「場所」中心の旅であるのに対し、ツーリズムは「新しい発見や体験」中心の旅を意味する言葉といえます。そこで、観光を含む体験として「ツーリズム」に着目し、旅行先となる地域の「魅力」を明確にすることを目的に、地域創生デザインにおける有効な体験価値について検証することにしました。

しかし、ツーリズムに関する検証や分析は、定量的に測りきれない多様な変数であるため、正確な検証が難しいという問題があります。そこで、本研究では、旅行者が「ツーリズム」で重視する「モチベーション」に着目し、モチベーションと関連深い16項目（交流、観光、自信感、満足感、楽しさ、達成感、知識習得、新しい発見、人生の一部、視野の広がり、社会性の習得、キャリアの一部、チャレンジ精神、グループワーク、金銭的なお得感、自分自身の再発見）を取り上げ、ACP教育プログラムを通し、「モチベーション」の価値について検証することにより、「ツーリズム」に有効な項目を明らかにしました。

検証では、⑴ツーリズムで有効なモチベーション項目、⑵観光客属性によるツーリズムで有効なモチベーションの共通点や相違点について明確にすることにより、ＡＣＰ教育プログラムの有効性に基づく地域創生デザインで、どのような課題を解決し、どのようなプロセスを経るべきかを実証実験により解明しました。

検証は、９月18日から23日までの６日間、日本×台湾　学生デザインワークショップで行ないました。研究対象フィールドは、北海道有珠郡壮瞥町を中心とした１市３町（洞爺湖周辺地域）、対象者は地域や国籍間の比較を目的として、日本国内から東京と札幌の大学生、国外は台湾から参加する大学生合計54名（日本：札幌市立大学18名、明星大学10名、台湾：華梵大学、国立台中科技大学、国立雲林科技大学から26名）とし、ワークショップの開始前後で、交流、観光など、モチベーションに影響する16項目の重要度について評価してもらうこととしました。なお、台湾からの大学生には、中国語のアンケートを用いた評価を行なうことで、言語による不理解が生じないようにしました。

検証で有意差がみられた「ツーリズム」の重要なモチベーション項目は、次のようになりました。

⑴　札幌と東京という地域差によるモチベーション比較

札幌と東京という地域差により、有意差がみられたモチベーション項目は、「交流（p＝

0.0018)」「知識修得（p＝0.0141)」「人生の一部（p＝0.0004)」の3つでした。札幌からの参加大学生の場合、参加動機となるモチベーションとして「交流」を有意な水準で重視していたことに対して、東京からの参加大学生の場合は「知識修得」と「人生の一部」といった価値を重視しました。この結果から、旅行先となる地域の「魅力」として、地域への馴染みのある観光客の場合には、「交流」が旅行において重要なモチベーションであったことに対し、他地域から訪ねてくる観光客の場合には、「知識修得」や「人生の一部」となれる、イベント性の強いものが旅行において重要なモチベーションであることがわかりました。

(2) 日本と台湾という国籍差によるモチベーション比較

日本と台湾という国籍差により、有意差がみられたモチベーション項目は、「達成感（p＝0.0135)」「満足感（p＝0.0358)」「金銭的なお得感（p＝0.0096)」「視野の広がり（p＝0.0024)」「人生の一部（p＜0.0001)」「自分自身の再発見（p＝0.0277)」の6つでした。日本から参加した大学生の場合、参加動機となる「モチベーション」として「達成感」「満足感」「金銭的なお得感」を有意な水準で重視していたことに対して、台湾から参加した大学生の場合は「視野の広がり」「人生の一部」「自分自身の再発見」といった価値を重視しました。

この結果から、旅行先となる地域の「魅力」として、文化的に馴染みのある観光客の場合には、「達成感」「満足感」「金銭的なお得感」を重視したことから、「コストパフォーマンスを考慮した体験型観光」が有効である可能性が示されました。一方、文化的に馴染みのない、海外からの観光客の場合には、「視野の広がり」「人生の一部」「自分自身の再発見」を重視したことから、「自ら新しい発見があって、自分の能力の向上に役立つ観光」が有効である可能性が示されました。

検証結果より、日本と外国という国籍差だけでなく国内の地域差においても、旅行先に対する「馴染み」の有無が、「ツーリズム」における「モチベーション」の重要要素である、「体験価値」と「発見価値」を上げる可能性が確認されました。

以上の成果から、教育システムおよび人材といった大学のもつ資源を、地域創生で活かす際には、教育システムにおいては、授業型学びから、ＰＢＬ（Project-based Learning）型学びやワークショップ（ＷＳ）型学びといった、いわゆる体験中心の学びが大学力強化へ影響する可能性が示されました。また、地域がもつポテンシャルを最大限に創り出すために考慮すべき着眼点として、ＡＣＰ研究で取り上げた「認識差」は、大学力の可能性だけではなく、地域を訪れる観光客の「認識差」を明確にする際にも有効であり、地域創生デザインで注目すべき項目であることについても確認されました。

PART２　自律的行動を促すワークショップ

矢久保 空遥

自律的行動とモチベーション

現在わが国で急速に進展している少子高齢化や大都市への一極集中に伴う地域の衰退への有効な対応策を模索するため、２０１３年度から「タイム・スペースシェアリング型地域連携による地域創成デザイン研究」や「『拡張キャンパス型地域連携』による過疎市町村の自律的創生デザイン研究」という２つの研究テーマで研究を続けてきました。このような地方創生を目指す試みは、札幌をはじめ都市部に人口が一極集中している北海道地域で特に強く求められているという社会的な背景があります。ところで、過疎地域・少子高齢化地域に対して具体的な施策を実施していく上で、産官それぞれが自律的に機能しなければ、これを恒常的に維持していくことは非常に難しいといえます。具体的な施策内容は地域住民から当該自治体に対して行なうもの、当該地域自身が行なうもの、当該地域から周辺大規模都市住民に向けて行なうものなど多様ですが（図

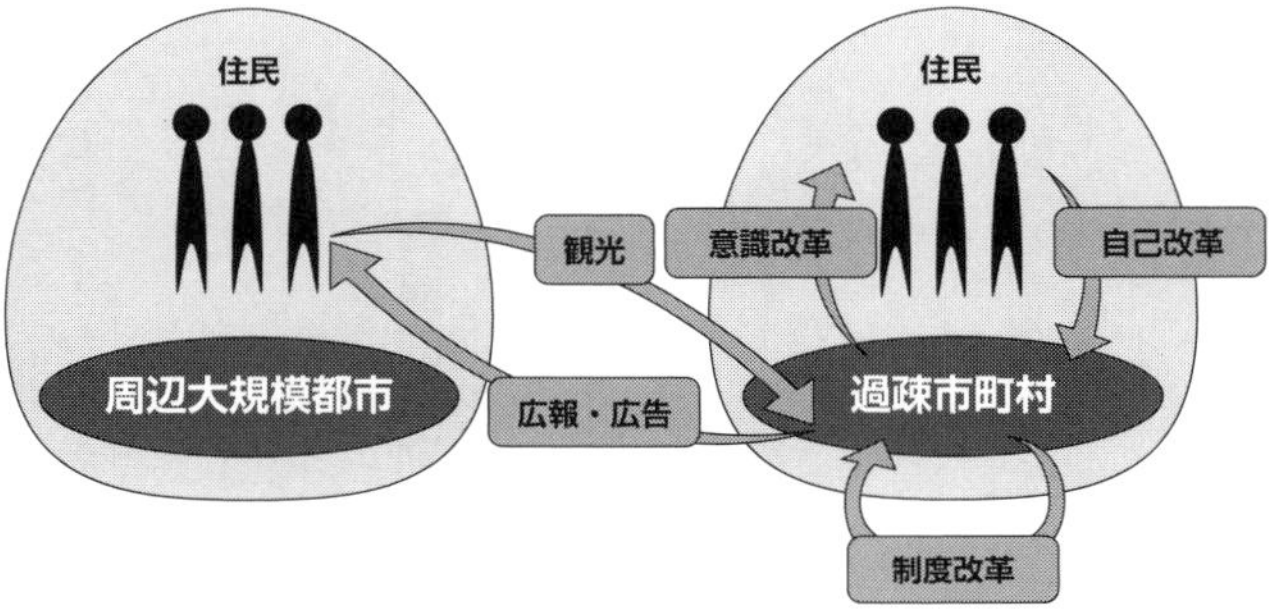

図１　過疎市町村復興のためのアプローチ関係図例

１）、いずれのアプローチにおいても自律性が重要であることはいうまでもありません。

ここでキーワードとなってくる「自律性」という言葉ですが、本節でいう「自律性」とは、当事者が特定の問題に対して主体的に考え行動し、これを管理する総合的な性質のことを指すこととします。

このような自律性を持つためには、目標を設定し、それに向けた合理的な方策をたて、結果に対して当事者自身が期待できなければ実行力が維持されません。このような結果を期待して維持される実行力を「モチベーション」と呼ぶこととします。

本節では、「自律性」と「モチベーション」という２つのキーワードについて、具体的にどのような能力を育むことが「自律性」の向上や「モチベーション」の獲得に結びつくのか、さらにその能力はどのようにして育むことができるのかを考えていきます。

ヒトがモチベーションを抱くとき、一般に結果に対する期待が存在することは経験的に明らかでしょう。逆に結果に対する期待がない場合、行動を起こすモチベーションは形成されないことも我々は知っています。子どもが母親の手伝いをするとき、そこには「褒められる」「お小遣いをもらう」「おもちゃを買ってもらう」などといった報酬（結果）を期待する心があります。だからこそ、母親を手伝うことに対してのモチベーションは生まれ、自律的な行動を起こすのです。これは、子どもに限った話ではなく、誰にも心当たりがあるのではないでしょうか。この、結果に対する期待は経験的な類推によってもたらされるので、子どものように絶対的な経験値が少ない場合、結果を期待する能力が乏しいと考えられます。このため、単純な【お手伝い―ご褒美】という因果関係は知っていますが、さらに複雑な関係については知識がありません。一方で、大人になると行動との間の因果関係を合理的に予想する能力が備わります。つまり、主体となる人々の論理的に思考する能力を向上させることができれば、より的確で明快且つ合理的な結果の予想ができるようになり、地域振興

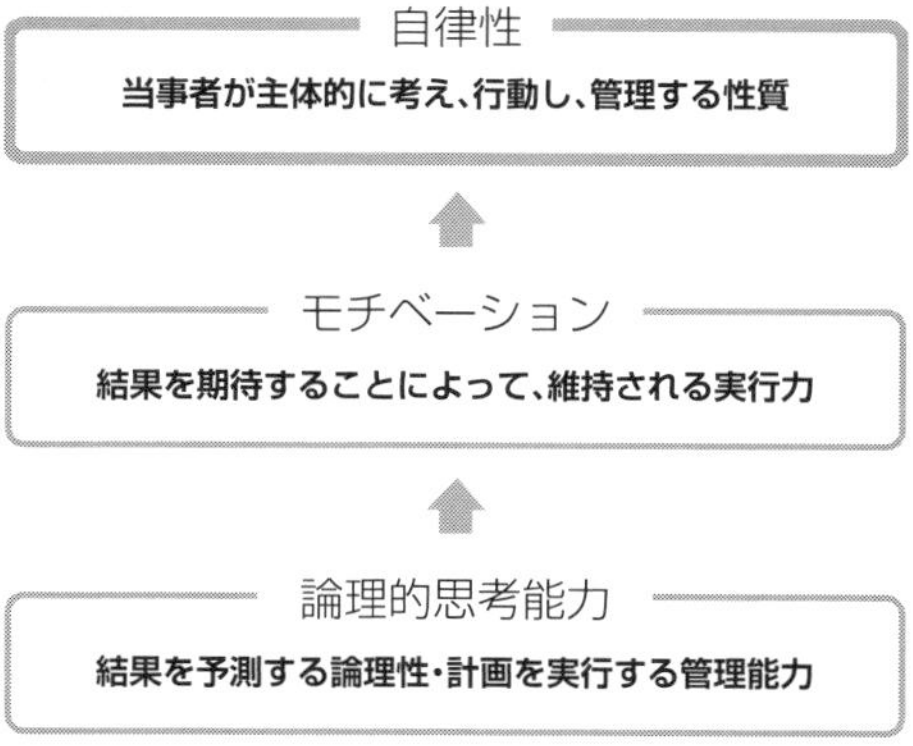
自律性
当事者が主体的に考え、行動し、管理する性質
モチベーション
結果を期待することによって、維持される実行力
論理的思考能力
結果を予測する論理性・計画を実行する管理能力
図2　本稿における自律性の考え方とそれを支える概念

に向けた自律的行動を行なうのではないかと考えました。以上をまとめるとモチベーション形成の過程は図２のように図示することができると考えます。

以上のような仮説から、果たしてどのような体験が地域創生に活用可能な論理的思考能力を形成するのかを明らかにするため、以下に示すいくつかの実験を行なうこととしました。

実験の手順

実験の概要

我々は次のように実験を設計しました。まず、学生を対象にいくつかの地域創生ワークショップを用意します（用意するワークショップの内容については後述）。ワークショップでは様々な体験を通して得た知見を得て、新たな観光プランを提案してもらうというタスクを学生に与えます。我々はそのワークショップの前後で学生の自我状態を分析し、その比較を行なうことで各々のワークショップが論理的思考能力に影響を与えるかを確認していくこととします。自我状態の分析方法にはエゴグラムと呼ばれる検査方法を採用しました。これについても詳細を後述します。

ワークショップの内容

実験に先立ち、3種類のワークショップをデザインしました。ここではこれら3つのワークショップをそれぞれ、「サイトシーイング型ワークショップ」「ツーリズム型ワークショップ」「アートプロジェクト型ワークショップ」と呼称することとします。それぞれは具体的に下記のような内容を含んでいます。

●サイトシーイング型ワークショップ（観覧型）

サイトシーイング型ワークショップは旅行代理店が商品として設定しているような、主に観光地に訪れることで楽しみを得る体験を経て、さらに観光客を周辺都市部から呼び込むためにはどのような方法、企画があるのかを提案するタイプのワークショップを指すこととします。

●ツーリズム型ワークショップ（体験型）

サイトシーイング型ワークショップのような観光地に訪れることで楽しみを得るのとは異なり、ツーリズム型ワークショップでは参加者が実際に作る・採る・動くなど主体的に行動することによって能動的に楽しみを得る体験をします。このような体験を経て、周辺都市部からの観光客を呼び込む企画提案を行なうワークショップを指すこととします。

●アートプロジェクト型ワークショップ（参加型）

アートプロジェクト型ワークショップでは、当該地域の自然・環境・素材など様々な資源を用いて、アート作品を作り上げ、当該地域が持つ潜在的な魅力を発掘していきます。この体験を経て、周辺都市部からの観光客を呼び込む提案を行なうワークショップを指すこととします。

エゴグラム

エゴグラムとは交流分析という心理学領域での分析手法に基づき、個人の自我状態を5つの尺度に分けて評価する分析方法です。5つの尺度はそれぞれ、「批判的な親（Critical Parent: CP）」「養育的な親（Nurturing Parent: NP）」「大人（Adult: A）」「自由な子ども（Free Child: FC）」「順応した子ども（Adapted Child: AC）」[1]と呼ばれます。複数の質問に回答することで、これら5尺度の値がどの程度であるのかを簡易に計測することができるとされており、本研究ではこのエゴグラムを用いて、各ワークショップの実施前後で各5尺度がどのように変化するのかを観察することとしました。

評価の手順

ワークショップは5日間にわたって行ないました。各ワークショップグループには16から17名のデザインを専攻している大学生が参加し、引率として教員が1名ないし3名同行しました。参加学生は札幌市立大学（北海道）、明星大学（東京）、台中科技大学・雲林科技大学・華梵大学（以上、台湾）の5大学に通う学生であり、3つのワークショップそれぞれで、おおよそ同じ割合で構成されるように留意しました。性別の割合についても、同様に留意しました。

エゴグラムに関する質問は、ワークショップ開始前とワークショップ終了時に質問紙で日本人学生のみを対象として実施しました。ワークショップ終了後、各参加者から質問紙を回収し、ワークショップ経験前と経験後で、どのような差があるのかを検討しました。

結　果

単純なワークショップ前後の変化を表1にまとめます。表1に示された数字はワークショップの実施前後で、各尺度の値がどの程度変化したのかを示しています。特に大きく（絶対値が3以上）変化している箇所については、増加箇所を薄い灰色、減少箇所を濃い灰色でセル塗りをして補足しています。

考察と展望

表１に示した結果から得られたエゴグラムの変化をもとに、次のような傾向が示唆されました。

●アートプロジェクト型ワークショップ（参加型）参加者は、ＦＣ（やんちゃ度）へのポジティブな影響が比較的強く観察される。

●参加したワークショップの種類によらず、参加者によって、ポジティブに変化しやすい人とネガティブに変化しやすい人がいるように観察される。

●ｔ検定の結果、アートグループ型ワークショッ

表１　ワークショップ実施前後に生じたエゴグラムの差

	学生	お父さん度	お母さん度	論理性	やんちゃ度	優等生度
観覧型	Aさん	1	1	4	-1	-1
	Bさん	9	3	7	1	1
	Cさん	-5	-2	0	-1	-6
	Dさん	3	2	0	1	-3
	Eさん	0	0	-1	0	-1
体験型	Fさん	2	0	1	-3	-1
	Gさん	-1	3	-2	0	2
	Hさん	0	1	-3	-6	4
	Iさん	0	1	0	0	-1
	Jさん	3	0	3	1	3
	Kさん	8	-1	-2	1	-1
参加型	Lさん	-4	0	-5	2	1
	Mさん	2	2	7	5	1
	Nさん	-1	2	1	2	-1
	Oさん	1	-1	7	2	0
	Pさん	-1	1	0	0	2
	Qさん	3	2	-1	4	3
	Rさん	-1	-3	-2	-1	0

プの参加者ＦＣ値は有意水準５％で有意に変化している。

エゴグラムでは、ＦＣは活発で創造性に富み好奇心豊かである自我領域を指しており、アートプロジェクト型ワークショップではこの領域が有意に正方向に影響を受けています。このことから、アートプロジェクト型ワークショップには参加した学生の活発で行動的な人間性の形成を補助する効果があることが示唆されます。

一方で、今回の実験では実験参加者数や男女比、その他統制しきれていない内容があったことも事実です。このため、今回のような2回のみのエゴグラム調査ではなく、複数回にわたった継続的なエゴグラム調査を実施し、その推移を観察することが、今後より緻密な知見を得るために重要でしょう。

PART 3　カメラ付きGPSロガーによる地域ポテンシャルの把握

柿山 浩一郎

前述のように、地域創生を研究として実施するためには、定量的なデータの収集が必須となります。わかりやすい言い方をすれば、観光客の観光地での体験に対する印象データの収集を行なうことが必要となります。近年、スマートフォンなどの情報携帯端末が普及し、位置情報、写真、コメントなどの情報収集は簡易に行なえるようになりました。第8、9章でも紹介しているように、スマートフォンでワークショップの活動期間中に参加者に心理状況入力を定期的に求めるシステム構築と運用や、居住実験参加者に日報入力と自ら撮影した写真の提供を求めるなどの試みを実施してきました。

これらの試みを通して得られた問題を解決する検討を行ない、地域（観光地）評価を目的としたスタンドアローン（独立機能型）に動作するカメラ付きGPSロガーの試作機を開発・試用し、地域創生に有用な実験システムを構築しました。以降にその検討のプロセスや、試用を通した地域創生に役立つ知見を紹介します。

図1の右側に示した試作機は、GPSによる移動軌跡の記録を自動的に行なうとともに、3つの感情ボタンを有するものです。本試作機の試用実験の結果、「心理変化取得時の対象物の特定が難しい」「高揚時の心理変化ボタンの押し忘れ、重複押しを許してしまう」などの問題が確認されました。また、心理変化に関しては3段階の感情ボタンとしていましたが、中間のボタンは心理的な変化がない状態と解釈されたためか、押される回数が少ないことが確認されました。

この問題を解決すべく、研究者間でディスカッションを行なった結果、「デバイスにカメラを搭載する」仕様を追加することで、解決ができるとの見解に至りました。近年、人々が日常の感動といった心理的変化をSNS（インスタグラムやフェイスブックなど）に写真を掲載して共有するコミュニケーションが一般化しており、「感情を記録する」という概念から「撮影する」という概念に、本デバ

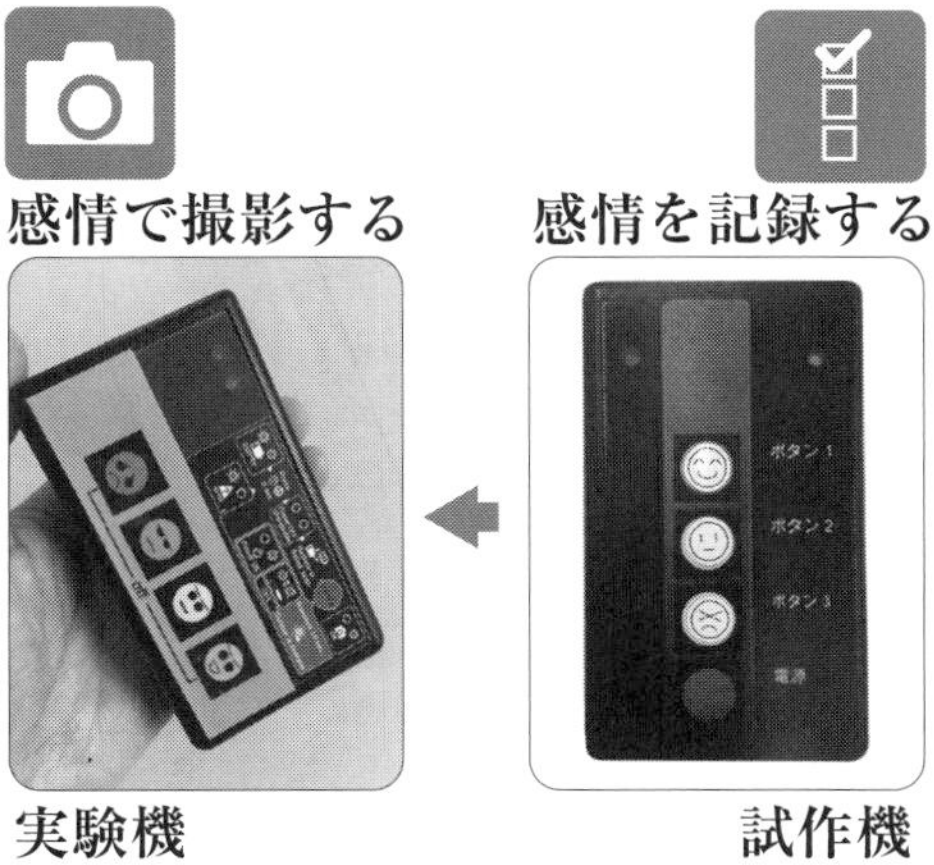

図1　GPSロガー開発の遷移

図２　GPSによる移動軌跡の可視化例（電車での移動時）

写真１　カメラ付きGPSロガー利用の様子

イスの入力行為を位置づけし直す、との考え方です。つまり、「観光客が、活動中に何らかの心理的な変化があった際に、心理変化をもたらした対象（ex. 人、風景、食べ物、産品等）にカメラレンズを向け、対応する心理ボタンを押すことで「対象物（写真による記録）」に対する「印象」を記録するデバイス」と位置づけるといった方向へ転換することとしました。なお、ポジティブな印象としての「強」「弱」、ネガティブな印象としての「強」「弱」の４つのボタンとしました（図１）。図２は、移動軌跡を地図上に軌跡として可視化したものです。

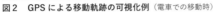

前述の通り、本研究は地域創生を対象とした研究を実施する際に必要となるデータ収集手法、評価手法の構築を目指すものであり、フィールド実験的観点から、地域創生に関わる被験者の心理状態把握を行なうことを目的としたものです。本カメラ付きGPSロガーにより得られたデータを分析することで、以降にあげる分析が可能となります。

たとえば図３の２つの地図は同じ地域を示したもので、左がポ

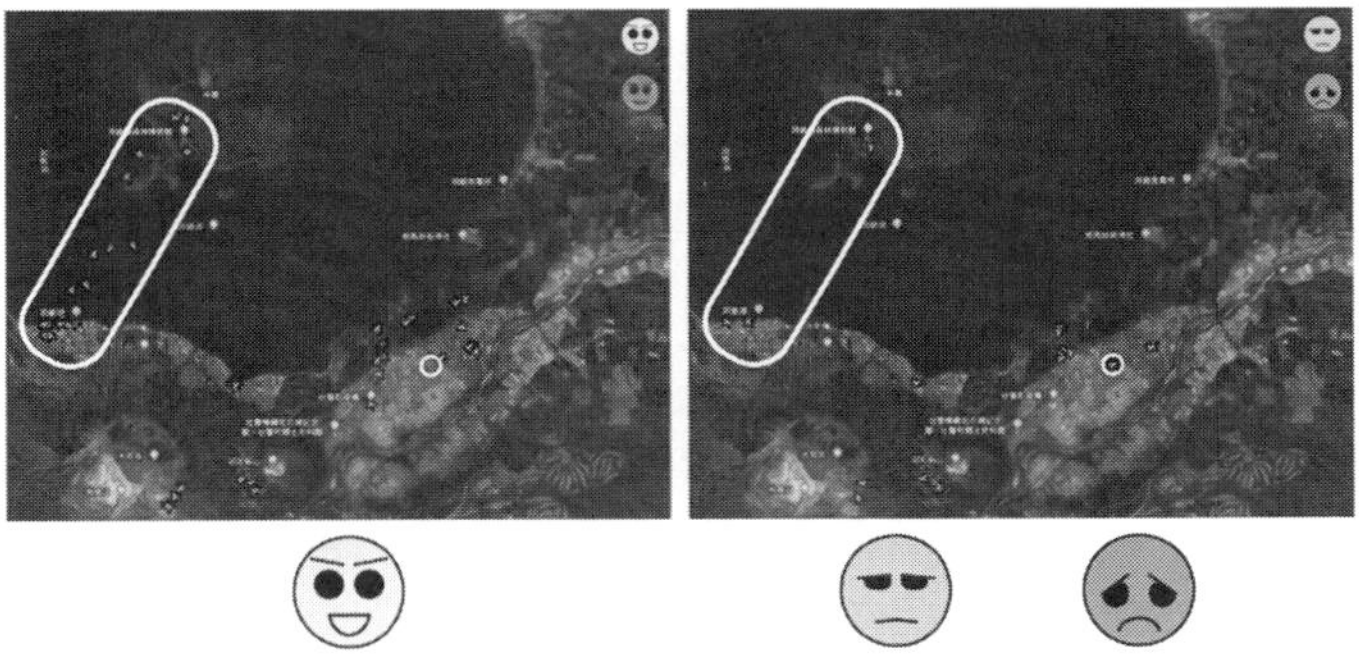

図 3　ポジティブポイントとネガティブ ポイントの比較
（航路上には、ポジ ティブな感情のみが存在している）

ジティブな感情ボタンが押されたポイントを、右がネガティブなボタンが押されたポイントを示します。白の枠線で囲んだ領域に着目すると、この観光フェリーの航路上ではポジティブなボタンのみが押されていることがわかり、この領域のポテンシャルを確認することができます。

図4は、各感情ボタンで撮影された対象物の代表的なものですが、当該地域が湖といった自然の魅力を中核とする観光地であることから頷ける傾向といえ、自然の魅力が地域全体の魅力を上げる要素になっていることを把握することができます。

図 4　自然豊かな観光地における評価の例

図5は、国籍を代表とする被験者の母集団毎

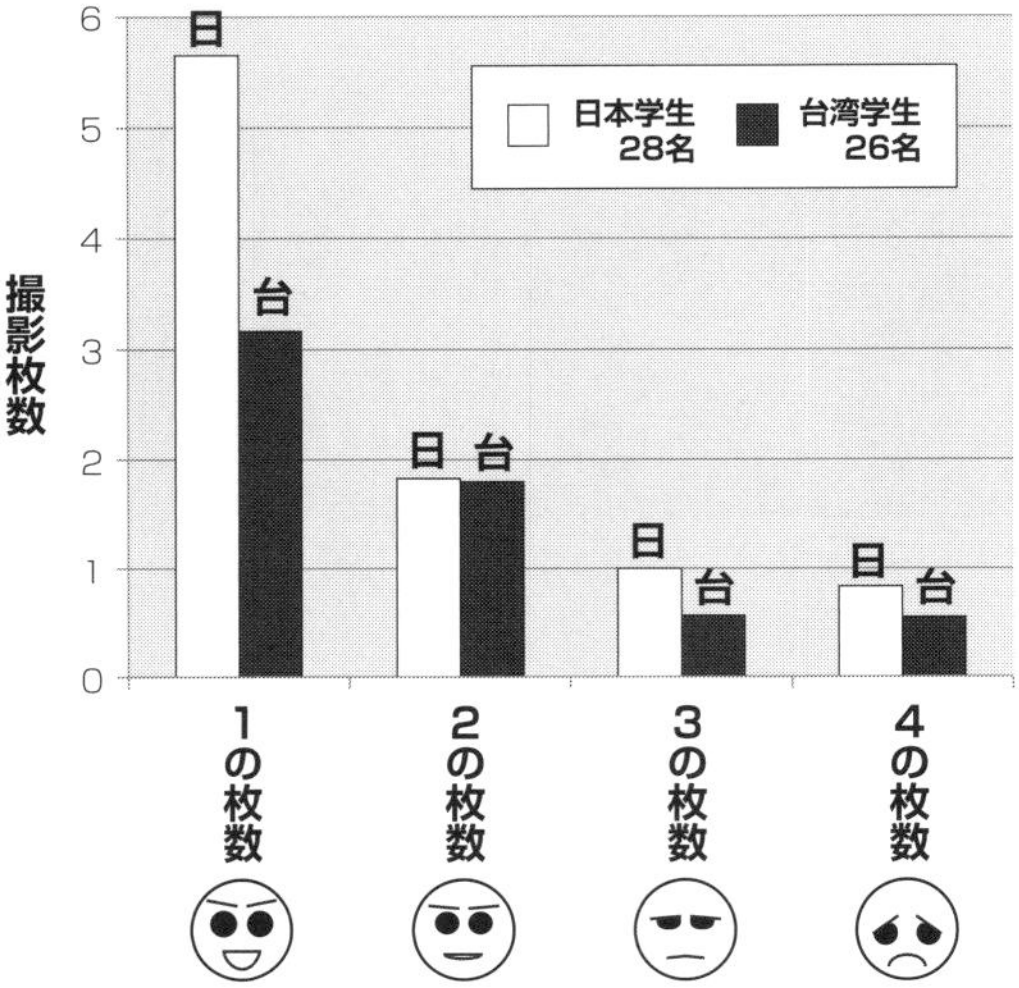

図５　感情ボタン数比較（日台学生比較）

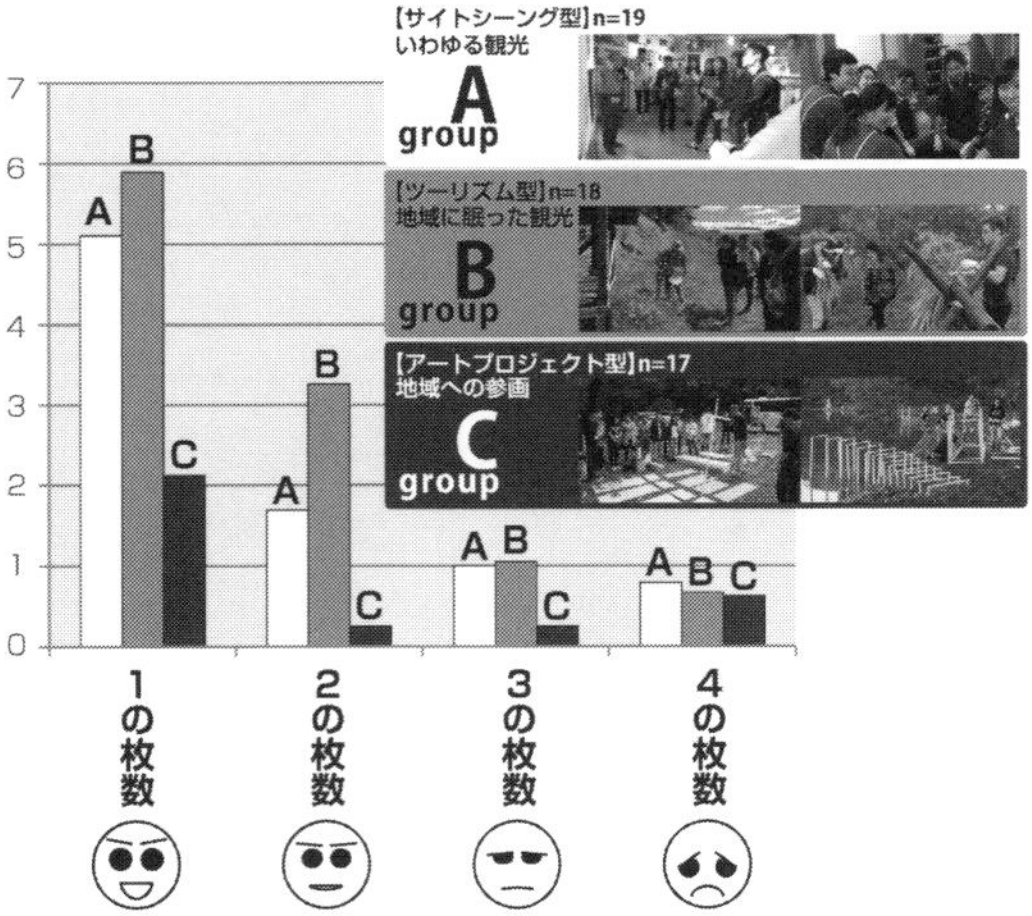

図６　感情ボタン数比較（グループ比較）

の比較を行なうことが可能となる例、図6は、被験者をグループに分け、グループ毎に体験内容を変えることでの、異なる体験に対する印象の差を定量的に測ることが可能になるといった例です。

本研究では、すでに述べた通り地域創生を研究の対象として捉える上での、データ収集手法、評価手法の構築を行なっています。さらに言えば「地域創生、つまり、地域という現場を場としたフィールドワークを対象とした実験」をより高い精度で実施することを目標とするものです。以上の観点から、実験のための「道具」はどうあるべきかを論点として論じます。

本研究で構築したカメラ付きGPSロガーで実現している機能は、①位置情報の記録、②写真での記録、③4つのボタンでの感情の記録、の3機能であり、近年、その普及が進んでいるスマートフォンのアプリで容易に実現可能なものです。第8章で解説した国際WSでも5日間の毎食事時に、スマートフォンを用いた現在の心理状態などを入力・回答する仕組みを同時並行で活用していましたが、あえてカメラ付きGPSロガーは独立した道具としました。その理由としては、対象とする観光客のスマートフォンのOSの状況や各種設定が異なり調整が困難である（特に海外からの参加者は対応が難しい）こと、GPS情報等の取得において、所有者の個人情報の固まりであるスマートフォンを用いてもらう際には、被験者が自らのスマートフォンを用い

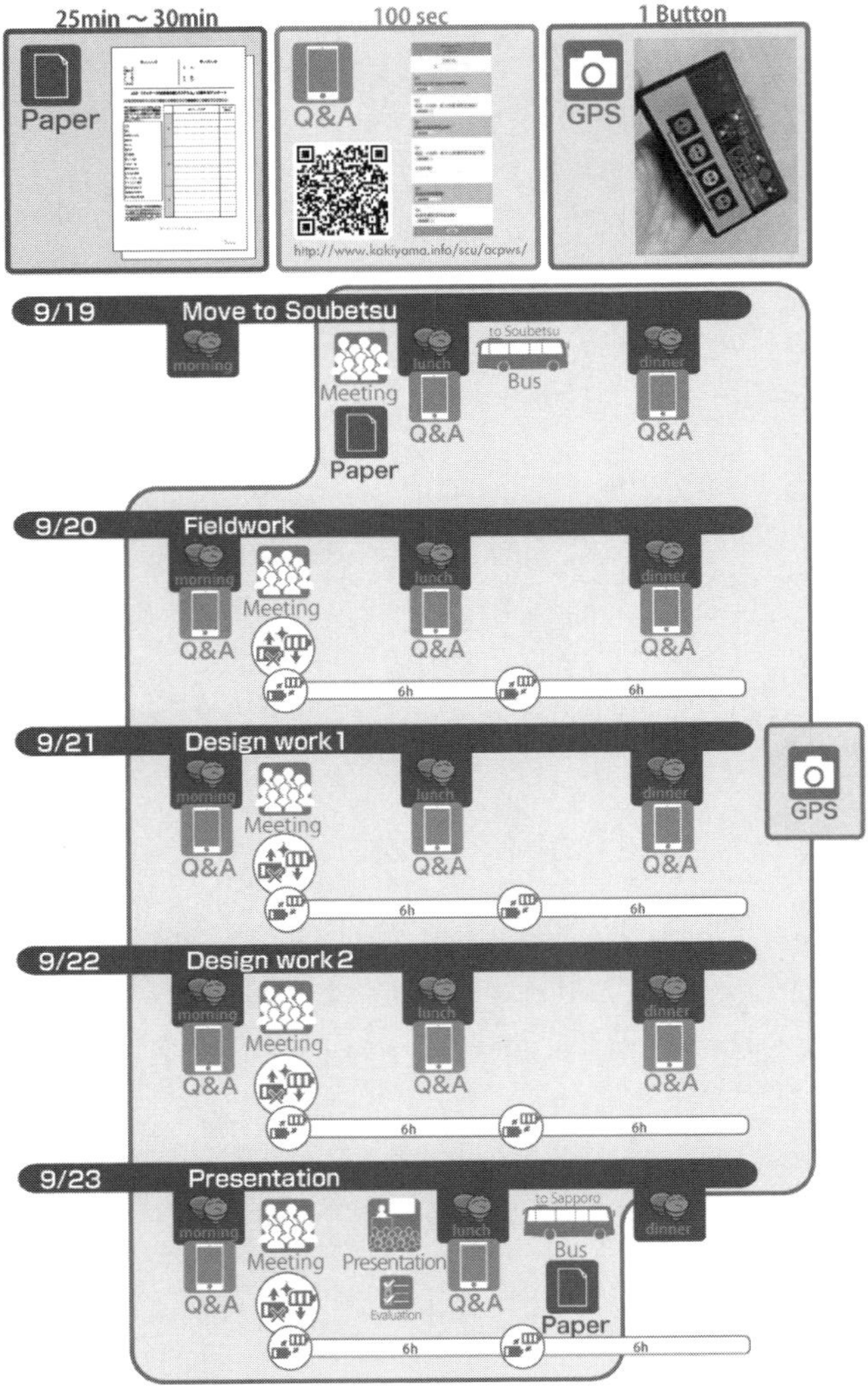

図7　ワークショップのスケジュールとデータ収集状況

て情報を提供することに対する心理的障害を取り除く必要がある、などでした。

図7は、本章のPART1とPART2で紹介した、日本×台湾　学生デザインワークショップにおけるデータ収集の状況を示したものです。以降にて3種類の異なるデータ取得方式を比較します。

「Paper」で示したものは、全5日間としたワークショップの開始時と終了時に実施したアンケート用紙による心理変化を対象とした30分程度で実施されるタスクです。

「Q&A」で示したものは、全5日間の毎食事時に、スマートフォンを用いて現在の心理状態などを入力・回答する100秒程度で実施されるタスクです。

「GPS」で示したものは、本稿で対象とするカメラ付きGPSロガーを用いて、全5日間を対象に「観光（調査）中に『景色に感動する』『ゴミが落ちていて残念な気分になる』など、何らかの心理変化がおきた際に対象物にカメラを向けて、対応する感情ボタンを押して撮影をしてください」との教示で被験者に課した1ボタンで実施されるタスクです。

以上の3つのデータ取得方式を本ワークショップでは実施しましたが、図8の横軸のように「Paper」はアンケート用紙で言語を通して明確に回答を求め、実施時間を確実に設け回答に時間を要する（30分程度）タスク、また「Q&A」はスマートフォンを通して毎食後に回答を求めたものであり、回答実施時間や回答の実施そのものにある程度の自由度をもたせ、回答の時間は

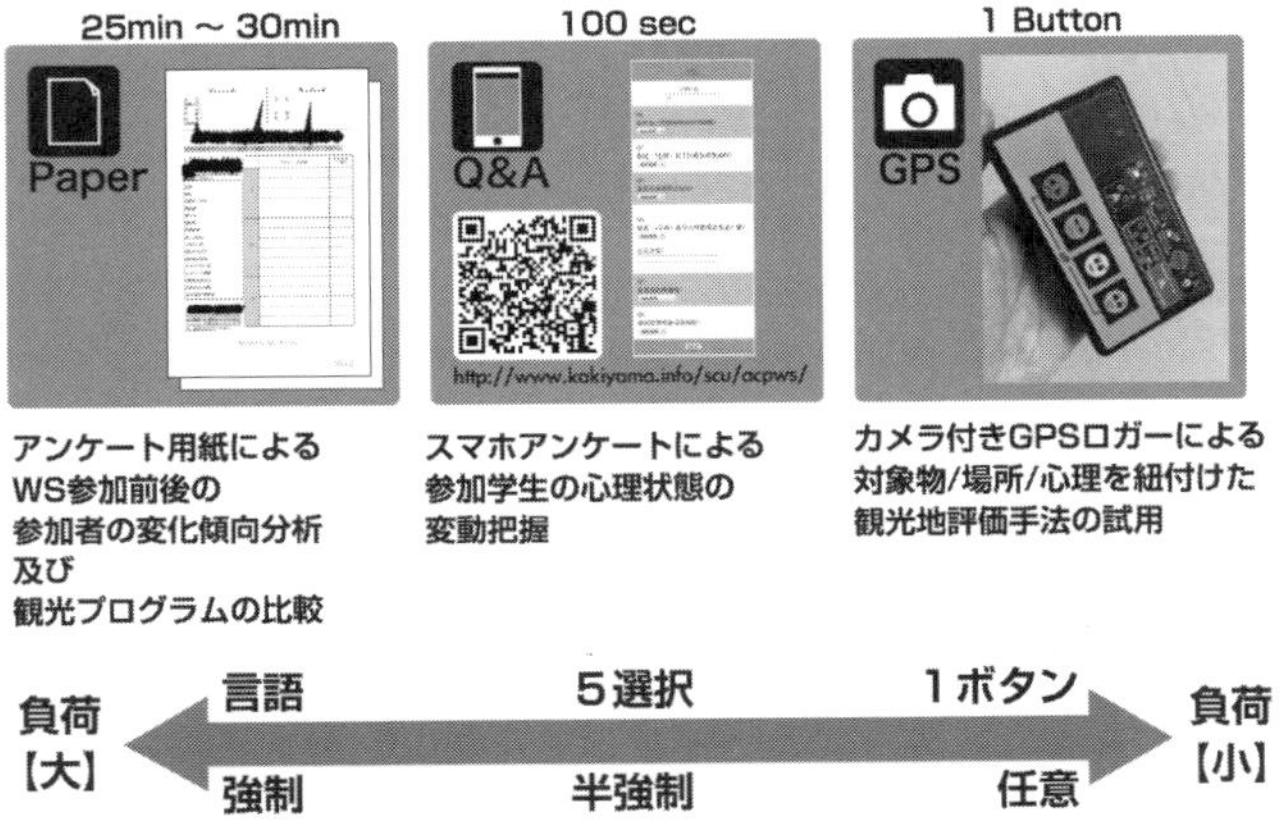

図８　調査手法の位置づけ

中程度（100秒程度）のタスクでした。「GPS」は、全5日間の任意のタイミングで回答を求める自由度の高い回答方式であり、回答そのものも1ボタンを押すのみで実施可能なタスク、と捉えることができます。

ワークショップでは、54名の被験者が本GPSロガーを手にして5日間を過ごしました。被験者によっては40枚弱の撮影をしたものもいれば、撮影枚数が0枚のものも複数名いました。これは、被験者の実験に対するモチベーションの差と考えられますが、日常において常に意識して特定の道具を使い続けるということの難しさ（被験者のモチベーションを高い状態に保って実験を行なうことの難しさ）が、実験計画で考慮されなければならないことを示しています。

本研究では、「フィールドワークを対象とした実験」をより高い精度で実施することを目的としており、必要なのは被験者が入力した情報、つまり「コト」であり、一見すると前述のように、スマートフォンのアプリで代用することも可能と考えられます。

現在のスマートフォンは、極端な表現をすればタッチ操作が可能なディスプレイの板であり、道具としての造形面に限った特徴は「シンプル」なものです。ユーザーはこのスマートフォンを用いてインターネット上の情報を取得したり、アプリを通したサービスの恩恵を得ているのであり、「モノ」ではなく「コト」を消費していると考えられ、道具としての存在が「薄い」と捉えることができます。

以上のような観点から考察すると、図9が実験における道具の存在を示す概念となります。本国際ワークショップで実施した3つのデータ取得方式は図のように位置づけられ、第1象限にある長期的に利用することが可能な負荷の少ない日常で使い続けられるものには、道具の存在が薄いもの、言い換えれば道具を意識せずに

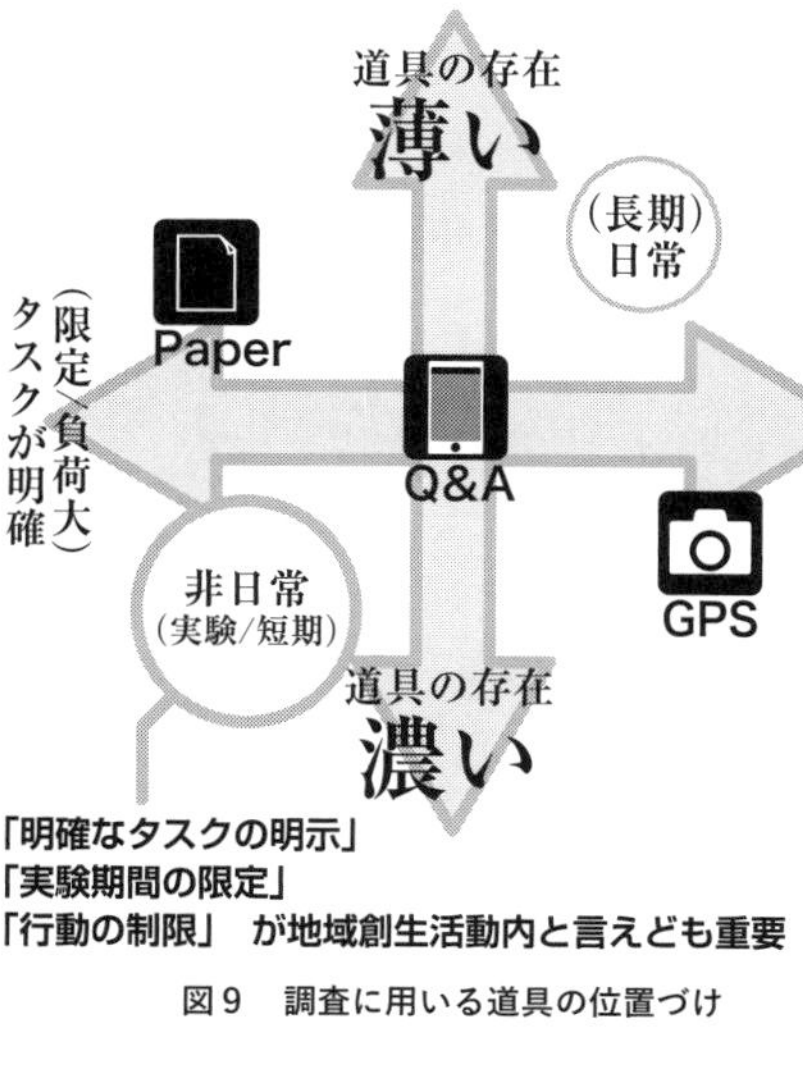

図 9　調査に用いる道具の位置づけ

何らかのデータ取得ができる手法の開発が求められます。第3象限にある、イベント的な短期の非日常的な実験では、逆に道具の存在を濃くして、「参加意識・ワクワク感の向上」を加味することで、実験に対する参加者のモチベーション向上がはかれるのではないかと考えられます。

地域創生という言葉に代表されるまちづくりは、息の長い活動であり、長期的な被験者実験でのデータ収集が重要といえます。実験のための「道具」の観点からいえば、より長期的なデータ収集を行なう際には、道具の存在が薄いデバイスのありかたを検討し、短期的なデータ収集を行なう際には、道具の存在を濃くし、参加者のモチベーション向上をはかることが重要と結論づけます。

今後はカメラ付きGPSロガーを用いた地域（観光地）評価手法の確立を目指しますが、ロガーを携帯し地域評価を行なってもらう被験者に対し提供するワークショップ等の体験の「時間」「内容」「与えるタスク」に関しても精査を行なうことが重要と考えられます。また、本開発プロセスからは、意識的にボタンを押すことは可能ですが、真に感動したシチュエーションといった無意識に近い状態の把握が難しい、といった考え方も、地域創生の成果をデータとして蓄積する際に意識しなければならないポイントとしてあがりました。

第4部

第 13 章
大容量文書データのテキストマイニング分析

城間 祥之

第 13 回目の講義担当は、城間 祥之先生。
行政が大量に保有する住民の意識調査などの文書データをテキストマイニング分析し、得られるキーワードの表出頻度図やネットワーク図などから、潜在的要望や活動欲求などを抽出する試みを紹介頂きます。最終的に、潜在的要望や活動欲求などが行政の施策に反映され、住民の希望や生きがい、地域愛に結びつくことが期待されます。

はじめに

テキストマイニングは、統計学、パターン認識、人工知能などのデータ解析技法を大量の文書（テキスト）データに網羅的に適用することで潜在知識を抽出する手法で、発見的な知識獲得が期待される分析手法です。しかし、文書データをテキストマイニングソフトに入力さえすれば、自動的に潜在知識が出力されるものではありません。パラメーター（多種多様な条件）を試行錯誤的に設定して分析を繰り返し、ことばの数量データやネットワーク図などで可視化し、そこから潜在知識を読み取る（抽出する）ものです。このため、問題ごとにパラメーターの設定変更と分析を繰り返す必要があり、分析者（データアナリスト）にはマイニング（採掘）熟練技術、すなわち、①大量の文書データをふるいにかける感度調整技術、②ふるいの中から金塊（重要なキーワードや関係性）を見つけ出す能力、③分析結果から重要と思われる潜在知識を読み取る（抽出する）能力など、が要求されます。

２０１８年現在、大容量文書データを分析できるデータアナリストは全国的に不足[(1)(2)]しており、ましてや地域創生を担う関係者（行政機関、地域住民、地域の企画運営会社・調査会社など）にそのような人材はほとんどいないのが実態です。仮に、地域創生関係者、特に市町村の行政担当者にテキストマイニング分析手法を伝授することができれば、行政が大量に保有する住民の要望・意見データなどを担当者自らがマイニング分析することで、住民の希望や生きがい、地域愛につながる潜在的要望や活動欲求などを掘り起こすことが可能となり、地域創生につながる施策の手がかりを得ることが継続的に行なえるようになると思われます。これが本研究を始めた動機です。

そこで本研究では、住民の意識調査文書データのテキストマイニング分析で得られるキーワードの表出頻度図やことばネットワーク図などから、潜在的要望や活動欲求などを抽出する知見を得ることを目的とし、同時に、研究過程で得られる新しい知見やマイニング分析技術を地域創生関係者へ伝授すべく解説書にまとめることを目標として、大容量文書データのテキストマイニング分析を試みました。すなわち、ここでは平成25年度 文部科学省「地（知）の拠点整備事業」に採択された札幌市立大学『ウェルネス×協奏型地域社会の担い手育成「学び舎」事業』(3)で実施された、「札幌市南区在住65歳以上高齢者の健康に関するニーズ調査」(4)の集計データ（自由記述文書）をマイニング分析し、潜在的要望や活動欲求などの抽出を試みましたので報告します。

分析対象データの概要

前述のように「札幌市南区在住65歳以上高齢者の健康に関するニーズ調査」は、札幌市立大学『ウェルネス×協奏型地域社会の担い手育成「学び舎」事業』の一環として２０１２年度に実施されました。当時の札幌市南区の人口は14万６３４１人で、そのうち65歳以上高齢者は３万７６１０人（約25・７％）でした。健康ニーズ調査は、郵送法による無記名自記式質問紙による調査形式で行なうこととし、10％（約３７００人）の回収を想定しました。一般に高齢者からの回収率が高いことを考慮して、回収率を40％と推測し、調査対象人数を約９０００人と算定しました。選定方法は住民基本台帳からの無作為抽出とし、その作業は札幌市南区保健福祉部保健福祉課地域福祉係の担当者が行ないました。調査項目は、⑴世帯構成、⑵健康状態や健康への関心に関する項目、⑶外出や取り組んでいる活動に関する項目、⑷日常生活や困難・不安に関する項目、⑸札幌市と札幌市立大学が協働で取り組む事業に関する考えの５項目でした。そのうち⑸の項目については質問への回答を自由記述形式で収集しており、本研究では、自由記述回答文のうち、次に示す問21への回答文書データを分析対象に選定しました。

問21　「旧真駒内緑小学校」の跡地を利用し、札幌市と札幌市立大学が協働してＣＯＣキャンパス（同封資料参照）を作る予定です。南区の住民として、そこで行なって欲しいことや期待することを何でもお書きください。

札幌市南区在住65歳以上高齢者、約９０００人を対象に実施された健康ニーズ調査への回答者数は２９９８人（33・３％）、問21への有効回答者数は８９２人（回答者の29・８％）でした。

テキストマイニング分析の概要

本研究では、テキストマイニング分析[5]ソフトを用いて、前述の８９２人の回答文書データを次の手順で分析しました[6]。

(1)　回答文書データファイル（csv file）を分析ソフトへ読み込み、「分かち書き」を実行すると、文章は形態素（言語で意味を持つ最小単位）に区切られ、形態素ごとの品詞が確定された分析のためのオリジナルテキストが生成されました。

(2)　テキスト情報ツールを用いて、基本情報（総行数、平均行長（文字数）、総文章数、平均文章長（文字数）、延べ単語数、単語種別数）や品詞出現回数など、テキストの数量データを算出しました。

(3) ビジュアル集計ツールを用いて、属性（性別、年齢、町内会など）ごとの回答者数を算出しました。

(4) 単語頻度解析ツールを用いて単語の出現頻度を分析し、同様に、係り受け頻度解析ツールを用いて主語と述語のような係り受け表現から、回答者が記述したポジティブ（またはネガティブ）な表現事例を導出しました。

(5) 評判抽出ツールを用いて、ポジティブ（またはネガティブ）な表現に用いられた単語（名詞や自立動詞）の頻度を導出しました。

(6) ことばネットワーク分析ツールを用いて、矢印付き有向直線で構成される係り受け関係ネットワーク図を出力しました。

(7) 対応バブル分析ツールを用いて、ことばを介した属性同士の関係図を出力しました。

分析結果

テキスト情報

基本情報と品詞出現回数（表1）から次のことが読み取れます。

表1　基本情報と品詞出現回数

項目	値
総行数	892
平均行長(文字数)	57.5
総文章数	1641
平均文章長(文字数)	31.3
延べ単語数	10887
単語種別数	4296

品詞	回数(%)
名詞	7512 (69.00%)
代名詞	169 (1.55%)
動詞	1610 (14.7%)
形容詞	499 (4.58%)
形容動詞	333 (3.06%)
連体詞	105 (0.96%)
副詞	408 (3.75%)

・総行数は892行です。これは892人の回答者それぞれの意見（テキスト）が回答文書データファイル（csv file）の各1行に記述されていることを意味します。
・平均行長（文字数）は57・5です。これは1行当たりの文字数が57・5文字であることを意味します。平均行長を平均文章長（文字数）で除すると約1・84となり、1行当たりに1・84個の文章が記述され、その文章は57・5文字で構成されていることを表します。これは回答者が比較的簡潔に意見を記述していることを意味します。
・総文章数は1641です。総文章数を総行数で除すると約1・84となり、上記同様、1行あたりの文章数1・84が算出されます。
・平均文章長（文字数）は31・3です。これはひとつの文章が31・3文字で構成されていることを意味し、簡潔な文章（回答）だと判断されます。
・延べ単語数は1万887です。これを総行数で除すると約12・2となり、1行当たり12・2個の単語が含まれていることを意味しま

表2　属性別集計と欠損（属性記入漏れ）数の関係

年齢	男性	女性	未記入	合計
1:65歳～69歳	178	173	1	352
2:70歳～74歳	138	84	0	222
3:75歳～79歳	100	53	0	153
4:80歳～84歳	65	40	0	105
5:85歳以上	34	25	0	59
年齢未記入	1	0	0	1
合計	516	375	1	892

す。

・単語数の内訳を品詞別出現回数で見てみると、名詞が7512（69・00％）、代名詞が169（1・55％）、動詞が1610（14・7％）、形容詞が499（4・58％）、形容動詞が333（3・06％）、連体詞が105（0・96％）、副詞が408（3・75％）です。また形容詞と副詞を合わせた出現回数は907（8・33％）で、回答文章の中に感性を表す単語は少なく、感情的な回答は少なかったと判断されます。

・単語種別数は4296です。単語種別数を総行数で除すると約4・82となり、回答者1人あたり他者と異なる単語が4・82個含まれていることを意味します。他者と異なる単語数4・82は1行あたりの単語数12・2の約39・5％に相当し、回答者それぞれが簡潔な文章（回答）のなかにも独自の表現を使っていることが窺えます。

属性情報

属性別集計と欠損（属性記入漏れ）数の関係（表2）から以下のこと

が読み取れます。

・男女別の回答者数は、男性が５１６人（57・９％）、女性が３７５人（42・１％）で、すべての年齢区分で女性より男性の回答者が多くなっています。

・年齢ごとの回答者数は、65歳～69歳が３５２人（39・５％）で最も多く、70歳～74歳は、２２２人（24・９％）、75歳～79歳は１５３人（17・２％）、80歳～84歳は１０５人（11・８％）、85歳以上は59人（６・６％）で、年齢が上がるにしたがって男女ともに回答者数は漸減しています。

・65歳～69歳の回答者で性別の記入漏れが１人、同様に、男性で年齢区分の記入漏れが１人います。

気になることば〝欲しい〟に関する係り受け表現の抽出

係り受け表現とは、「何がどうした」や「どんな何か」のように、文章中で意味のつながりのある単語と単語の組み合わせのことです。前述の質問文は、問21「……ＣＯＣキャンパス……で行なって欲しいこと……」と問うているので、回答文における気になることばとして、〝欲しい〟に絞り込んで係り受け表現を抽出しました。

気になることば〝欲しい〟の係り受け表現（図１、２）から以下のことが読み取れます。

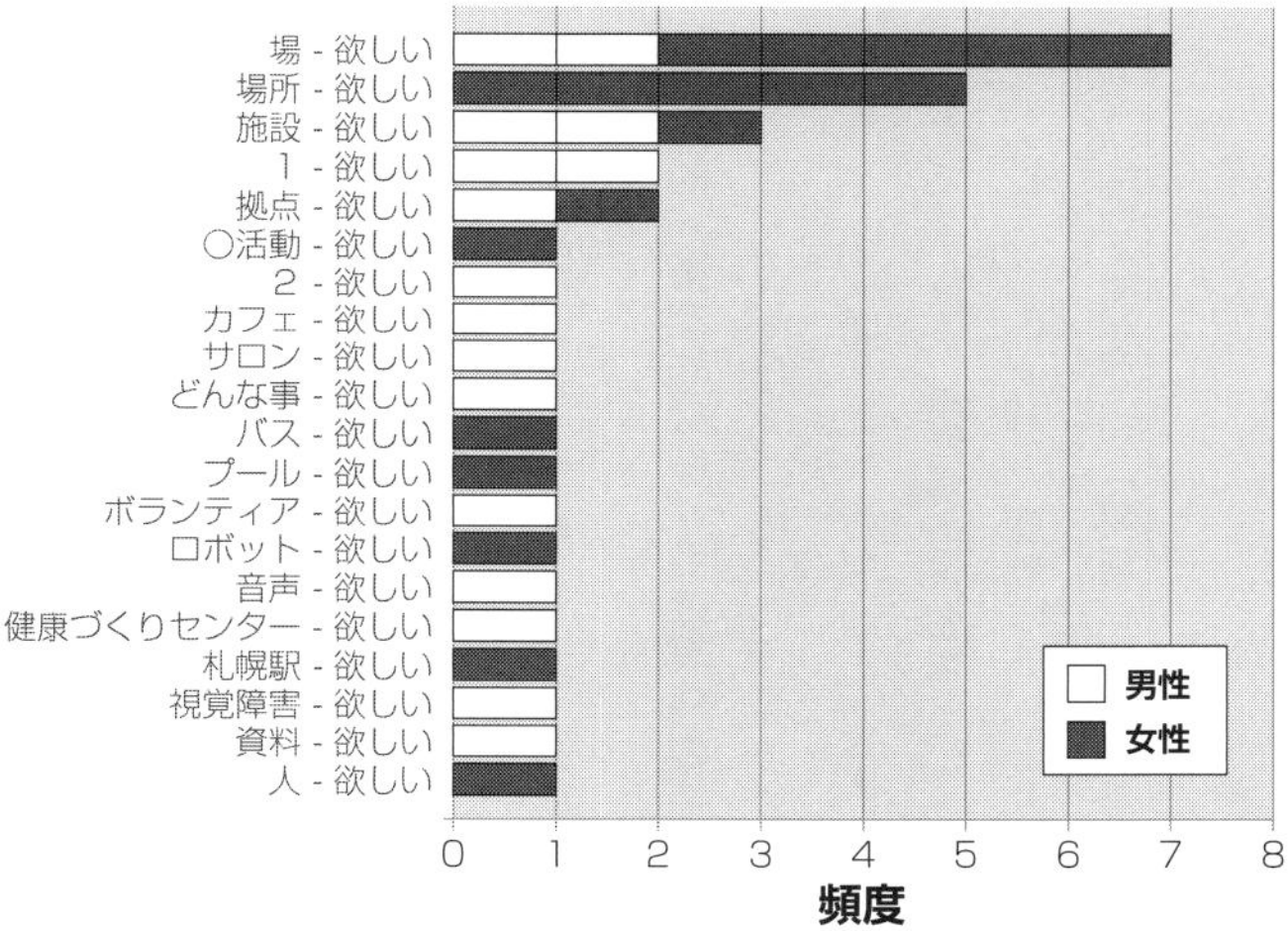

図 1　気になることば“欲しい”の係り受け表現（男女別集計）

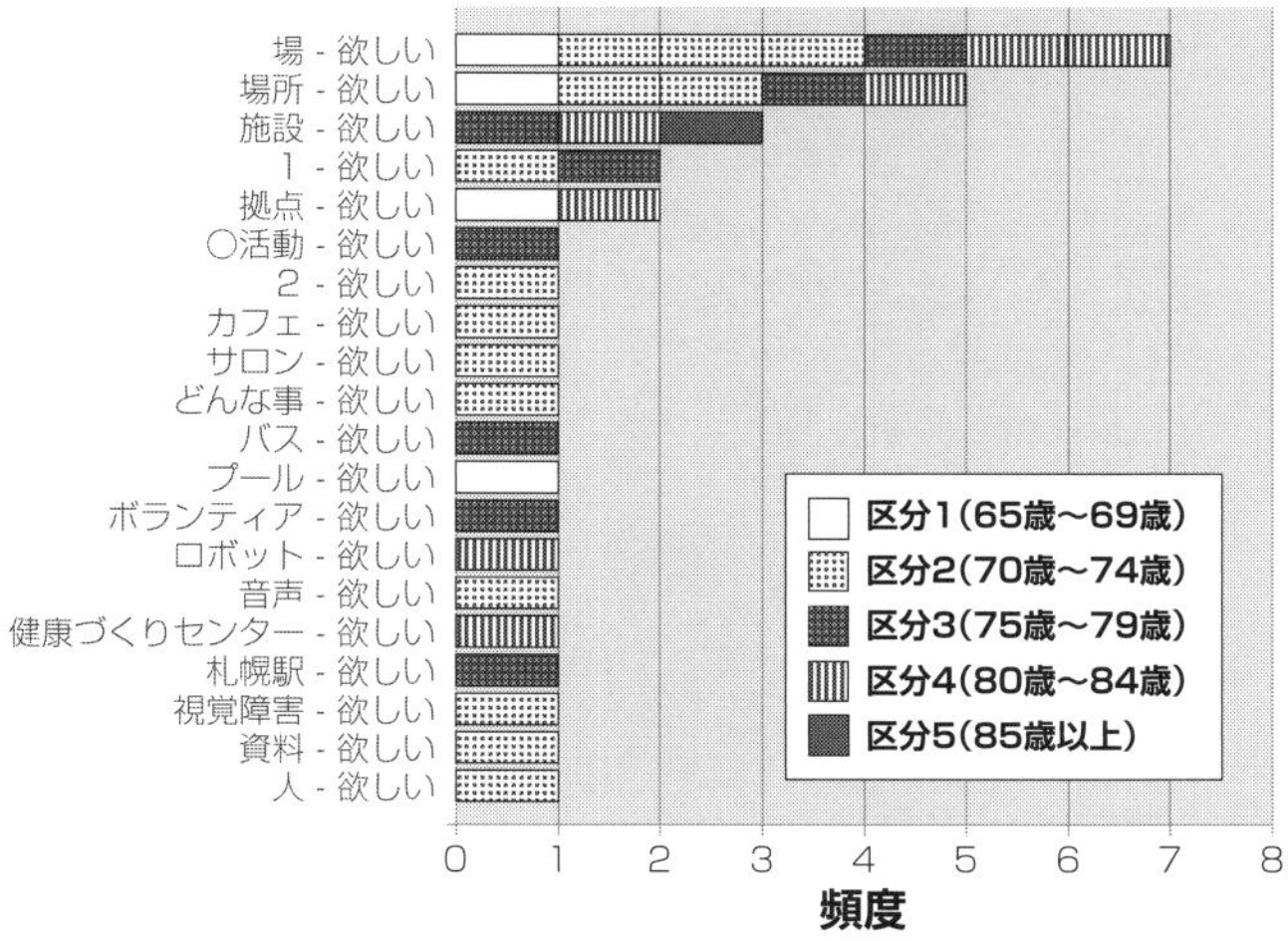

図 2　気になることば“欲しい”の係り受け表現（年齢別集計）

・頻度が高い係り受け表現は、〝場所―欲しい〟、〝場―欲しい〟、〝施設―欲しい〟で、いずれも高齢者が活動する〝場所〟や〝場〟に関する意見（要望）です。また、男女の比較では、これらの意見（要望）は女性から多く、特に、〝場所―欲しい〟は女性だけから出ており、女性の方が地域での交流や活動の場を積極的に求めていることがわかります。
・年齢別の比較では、〝場所―欲しい〟や〝場―欲しい〟の意見（要望）は70歳～74歳が最も多く、80歳～84歳、75歳～79歳と続いており、80歳～84歳の高齢者の積極性が特筆されます。

肯定的・否定的な係り受け表現の抽出

肯定的・否定的な係り受け表現（図3、4）から以下のことが読み取れます。
・肯定的な係り受け表現は、〝老人―楽しむ＋できる〟、〝老人―参加＋できる〟、〝自由―使う＋できる〟、〝住民―参加＋できる〟などで、高齢者が楽しく参加できる活動や自由に使うことができる場所・場について肯定的に意見（要望）を述べています。男女別では女性からの肯定的な意見（要望）が多いですが、〝住民―参加＋できる〟は男性からだけの意見（要望）です。
・否定的な係り受け表現は、〝資料―同封＋ない〟、〝イメージ―湧く＋ない〟、〝お金―かかる

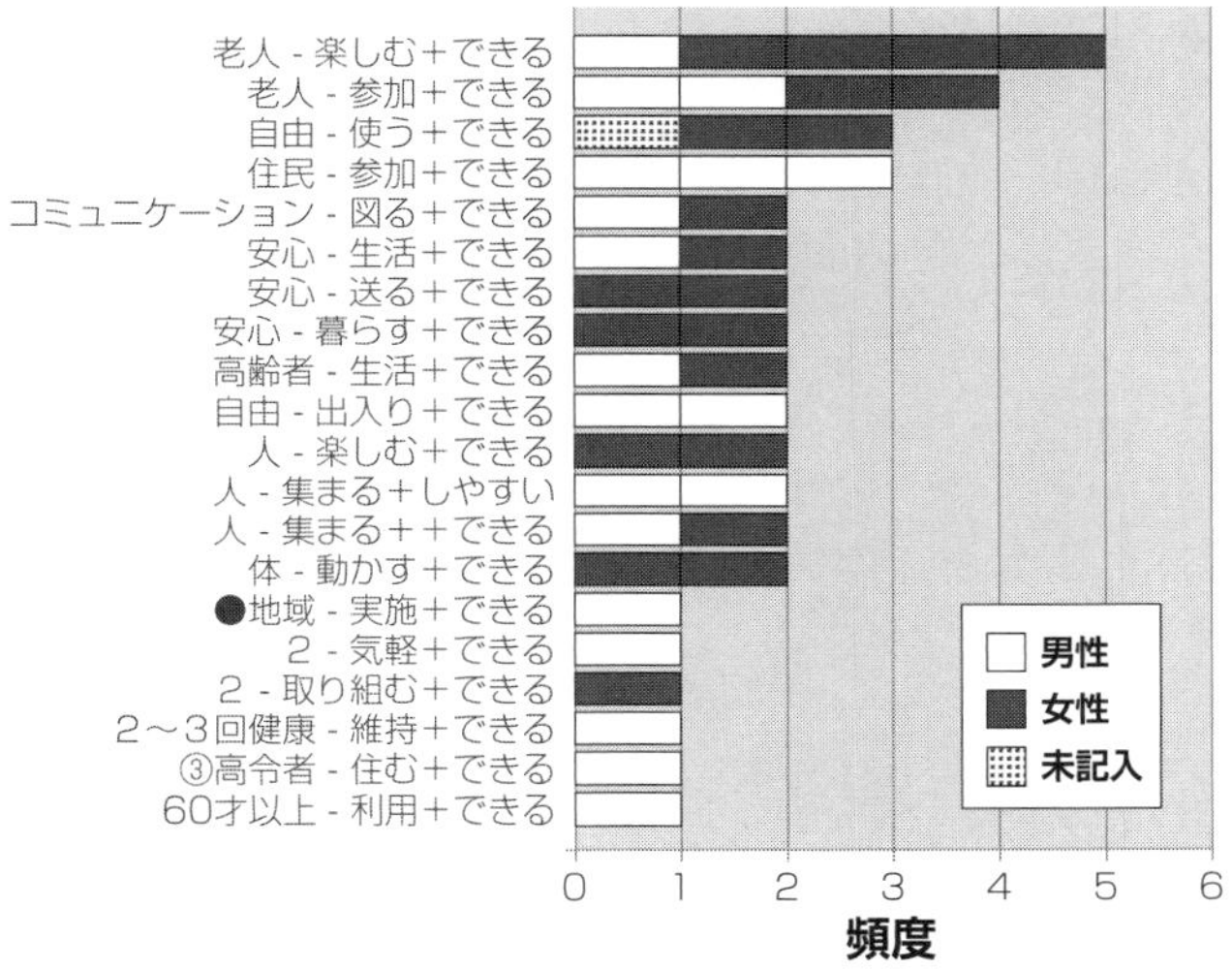

図 3　肯定的な係り受け表現（男女別集計）

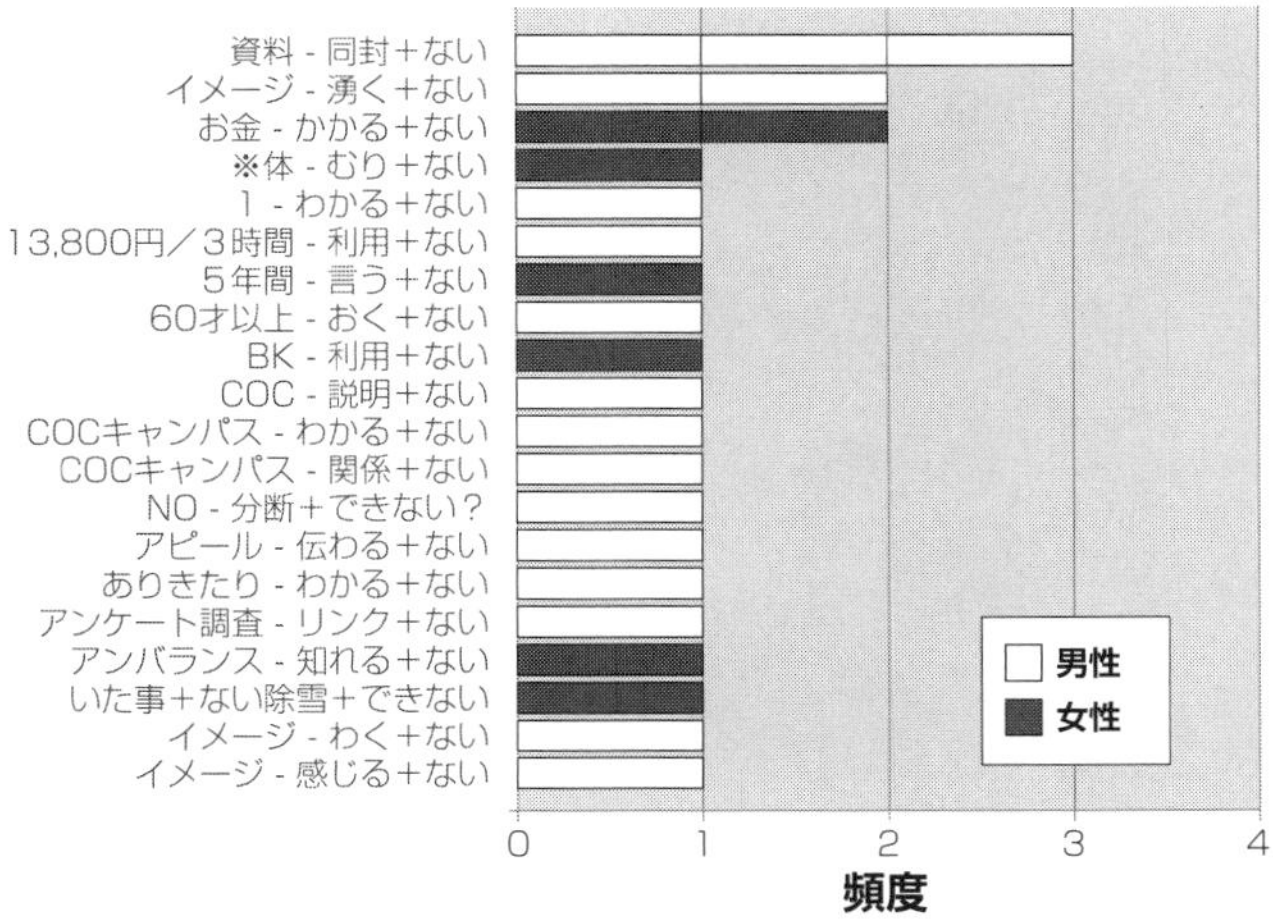

図 4　否定的な係り受け表現（男女別集計）

＋ない〟などです。このうち、〝資料―同封＋ない〟、〝イメージ―湧く＋ない〟は郵送されてきた封筒に札幌市立大学『ウェルネス×協奏型地域社会の担い手育成「学び舎」事業』やCOCキャンパスについての説明資料がない（実際には説明書類は同封されているが見つけきれなかったものと推測される）ことに対する否定的な意見（要望）です。その他の否定的な係り受け表現もほとんど同様です。一方、〝お金―かかる＋ない〟は、お金がかからないことを表現した意見（要望）で、否定的な係り受け表現に分類されていますが、否定的な意見（要望）ではなく、むしろ肯定的な意見と捉えるべきです。

好評語・不評語の抽出

好評語・不評語ランキング（図5、６）から次のことが読み取れます。

・抽出されたことば（単語）に関する肯定的な意見（要望）は、全体的に男女でほぼ同等ですが、〝地域〟や〝生活〟に関する肯定的な意見（要望）は男性から圧倒的に多く出ています。一方、〝場所〟、〝利用〟、〝活動〟に関する肯定的な意見（要望）は女性に多く、〝提供〟に関する肯定的な意見（要望）は女性だけです。女性は社交的な場や活動に積極的であると判断されます。

・抽出されたことば（単語）に関する否定的な意見（要望）は、全体的に男性から多く出て

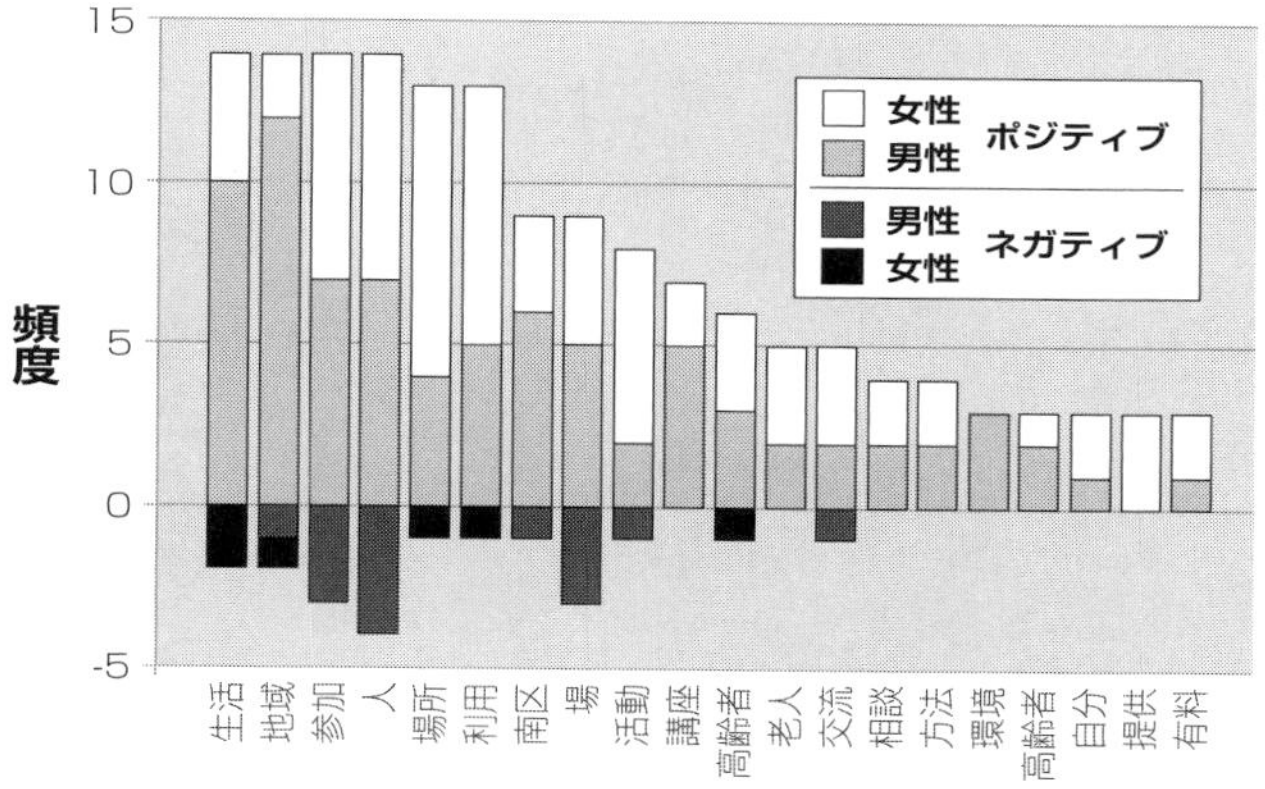

図 5　好評語ランキング（男女別集計）

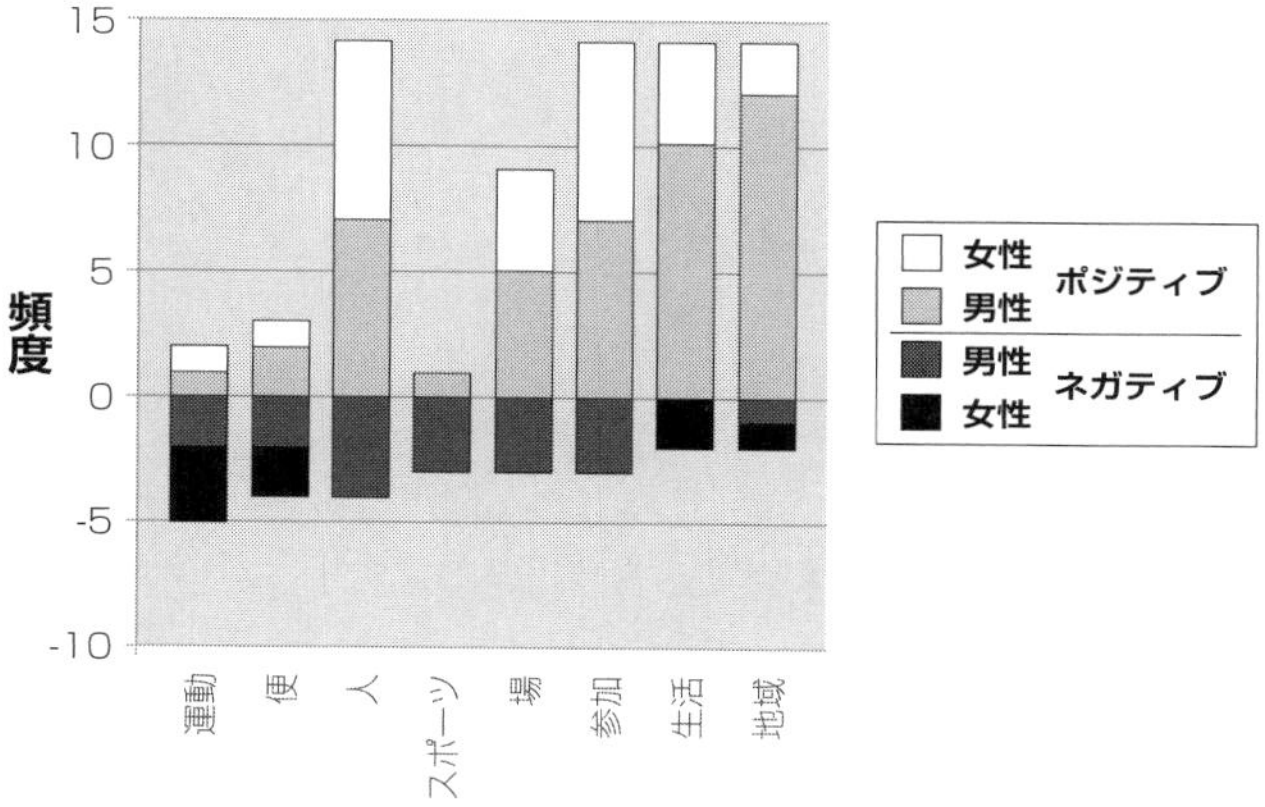

図 6　不評語ランキング（男女別集計）

います。特に、〝人〟、〝参加〟、〝場〟、〝南区〟、〝活動〟、〝交流〟に関する否定的な意見（要望）は男性だけで、男性は社交的な場や活動に消極的であると判断されます。一方、〝生活〟と〝高齢者〟に関する否定的な意見（要望）は女性だけです。

対応バブル分析（属性と係り受け表現の関係）

対応バブル分析（図７）から以下のことが読み取れます。

・男性と女性の距離が比較的離れています。これは男性と女性の意見（要望）に隔たりがあることを意味します。

・男性の丸印は女性の丸印と比較して大きく、男性の意見（要望）が女性よりも多いことを意味します。しかし、男性は〝人—多い〟、〝南区—多い〟、〝必要—思う〟という係り受け表現と関連が深く、人・モノ・ことの多少や必要性と関連する表現をしているが、何をしたいのか、何をしてほしいのか、意見（要望）としては不明確です。一方、女性は〝場—欲しい〟、〝高齢者—楽しむ＋できる〟、〝場—提供〟、〝場—作る＋したい〟という係り受け表現と関連が深く、どのような活動をしたいのか、どのような場がほしいのか、明確に意見（要望）を述べています。

対応バブル分析（図８）から以下のことが読み取れます。

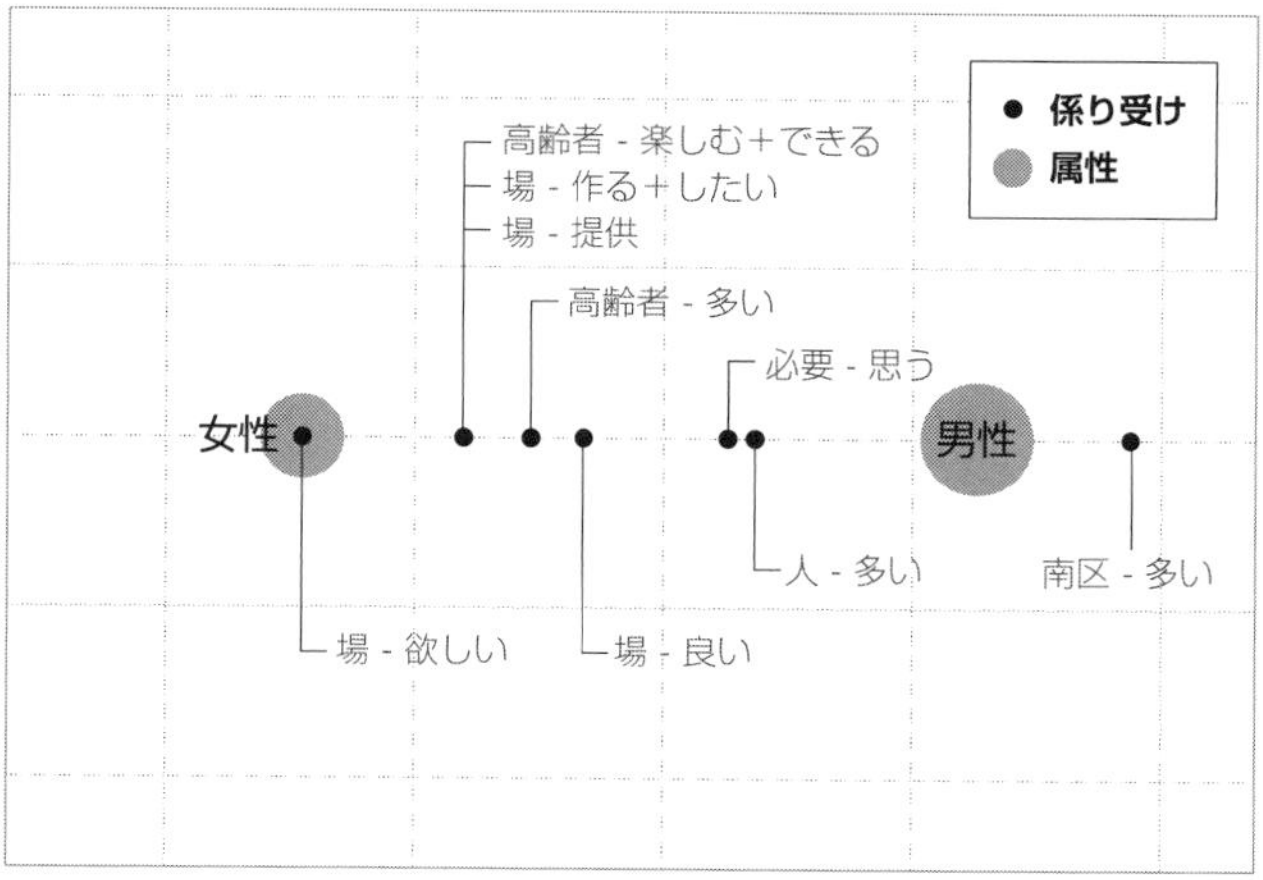

図 7　対応バブル分析
（ことばを介した男女の特徴比較）

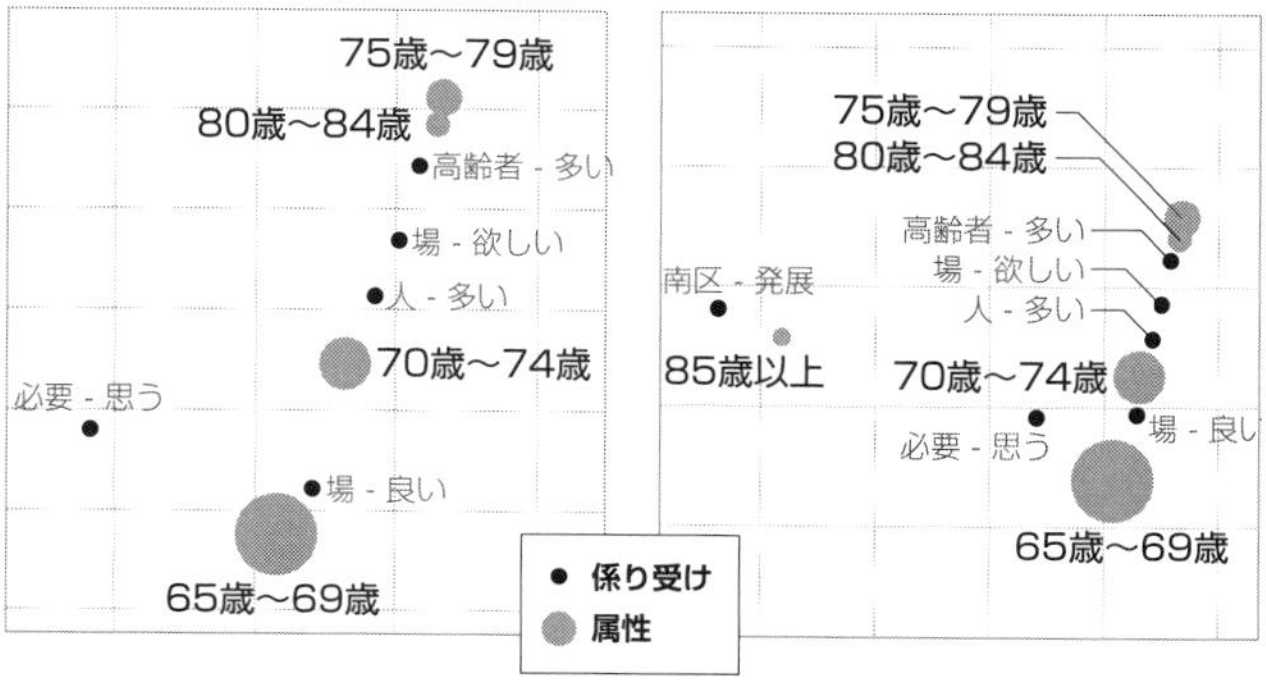

図 8　対応バブル分析
（ことばを介した年齢区分の特徴比較）

・65歳〜69歳の丸印が一番大きく、70歳〜74歳から75歳〜79歳・80歳〜84歳・85歳以上の順に丸印は小さくなっています。これは65歳〜69歳の意見（要望）が一番多く、年齢が上がるにしたがって意見（要望）が少なくなっていることを意味します。

・65歳〜69歳と70歳〜74歳の丸印は比較的距離が近いといえます。同様に、75歳〜79歳と80歳〜84歳の丸印はかなり距離が近いですが、区分１（65歳〜69歳）・区分２（70歳〜74歳）と区分３（75歳〜79歳）・区分４（80歳〜84歳）の丸の距離は比較的離れています。また、85歳以上の丸印は、他の年齢区分のいずれとも距離がかなり離れています。距離の近い／遠いは意見（要望）の近い／遠いを意味します。

・65歳〜69歳の意見（要望）は、〝場—良い〟という係り受け表現と関連が深いといえます。同様に、70歳〜74歳の意見（要望）は、〝人—多い〟、〝場—欲しい〟という係り受け表現と、75歳〜79歳・80歳〜84歳の意見（要望）は、〝高齢者—多い〟という係り受け表現と、85歳以上の意見（要望）は、〝南区—発展〟という係り受け表現と関連が深いといえます。

・〝場—良い〟と〝場—欲しい〟という似通った係り受け表現から見ても65歳〜69歳と70歳〜74歳の意見（要望）は比較的近く、同様に、〝高齢者—多い〟というほぼ共通の係り受け表現を持つことから75歳〜79歳・80歳〜84歳の意見（要望）はかなり近いといえます。〝南区─発展〃という係り受け表現は、どの係り受け表現とも距離が大きく離れており、これらの位置関係からも85歳以上の意見（要望）は他の年齢区分のいずれの意見（要望）ともかなり離れていることがわかります。

まとめと考察

「札幌市南区在住65歳以上高齢者の健康に関するニーズ調査」において、「札幌市立大学ＣＯＣキャンパスで行なって欲しいことや期待することを何でもお書きください」との主旨の質問に対する８９２人の回答文書データ（総単語数１万８８７）をテキストマイニング分析した結果、次のことが明らかになりました。

(1)　回答者１人当たり平均57・５文字で回答しており、比較的簡潔に意見（要望）を記述していました。

(2)　形容詞と副詞を合わせた出現回数が９０７（８・33％）と少なく、感性的・感情的な回答は少なかったと判断されました。

(3)　回答者はすべての年齢区分で女性より男性の方が多くなっていました。これは世帯を代表して男性が多く回答したことによるものと推測されます。また、年齢が上がるにしたがって男女ともに回答者数は漸減していました。

(4)　〝場所─欲しい〟、〝場─欲しい〟、〝施設─欲しい〟など、高齢者が集い活動する〝場所〟や〝場〟に関する意見（要望）が多く出ていましたが、これらの意見（要望）は女性から多く、女性の方が地域での交流や活動の場を積極的に求めていることがわかりました。

(5)　年齢別の比較では、〝場所─欲しい〟や〝場─欲しい〟の意見（要望）は70歳～74歳から最も多く出ていましたが、80歳～84歳、75歳～79歳と続いており、交流や活動の場を求める健康で積極的な高齢者が多いと推測されます。

(6)　高齢者が楽しく参加できる活動や自由に使える場所・場についての肯定的な意見（要望）は男性よりも女性が多かったことが肯定的・否定的な係り受け表現の抽出から明らかとなりました。活動や場所・場に関する否定的な意見（要望）はありませんでしたが、郵送されてきた封筒に説明資料が入ってなかったとの否定的な意見（要望）がありました。

(7)　肯定的な意見（要望）は全体的に男女でほぼ同等でしたが、〝地域〟や〝生活〟に関する肯定的な意見（要望）は圧倒的に男性が多く、〝場所〟、〝利用〟、〝活動〟に関する肯定的な意見（要望）は女性に多かったことが肯定的・否定的なことば（単語）の抽出から明らかとなり、女性は社交的な場や活動に積極的であることがわかりました。否定的な意見（要望）は、全体的に男性から多く出ていました。特に、〝人〟、〝参加〟、〝場〟、〝南区〟、

〝活動〟、〝交流〟に関する否定的な意見（要望）は男性だけであり、男性は社交的な場や活動に消極的であることがわかりました。一方、〝生活〟と〝高齢者〟に関する否定的な意見（要望）は女性だけであり、女性は生活に対する一抹の不安を脳裏に浮かべてものごとを考えていると推測されます。

(8)　対応バブル分析の男女比較から、男性は女性よりも多く意見（要望）を述べていますが、何をしたいのか、何をしてほしいのか、不明確でした。一方、女性はどのような活動をしたいのか、どのような場がほしいのか、明確に意見（要望）を述べていました。

(9)　65歳～69歳と70歳～74歳の意見（要望）は比較的近く、同様に、75歳～79歳と80歳～84歳の意見（要望）はかなり近いが、区分1（65歳～69歳）・区分2（70歳～74歳）と区分3（75歳～79歳）・区分4（80歳～84歳）の意見（要望）は比較的離れていることが対応バブル分析の年齢区分比較から明らかとなりました。また、85歳以上の意見（要望）は他の年齢区分のいずれの意見（要望）ともかなり離れていることが明らかとなりました。

札幌市南区在住65歳以上高齢者の健康ニーズ調査で収集した大容量文書データのテキストマイニング分析から、高齢者の潜在的要望や活動欲求などを抽出することができたと判断しています。また、その過程で得られた新しい知見や分析技術を伝授すべく解説書を作成したことから、今後、地域創生関係者を対象としたテキストマイニング講習会を実施し、分析技術を伝授したいと考えています。

第5部
展望編

第5部

第14章

地（知）の拠点整備事業（COC）

中原 宏

第14回目の講義の担当は、札幌市立大学名誉教授で、札幌市立大学地域連携コーディネーターの中原 宏先生。

長年、まちづくりや地域振興方策の策定に関わるとともに、文部科学省「地（知）の拠点整備事業（COC）」事業担当者として5年間、札幌市立大学のCOC事業を牽引した先生です。本講義では、大学が地域（まち）に創った学び合いのキャンパスについてご紹介頂きます。

これからの大学の役割

これまで「大学公開」や「市民に開かれた大学」の多くは、大学キャンパスの中に市民を迎え入れる方式をとるのが常套でした。このため、高い敷居（？）を超えてキャンパス内に踏み込む人々は、大学に特別な関心を寄せる人が中心であり、結果として「公開」や「開かれた」とはほど遠かったのが実状です。このことから、大学に関心のない人でも大学に近づきやすくなる仕組み・しかけが求められてきました。人生80年時代から100年時代に向かうこれからの時代は、大学が地域（まち）に出て、地域（まち）に学び合いの拠点をつくり、地域（まち）の人々との交流を通して大学と地域（まち）を豊かにしていく視座が肝要です。

ここで取り上げるのは、札幌市立大学の文部科学省補助事業「地（知）の拠点整備事業（COC）[*1]」の5年間の取り組みと、その後の新たな展開についてです。

＊1　Center of Community

「地（知）の拠点整備事業（ＣＯＣ）」

文部科学省は２０１３年度に「地（知）の拠点整備事業」（以下、ＣＯＣ）を公募しました。これは自治体と連携して全学的に地域志向の教育・研究・社会貢献を進める大学等を文部科学省が支援する事業であり、課題解決に資するさまざまな人材・情報・技術が集まる「地域コミュニティ」の中核的存在としての大学の機能強化を図ることを目的としていました。このとき、全国の大学（国立大学86校・公立大学83校・私立大学６０１校）・短大（３５９校）・高専（57校）のうち、３１９校が応募し、札幌市立大学を含む52校が採択されました。

競争率６・１倍の激戦となったのは、18歳人口の減少を背景に、各大学は生き残りをかけて強み・特色づくり、機能強化に奮闘しており、「世界レベルの教育・研究拠点」「特色分野の教育・研究拠点」「地域の教育・研究拠点」の３つへの分化が進んでいたからです。

札幌市立大学の設置目的と札幌市との連携

札幌市立大学は「人間重視」と「社会貢献」を教育目標として、２００６年の開学以来、札幌

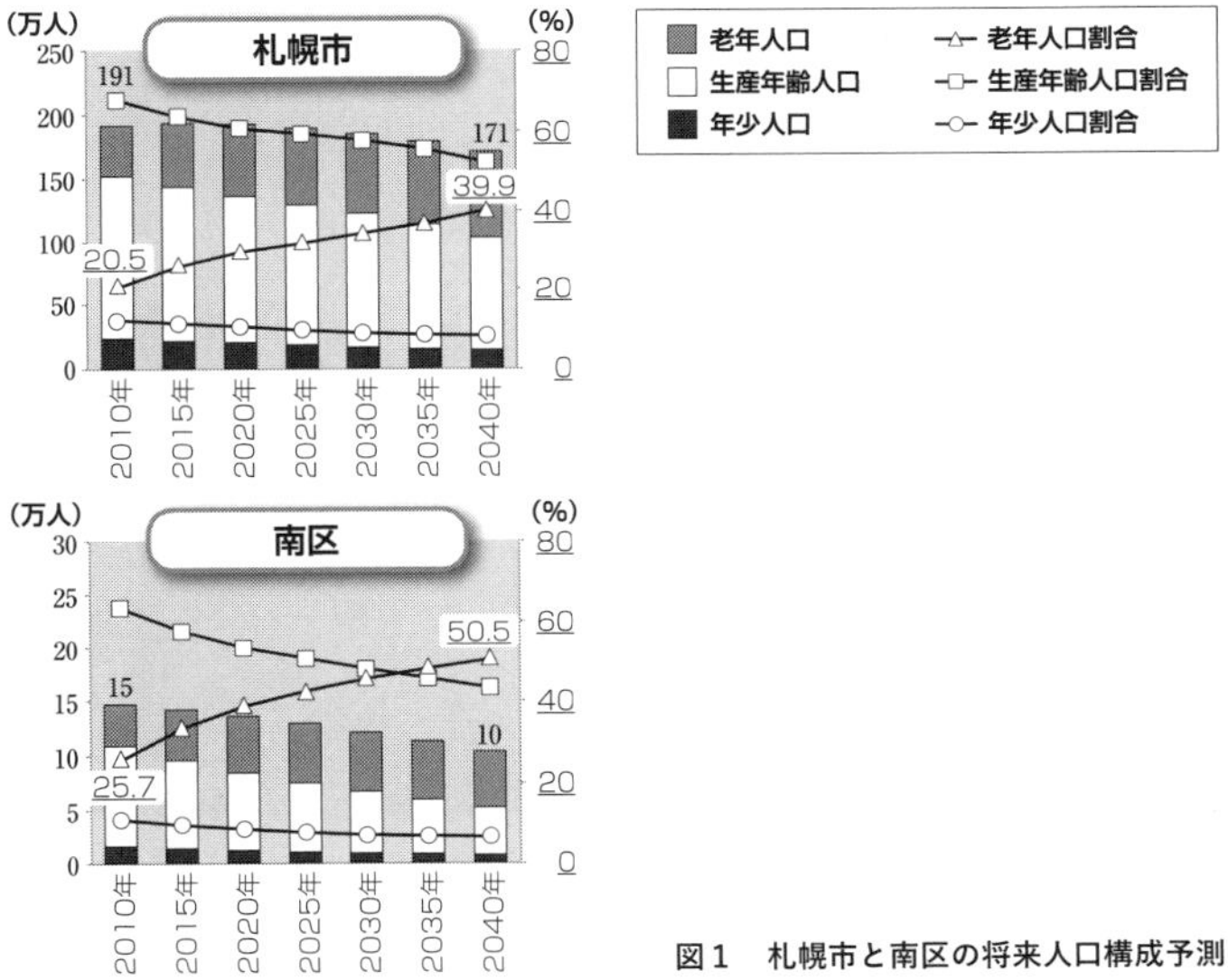

図 1　札幌市と南区の将来人口構成予測

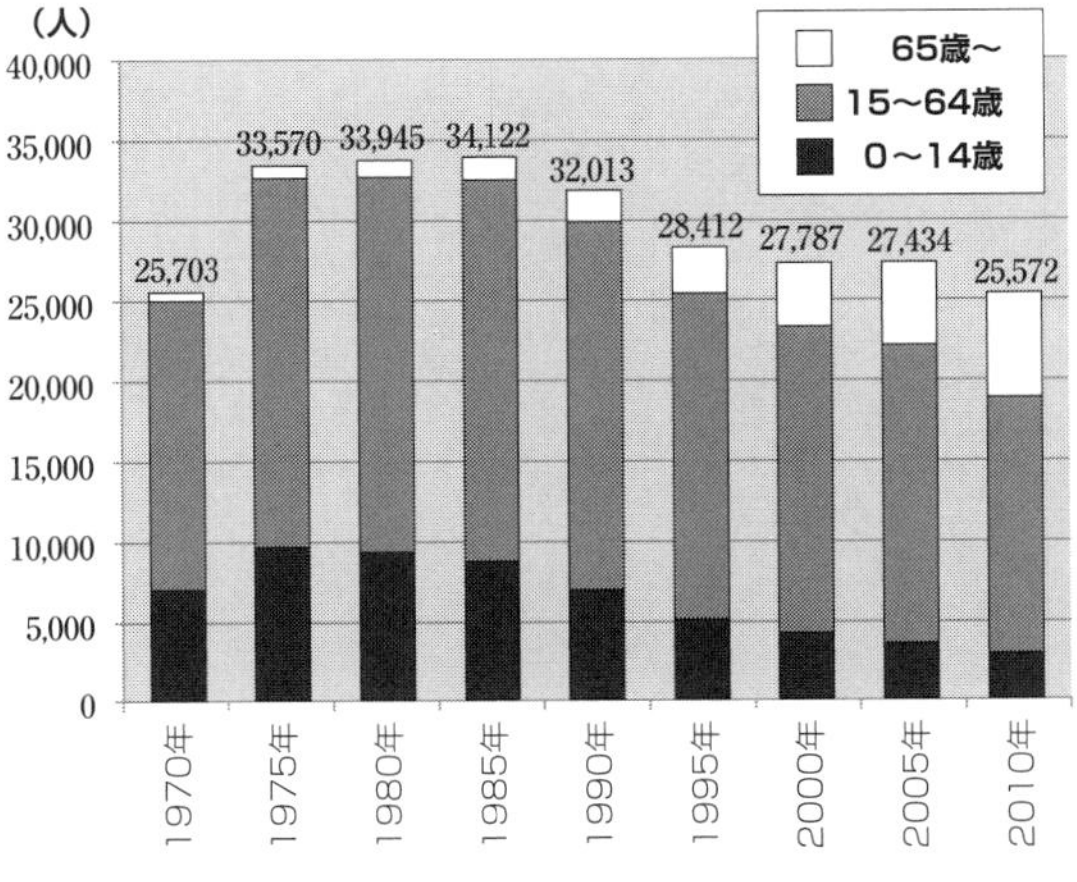

図 2　真駒内地区の人口構成推移

写真１　札幌市立大学と札幌市の連携に向けた意見交換会（2013 年 5 月 15 日）

市をはじめとして多くの自治体や地域、企業との連携研究を推進し、成果を上げてきました。また、第二期経営戦略（２０１２～２０１７年度、学長：蓮見孝）の基本方針のひとつに「地域創成の核となる大学づくり」を掲げていました。

一方、札幌市立大学の立地する札幌市南区は市内10区の中で初めて人口減少に転じた区であるとともに、少子高齢化が最も進行している区です。とりわけ区の中心地である真駒内地区は大規模住宅団地として開発整備が行なわれ、１９７２年札幌冬季五輪のメイン会場となった地ですが、その後の人口減少と少子高齢化の進行に伴う課題や小学校の統合と閉校後の跡利用、公共施設の老朽化などの課題を抱えている地区です（図１、２）。このため、札幌市は今後、市内他区でも同様の課題が生じることを視野に、南区をモデル地域とした地域課題解決の取り組みを進めることとしていました。[*2]

こうして、札幌市立大学と札幌市は互いに連携してCOCに応募し、事業採択後も連携してCOCの取り組みを進めることとなったのです（写真1）。

札幌市立大学COCの特徴

札幌市立大学COCの事業名称は「ウェルネス×協奏型地域社会の担い手育成『学び舎』事業」[*3]です。この事業は、札幌市と連携し、廃校となった小学校[*4]の一部に地（知）の拠点「COCキャンパス」を新設し、ここを多世代・多セクターが学び合う「学び舎」として整備し、「地域志向」の教育・研究・社会貢献活動を推進するものです（図3、写真2）。

札幌市とくに南区では、少子高齢化が進み、コミュニティの再構築、地域の魅力ある顔づく

＊2　札幌市市民まちづくり局：真駒内駅前地区まちづくり指針、2013年。

＊3　事業名称のキーワード「ウェルネス」「協奏型地域社会の担い手育成」「学び舎」はそれぞれ「研究」「教育」「社会貢献」のカテゴリー対応となっている。

＊4　旧真駒内緑小学校。真駒内地区ではそれまで4校あった小学校が、2012年3月末、2校に統廃合された。札幌市との連携により、閉校となった旧真駒内緑小学校内に札幌市立大学COCキャンパス「まちの学校」を設置することとなった（札幌市より無償貸与）。

り、高齢者のウェルネス支援[*5]が課題となっていることから、この課題解決に向け、デザインと看護の専門性を有する札幌市立大学が、ウェルネス支援や地域の活性化に貢献する人材を育成するなど、地域志向プロジェクトを地域住民と協働して展開します。あわせて、両学部の学生がCOCキャンパスで地域の現状を体感し、それぞれの知識・技能・技術を活用して共に課題の解決策を提案します。その過程で学生は課題発見力、協調性、企画力、交渉力、

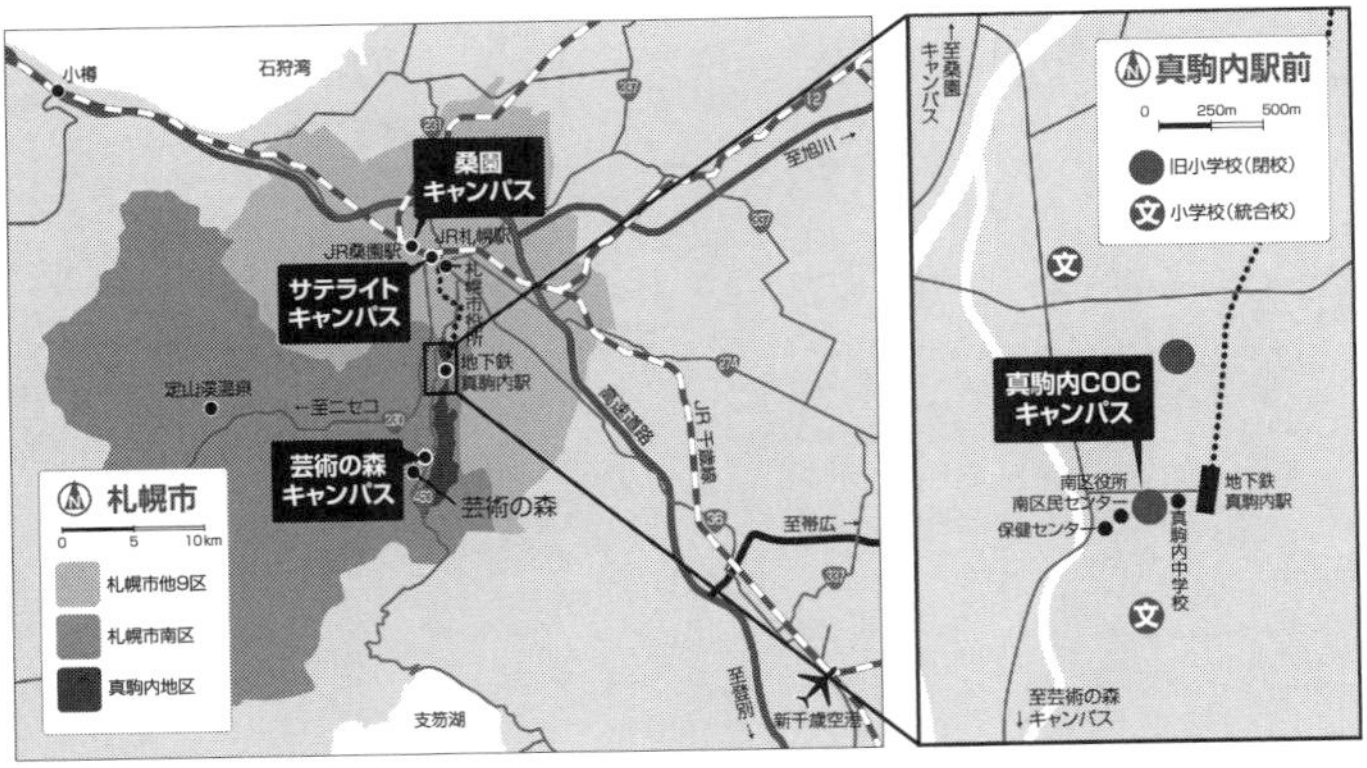

図3　札幌市立大学「COC キャンパス」の位置

写真2　札幌市立大学「COC キャンパス」の入居する「まこまる」の外観

コミュニケーション力、実践力を養い、「専門性を実社会に活かす力」を獲得することを目指すこととしました（図４）。

札幌市立大学ＣＯＣの実績と成果

２０１３年８月のＣＯＣ事業採択を受け、直ちに事業を開始しました。さらに２０１５年５月より「まこまる」*6（旧真駒内緑小学校）内に札幌市立大学ＣＯＣキャ

＊５　生涯にわたり、「健康で」「楽しく」「生き甲斐がもてる」状態を意味する。

＊６　「まこまる」は札幌市南区の「多世代交流・地域連携の場」として、公募により旧真駒内緑小学校に命名した愛称である。なお、２０１４年度は施設の耐震改修工事を行なう必要があり、「まこまる」オープンは２０１５年度である。同施設には札幌市立大学「まちの学校」に加え、「ちあふる・みなみ（保育・子育て支援センター）」（札幌市南区）、「Coミドリ（子どもの体験活動の場）」（ＮＰＯ法人さっぽろ　ＡＭスポーツクラ

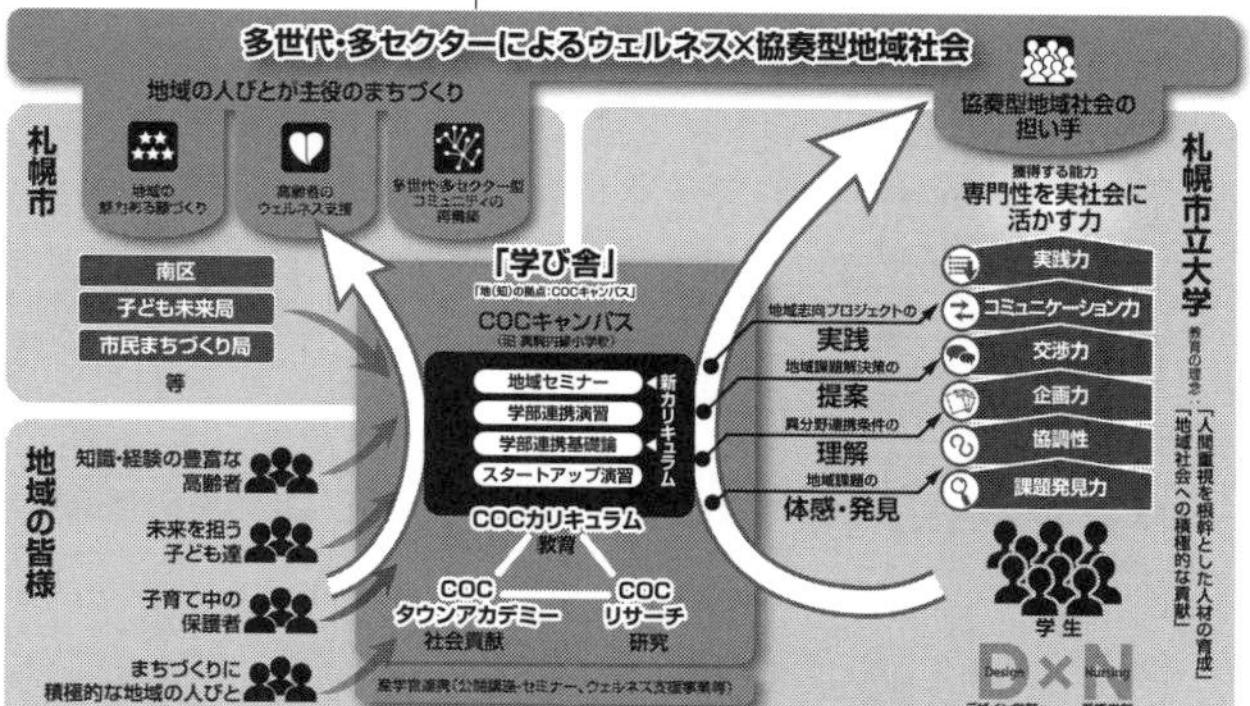

図４　札幌市立大学 COC 事業のコンセプト

ンパス「まちの学校」が開設され、名実ともに本格的にCOC事業を推進してきました（図5）。事業期間全5カ年の主な事業の構成と、実績・成果は次のとおりです。

COC事業推進のための仕組み

活動開始にあたり、①COC事業を札幌市立大学が取り組む最重要事業と位置づけ、全学で認識を共有する、②学長が先頭に立ちリーダーシップを発揮しながら、全教職員が参加・参画する活動に育てる、③教育の改革を最重視しながら、研究、社会貢献を三位一体で推進する、の三指針に基づき、事業担当者を中核とする全教員・主要事務局職員参加方式による全学体制の組織を早期に構築しました。

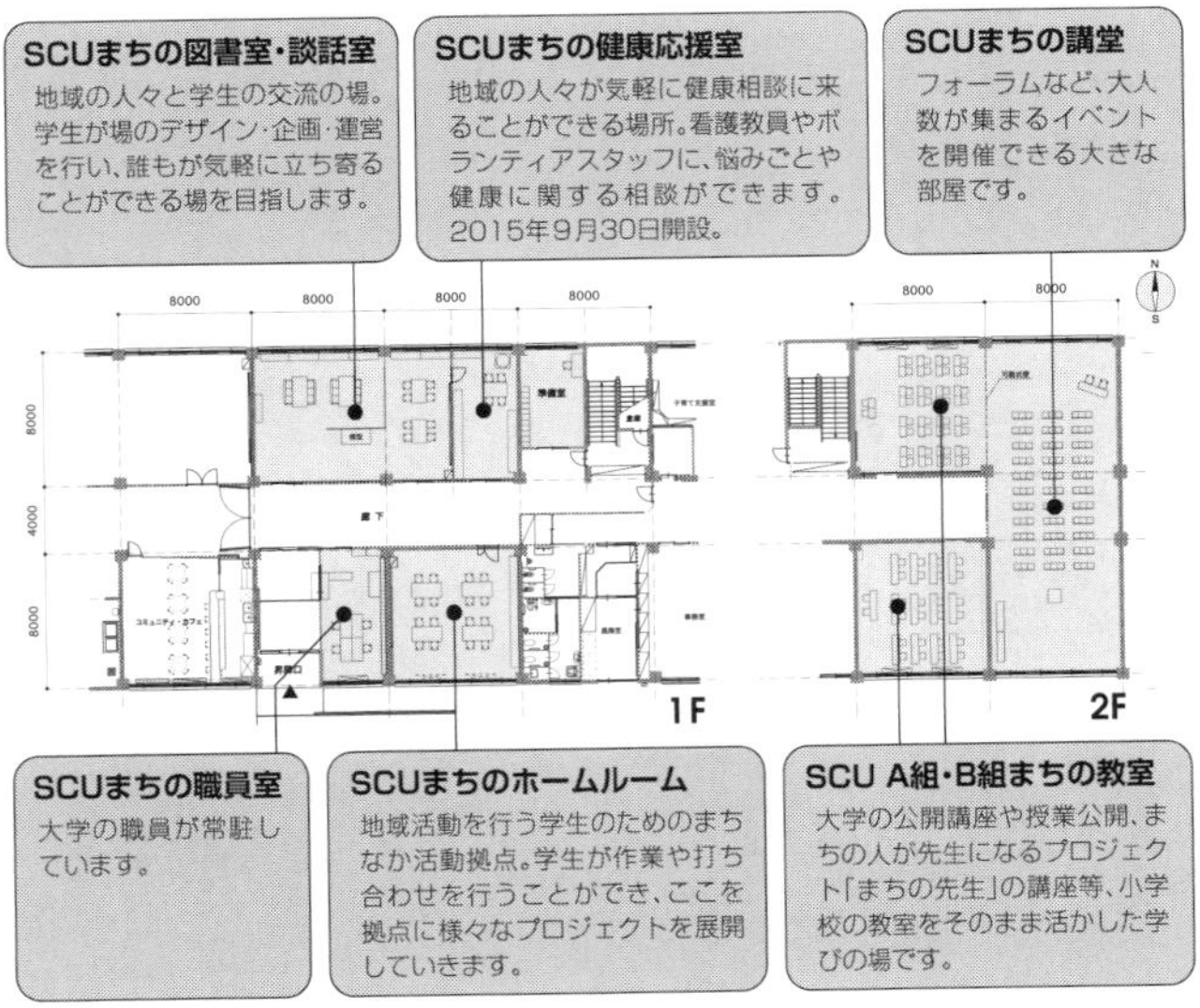
SCUまちの図書室・談話室
地域の人々と学生の交流の場。学生が場のデザイン・企画・運営を行い、誰もが気軽に立ち寄ることができる場を目指します。
SCUまちの健康応援室
地域の人々が気軽に健康相談に来ることができる場所。看護教員やボランティアスタッフに、悩みごとや健康に関する相談ができます。2015年9月30日開設。
SCUまちの講堂
フォーラムなど、大人数が集まるイベントを開催できる大きな部屋です。
1F
2F
SCUまちの職員室
大学の職員が常駐しています。
SCUまちのホームルーム
地域活動を行う学生のためのまちなか活動拠点。学生が作業や打ち合わせを行うことができ、ここを拠点に様々なプロジェクトを展開していきます。
SCU A組・B組まちの教室
大学の公開講座や授業公開、まちの人が先生になるプロジェクト「まちの先生」の講座等、小学校の教室をそのまま活かした学びの場です。

図5　COCキャンパス「まちの学校」の見取図

まず、ＣＯＣ事業の学内意思決定機関として、学長、部局長と事業担当者で構成するＣＯＣ推進会議（議長：学長）を設置し、この下に各取り組みを実質的に推進するチーム組織を編成しました。チーム組織は取り組み内容から「教育」「研究」「社会貢献」の三大事業と、これを支援する「広報」の４つに区分し、それぞれ「教育改革推進チーム」「研究企画推進チーム」「学び舎企画推進チーム」「広報企画推進チーム」としました。これら各チームをさらに２〜３の班で業務分担することで、きめが細かく実効性のある活動を推進できる体制としました。

とくに教育改革を担う「教育改革推進チーム」については、全学委員会である教務・学生連絡会議や、両学部の教務委員会メンバーと一致するよう人員配置を行ないました。社会貢献活動を行なう「学び舎企画推進チーム」については事業開始当初「真駒内夜学校」「たまり場・しゃべり場」「シニアアカデミー」の３班に区分して事業推進してきましたが、２０１４年度より地域住民向けにわかりやすく親しめる呼称・愛称として、各々「まちの教室」「まちの談話室」「まちの先生」と変更しました。なお、２０１５年度より、看護学部を有する札幌市立大学の特徴を活かして、地域住民の健康相談・助言を行なう「まちの健康応援室」も開設しました。「広報企画推進チーム」は大学ＨＰ等で、ＣＯＣの推進をアピールするとともに、市の広報誌も活用し、ＣＯ

↗ブ他、民間事業者2社）、「真駒内教育指導相談室・まこまる教育相談室」（札幌市教育委員会）も入居して活動している。

Cのプレゼンスを高める活動や、毎年度の事業報告書の刊行、成果報告会の企画・運営を行なう業務を担うものとしました。

また、チーム・リーダー、サブリーダーが一堂に会する幹事会を毎月定例開催し、事業に係る進捗状況確認や、情報共有、企画・実施の協議・決定を行なうこととしました。加えて、COC特任教員1名（2014、2015年度は2名）と臨時職員2名（2014、2015年度は3名）の体制でCOC事務局の運営を行なうこととしました。さらに、COC事業に係る評価については事業評価部門（学内委員2名、学外委員5名）*7で年度のCOC事業に係る事業評価を実施し、次年度の改善を図ることとしました。また、本事業を円滑

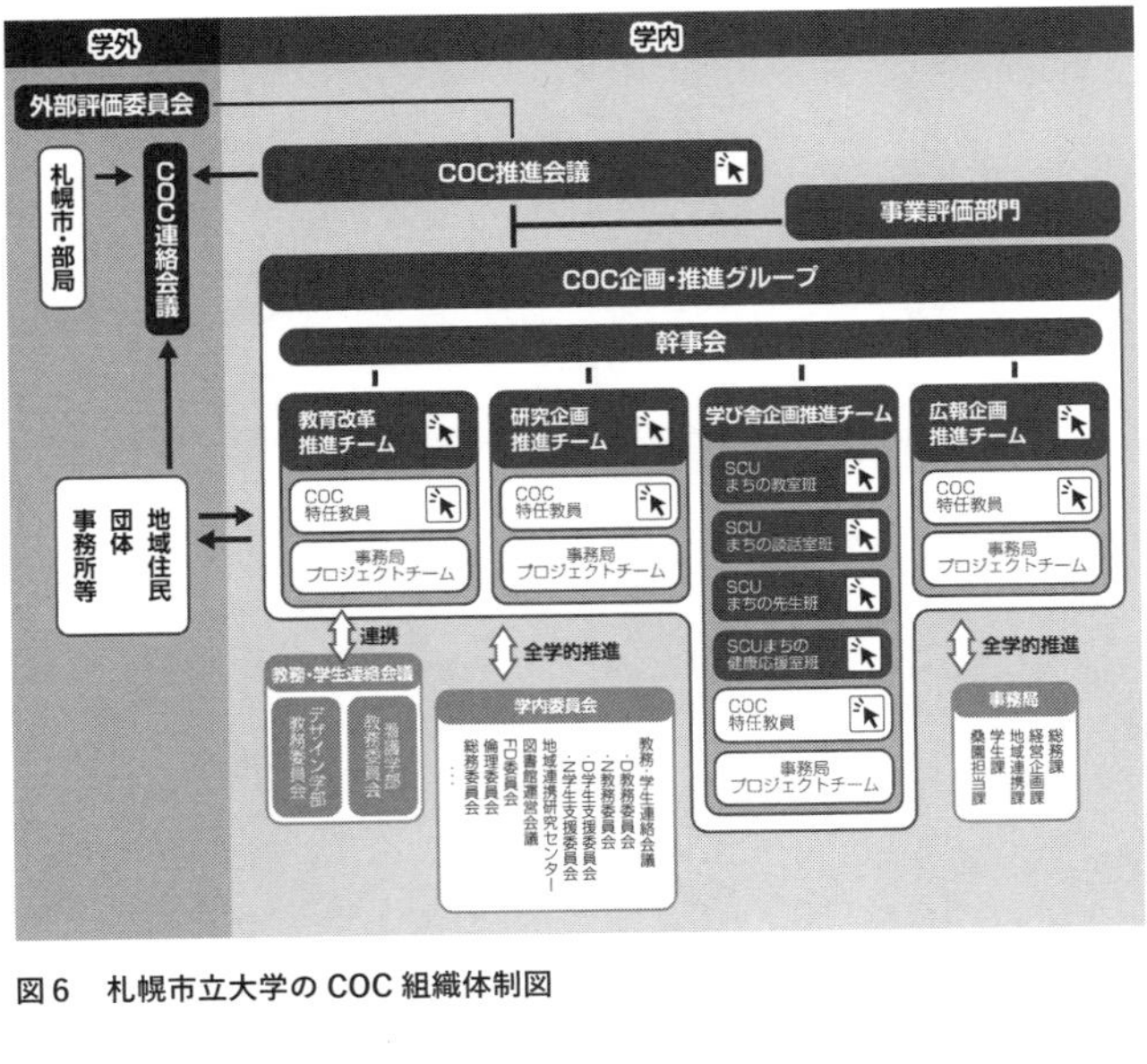

図6　札幌市立大学のCOC組織体制図

に進めていくため、地域住民、札幌市の関係部局と札幌市立大学が協議、情報交換を行なう「COC連絡会議」を設置して、定期的に意見交換を行なうこととし、地域住民と札幌市、札幌市立大学による三者が連携・協力を維持・強化していく体制としました（図6）。

教育：異分野連携教育の拡充と地域志向の強化によるカリキュラム改革

教育改革推進チームではこの5年間、地域志向を有する人材育成を、学内教育カリキュラムに明確に位置づけ、「異分野連携の深化」「地域志向科目の増強」「地域志向科目のシラバスへの反映」の3点を目的に活動を行なってきました。

①　異分野連携の深化

開学時より実施してきた学部間連携科目である「スタートアップ演習[*8]」と「学部連携演

＊7　学内委員2名については、COCは学部教育を対象としたことから、公正性を保つべく大学院教育の責任者である大学院デザイン研究科と看護学研究科の両研究科長を充てた。学外委員5名については、教育（大学教授2名）、研究（公設研究機関理事1名）、社会貢献（地域団体顧問1名）、行政（札幌市部長1名）の分野からそれぞれ委嘱した。

＊8　「デザインと看護の連携」をテーマとしたプロジェクト活動を通じ、大学や地域という新しい舞台・環境に一日も早く慣れることを狙いとした演習（必修科目）。後半は、小人数編成のグループによるプロジェクト活動を企画・実施し、チーム活動の成果をまとめ発表・報告する。これらの活動を通じ、教員と学生、学生間のコミュニケーションを深め、連携力を養うとともに、地域に対する関心や貢献の姿勢、4年間の学生生活や将来の職業生活への展

習」[9]の2つを核として、より深い連携教育を、地域を題材とした演習を行なうことで実現させてきました（図7、写真3）。

②　地域志向科目の増強

上述の演習をつなぐ新設科目として、「学部連携基礎論」[10]の設計を行なうことで、両演習を段階的に深化させる仕組みを作り上げ、２０１７年度より開講させました。また、これら3科目の学びを地域活動として実践するため、「地域プロジェクトⅠ（基礎編）」「地域プロジェクトⅡ（応用編）」「地域プロジェクトⅢ（発展編）」[11]を整備し、地域志向科目の骨格となる科目群を完成に導くことができました（図８）。

③　地域志向科目のシラバスへの反映

2年間にわたる教員の合意形成の過程を

図7　2015年度学部連携演習概要

経て、各科目の地域志性についてシラバスに明記しました。さらに、すべての開設科目を対象とした地域志向性に係る調査を実施した結果、申請時に掲げた目標を上回る地域志向科目を整備するに至りました。

望を育てる。

＊9　デザイン学部と看護学部の3年次の学生が、相互の専門性を活かして地域の課題に取り組む実践型の授業。両学部の学生を少人数グループに編成し、学部連携基礎論により札幌市南区の地域に見出したテーマや課題に対して10地区の現地で学び、学生が共同・協力して課題解決に取り組み、さまざまな提案を行なっていく必修科目。最終回には地域関係者を招聘した公開成果発表を行なう。

＊10　札幌市南区の各地域の特徴と課題をそれぞれの専門的視点から分析し、課題発見のプロセスや、相互の専門性や異分野連携に必要な基礎的知識・技術・態度を学び、3年次の学部連携演習に備える必修科目。授業の前半では、地域についての基礎知識を学ぶ他、デザイン学部・看護学部の教員による交換授業において、両学部の学生がお互いの学問領域の基礎や実践方法など相互の専門性を理解する。後半では、札幌市南区の各地域について特徴や課題把握、課題解決方法をグループごとに討議し、両学部全員で成果発表を行なう。

＊11　教員が立案・計画した地域志向のプロジェクトに学生が参加し、地域の活性化を目指した実践的活動を行なう自由科目。基礎・応用・発展の参加レベルに応じて「地域プロジェクトⅠ」「地域プロジェクトⅡ」「地域プロジェクトⅢ」の科目を1～4年次の中で段階的に履修することができる。

写真 3　2014 年度学部連携演習 成果報告会の風景

図8　COCによる教育改革の成果

以上のように、教育改革チームの成果は、デザイン学部と看護学部に開設された従前の科目の地域志向性を活用しながら、最小限の新設科目を追加する方式により、教育改革を実施することであり、5年間に築いた礎を将来にわたり、存続可能なカリキュラムに昇華したことです。

研究：ウェルネス×協奏型地域社会の構築に寄与する研究の推進

札幌市立大学COCでは、対象地域の課題解決に寄与する、ウェルネス×協奏型地域社会の構築を目的とした研究を「COCリサーチ」として位置づけ、次の取り組みを行ないました。

①　ウェルネスサイエンス研究の推進

「ＣＯＣリサーチ」については、全学教員（82名）を対象とする競争的研究資金（「地域志向」研究のための研究費補助制度）を２０１３年度に「ＣＯＣ共同研究費」として創設し、積極的に支援することとしました。２０１４~２０１７年度の「ＣＯＣリサーチ」としては計12件の研究を採択するとともに、研究を担当した教員は両学部合わせ延べ73名でした。また、年度ごとに研究成果報告書を発刊するとともに、ＷＥＢ上にも掲載しました。

② 研究基盤の整備・研究関連調査
　学内の教員が実施している「地域志向」の研究動向の実態調査を実施するとともに、学内における「地域志向」の研究への意識づけ強化を行ないました。

③ 高齢者ニーズ調査の実施とデータ有効活用の検討
　札幌市南区在住の高齢者９０００名を対象とする「健康に関するニーズ調査」を２０１３年度に実施するとともに、分析結果を基に南区住民を対象とした報告会を２０１４年度に開催しました（写真４）。ま

写真４　「健康に関するニーズ調査結果報告会」2014

た、データの活用方策について検討するとともに、データの学内公開を行ないました。

社会貢献：コミュニティの再構築等の地域課題の克服に寄与する社会貢献活動の展開

札幌市立大学ＣＯＣでは、対象地域の課題解決に寄与するウェルネス×協奏型地域社会の構築を目的とした社会貢献活動を「ＣＯＣまちの学校」として位置づけ、これをさらに、①まちの教室、②まちの談話室、③まちの先生、④まちの健康応援室の４事業に区分して全学的に展開しました。

このうち「①まちの教室」とは、学内専任教員全員が行なう地域住民向けの公開講座・セミナー・授業公開であり、デザイン学・看護学の最先端の講義を地域住民に対して行ない、地域貢献を図るものです。公開講座は、事業期間合計で２９６回（教員登壇者総数：２４１人）を実施しました。なお、デザイン学部・看護学部のすべての専任教員が企画立案・講座の講師として運営に関わることを目ざした全学運営率は、事業期間累計で90％となり（デザイン学部：92％・看護学部：88％）、ほぼ目標を達成しました（図９）。

「②まちの談話室」は、多世代・多セクターの地域住民交流の場の開設と企画・運営事業です。地域住民のウェルネスを創出する場を設定するとともに、各種事業やイベントを開催し、大学と地域との交流活動を活性化するため、次の取り組みを展開しました（図10）。

・多世代・多セクターによる協奏の場づくりの先進事例の調査
・地域防災に係る企画
・図書室・談話室の運営
・ばくりっこ掲示板（不用品の提供掲示）の運営
・地域住民が札幌市立大学の教育研究活動への理解を深める展示企画の実施
・地域住民の交流を促す企画の実施（まちの小さな音楽会、演劇、ボードゲームなど）

図 9　「まちの教室」の取り組み

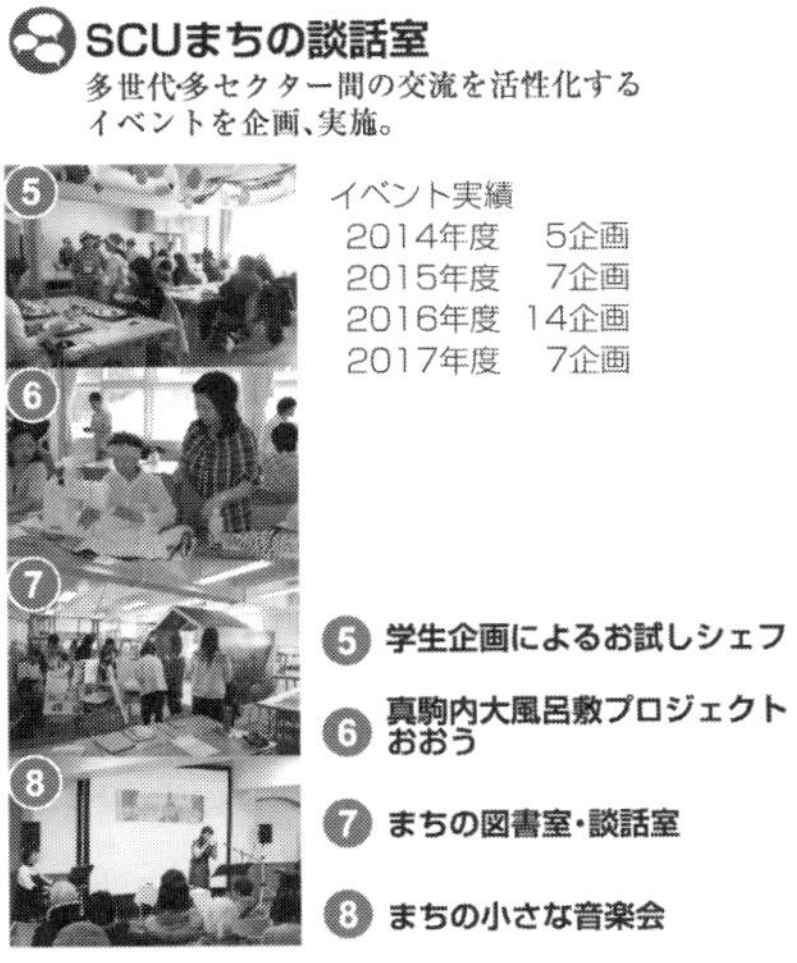

図 10　「まちの談話室」の取り組み

・コミュニティカフェ運営に関するアドバイスの実施と「お試しシェフ」の実施

「③まちの先生」は、専門知識・技能を有する地域住民が講師となって地域住民の生涯学習講座を担う場の企画・運営事業です。事業終了後は地域住民が自立して講座等を運営・活動できる仕組みと講座を通じたコミュニティを構築することを目指しました。２０１５～２０１７年度は、市民と教員（まちの先生班メンバー）による「まちの先生」運営委員会を毎月開催するとともに、講師となる住民の企画募集と「まちの先生」の夏期・秋季・冬期講座を計59講座開講しました（図11）。

「④まちの健康応援室」とは地域住民向けの健康チェック・健康相談事業です。看護学部を有する札幌市立大学の専門性を活かした地域住民へのウェルネス支援事業の一環として、札幌市で最も高齢化が進む南区を中心に、地域住民の健康・生活に関する相談、助言を行なう「まちの健康応援室」をＣＯＣキャンパスの一室を専用スペースとして、２０１５年９月に開設しました。これは当初、ＣＯＣ事業計画には盛り込まれていなかったものです。看護学部教員と、保健師・看護師・薬剤師・管理栄養士などの専門資格をもつ有資格ボランティア（20名登録、16名活動中）の協働によって相談への対応体制をつくり、地域の方の相談や健康チェックに当たりました。また、ボランティアと教員によるミーティングを年２回開催し、協働で活動する意識を高めました。開設以降、１５００名以上の市民が来室するとともに、地域への出張活動も実施しました（図12）。

さらに、地域貢献活動に興味のある学生を支援する目的で、COC STUDENT PLAZAという仕組みを企画し、特任教員が相談窓口となり、学生の地域貢献活動を支援しました。２０１４年度12名、２０１５年度18名、２０１６年度11名の登録がありました。これらの学生は「まちの図書室・談話室」の整備、「まちの健康応援室」の支援、Coミドリでの遊びの支援、「まちの学校」でのイベント、「まこまる」プレーパークの遊具のデザインや、健康づくりサークル等の活動を行

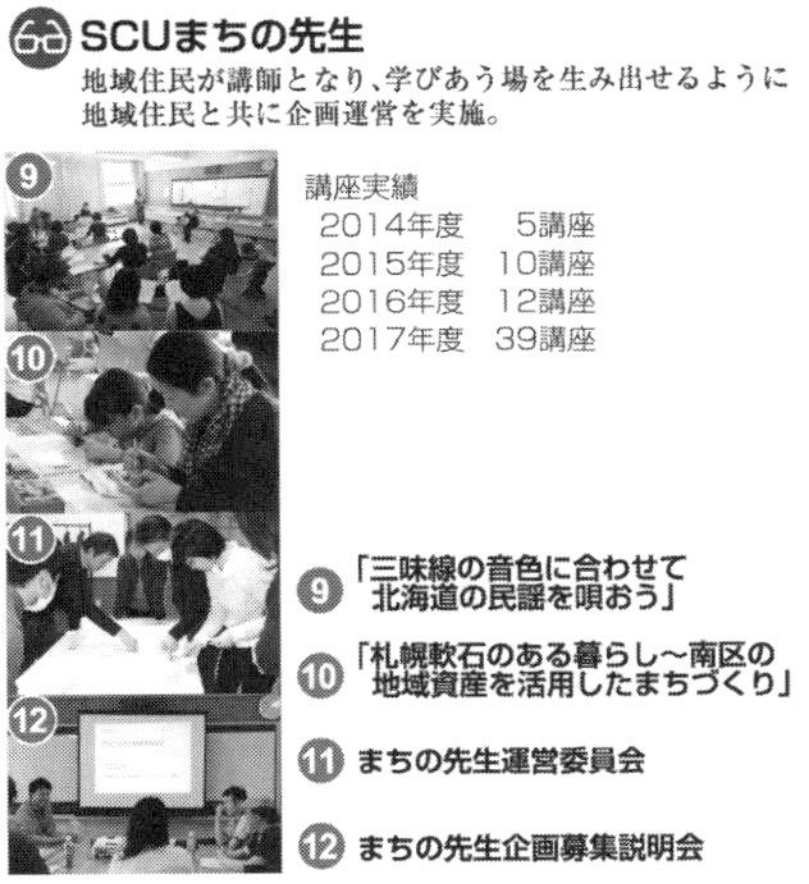

図 11 「まちの先生」の取り組み

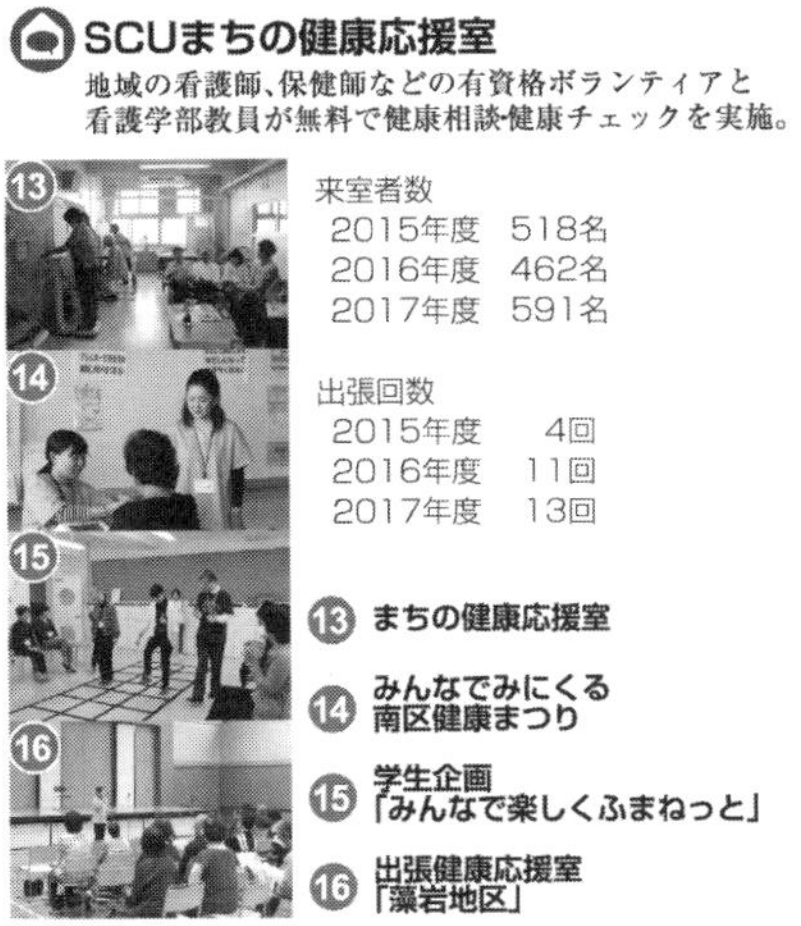

図 12 「まちの健康応援室」の取り組み

ないました。２０１７年度は、「みんなで楽しくふまねっと」の企画・活動支援を行ないました。

広報・記録活動

ＣＯＣ広報企画推進チームは、「教育改革推進チーム」「研究企画推進チーム」「学び舎企画推進チーム」が推進する事業を、地域・社会へつなげる支援を目的としたチームです。主に、他チームの活動の記録、成果の社会への発信を目的としています。

具体的な活動としては以下の取り組みを行ないました。

①　コミュニケーションメディア（事業概要紹介パンフレット、専用封筒、事業説明プレゼンテーション用スライド、横断幕、案内ポスター、リーフレット等）の作成
②　ＩＣＴを活用した広報活動（ＣＯＣ広報ウェブサイトの構築・運用・改善）
③　映像によるＣＯＣ事業記録
④　ＣＯＣ催事イベントの企画・運営
⑤　ＣＯＣキャンパス内のサインデザイン
⑥　各種成果報告用パネルの作成
⑦　まちの学校新聞の発行（地域住民への活動周知）
⑧　ＣＯＣ事業報告書の作成

「COCキャンパス」から「まこまないキャンパス」へ

５年間の取り組みを通し、全教職員と学生が意欲的にＣＯＣ事業に参加することにより、地域に対する意識が大きく変革した点が最大の成果といえます。このことは、前述の「大学を学外に開き地域創成の核となる大学づくり」（第二期経営戦略）を実践したことに相当し、極めて意義深いことです。[*12] このことから、札幌市立大学はＣＯＣ事業終了後も事業の大部分を継承することを全学決定しました。これを受け、施設と組織のあり方について次の方針を定め、札幌市の了承を得ました。

これまで札幌市立大学には「芸術の森キャンパス」「桑園キャンパス」「サテライトキャンパス」の３キャンパスがあり、それぞれ機能別の役割を演じてきました。「芸術の森キャンパス」はデザイン学部・デザイン研究科の立地する札幌市南区「芸術の森地区」のキャンパスであり、

＊12　２０１８年2月17日に「札幌市立大学『まちの学校』のこれまでとこれから」と題してＣＯＣ事業最終成果報告会を開催した。報告会では、これまで札幌市立大学が取り組んできたＣＯＣ事業の成果報告と、今後の取り組みについて説明を行なった。会場からは、デザイン学部と看護学部の専門性を活かして南区に関わって欲しいという意見などがあがった。今後は、地域課題と大学の教育・研究をマッチングさせること、学生の主体的な活動を支援していくことによって、地域と関わっていくことが確認された。

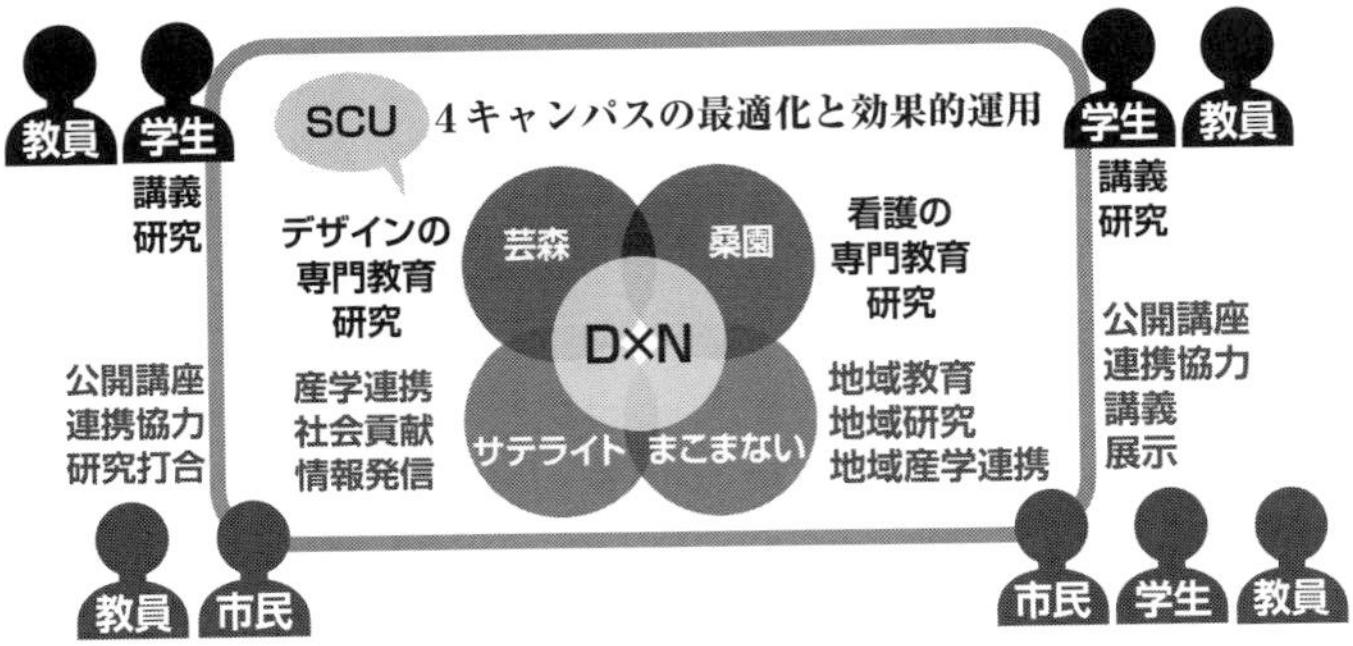

図13　４キャンパスの位置づけ

札幌市立大学のデザイン専門教育・研究の拠点です。また、「桑園キャンパス」は看護学部・看護学研究科の立地する札幌市中央区「桑園地区」のキャンパスであり、札幌市立大学の看護専門教育・研究の拠点です。そして「サテライトキャンパス」は都心の一角、札幌市中央区「ＪＲ札幌駅前地区」のオフィスビルにスペースを持つキャンパスであり、産学官連携や市民公開講座の拠点です。

２０１８年４月からは、これら3キャンパスに加え、「ＣＯＣキャンパス・まちの学校」を、札幌市立大学の第４のキャンパスとして位置づけをし、「まこまないキャンパス」と名称変更することとしました。「まこまないキャンパス」では、教育を通じて地域志向を持つ「持続的なまちづくりの担い手」の育成、地域志向研究の展開、札幌市立大学の知的資源を活用した社会貢献・地域連携を推進する拠点としました（図13）。

また、札幌市立大学ＣＯＣ事業推進組織については事業終了後解散となるため、学内組織のひとつである「地域連携研究センター[*13]」の中の「地域・産学連携部門」が継承することとしました。この部門内に「まこまないキャンパス担当者」（デザイン学部教員）および「健康応援室担当者」（看護学部教員）を配置し、それぞれ「まこまないキャンパス」の活性化に係る企画・運営業務、「健康応援室」の企画・運営業務を担うこととしました。また、「地域連携コーディネーター」を新たに雇用し、地域連携・社会貢献を推進するとともに、地域の活性化に関わる行政、地域住民団体、企業、医療・福祉施設等の学外組織との連携支援業務を担うこととしました。加えて、「まこまないキャンパス」の管理運営・維持のため、常勤の臨時職員を2名「まこまない事務室」に配置しました（図14）。

図14　COC事業の業務移行

COC事業終了後の事業展開は次のとおりです。教育については学部の「スタートアップ演習（1年次）」「学部連携基礎論（2年次）」「学部連携演習（3年次）」「地域プロジェクトⅠ・

＊13　札幌市立大学における研究活動、地域貢献および国内外のネットワークの形成推進を図ることを目的に、2007年4月に設置された組織であり、「地域産学連携部門」「国際交流部門」「産学官金研究交流会実行委員会」「事務部門（地域連携課）」より構成されている。

Ⅱ・Ⅲ（1～4年次）」に加え、大学院デザイン研究科の「地域創成デザインセミナー」「地域プロジェクト演習」等の地域志向教育を継続するとともに、授業や成果を地域に公表する場として活用します。あわせて、「まこまないキャンパス」を「地域プロジェクト」の拠点、南区で実施する看護学部の実習拠点、学生の卒業・修了研究の実験・研究拠点として活用することを奨励します。さらに、地域活性化および魅力発掘に向けて活動をする学生の自主的な活動の場として「まこまないキャンパス」を提供します。

研究については、地域連携研究センターが公募する学内共同研究費の『「まちづくり」』に関わる教育・研究・社会貢献活動」分野に、札幌市、地域住民団体、企業、医療・福祉施設との共同研究を応募することを奨励します。「地域創生デザインに関する研究」「団地再生に関する研究」「ユニバーサルデザイン都市づくりの研究」「地域包括ケアに関する研究」「地域の健康課題に対するウェルネス向上の研究」「地域イベントの効果測定の研究」などが予定されています。

地域連携・社会貢献については、COC公開講座を地域連携研究センターの既存の公開講座に包含し、サテライトキャンパスに加え「まこまないキャンパス」も講座会場としての利用を促進します。「まこまないキャンパス」内の「図書室・談話室」もこれまで同様地域に開放するとともに、地域交流イベントの企画・運営を行ないます。「健康応援室」も継続し、月8日程度の開室に加え、有資格ボランティアの育成・調整、地域への出張活動を行ないます。

こうして、ＣＯＣ事業で培ったノウハウを基に、札幌市立大学は今後も地域志向の教育・研究を推進・深化させるとともに、その成果を地域に還元していきます。

第5部

第 15 章 総論と展望

蓮見 孝

第 15 回目の講義担当は、蓮見 孝先生。
2012 年から 2017 年の 6 年間、札幌市立大学の理事長・学長として地域創生デザイン学の構築に尽力した先生です。全 15 回を通して行なわれた本講義のまとめをして頂きます。

地域創生デザイン論の各レクチャーを受けながら、人が暮らすまちや生活のあり方、またそれを支援するデザインの可能性などについて、いろいろな思いを持たれたことでしょう。一般的な「まちづくり」と、本書のタイトルにある「まち育て」との違いについて理解していただくことはできたでしょうか。

終章にあたり、「デザインとは何か？」という根源的な問いについて再考してみましょう。多くの人はデザインを、「カッコイイかたちを考えること」と捉えるかもしれません。それは、戦後の高度経済成長期に花開いた産業主導型社会の中で、デザインが商品の付加価値づくりに積極的に活用されたからです。

デザインの語源はラテン語に由来し、その概念は、「意図を巧みに表現すること」、すなわち「心をかたちにする行為」と捉えられます。従ってデザインは、デザイナーと呼ばれる専門家の仕事に限定されるものではなく、あらゆる人々によって日常的に実践される人間的な行為といえるのです。

さらに、デザイナーたちが具有している特長的な能力（コンピテンシー）に着目し、その前向きで創造的な思考力を、さまざまな人たちが駆使できるようになれば、私たちが暮らす地域は格段にパワフルに、魅力的になっていくことでしょう。

今日本は、急激な少子高齢化と人口減少の波に晒されており、首相は国会の所信表明でそれを「国難」と表現し建設的な議論の必要性を強調しました。なぜ国難なのか。それは明日の担い手となる年少人口が減少し、逆に高齢者が急増しているからです。生産力が弱く社会的負担を増大させる人たちが増え、社会の活力源である未来を担う若者の数が減っていきます。また人口減少は地方から急速に顕在化しつつあり、暮らしにくくなった地方から首都圏に移住する一極集中の動きも収まりをみせていません。国を支える基盤としての〝人の問題〟が顕在化し深刻化している状況は、植物の根腐れのように社会に強烈なダメージを与え、一気に社会の活力を奪い取る危険性があるのです。

しかし人口の推移をみてみると、太平洋戦争以前の1940年代初頭の人口は7000万人、明治初期はわずか3000万人程度に過ぎません。現在1億2600万人強の人口が2053年には1億人を切る、というような悲観的な論調の報道が多く見られますが、かならずしも数の問題だけではないのかもしれません。

戦後のベビーブームで急増した団塊の世代は、1950年の朝鮮戦争以降に急成長した高度経済成長社会を支え、わずか18年後の1968年にはGDP（国内総生産）がドイツを抜いて世界第2位になるなど、経済大国としての地盤を確かなものにする原動力となりました。それを支えた一群がいま後期高齢者となりつつあり、国難のもとといわれるようになっています。

中国に抜かれてＧＤＰが世界第3位に落ち、さらに国連が毎年調査を行なっている「世界幸福度調査」では、日本の幸福度ランキングは年々下降し、２０１９年版では58位になっています。現状の経済主導型社会を維持するための対処療法だけでは、明日を拓く新たな道は見えてきません。産業経済だけでなく多様な視点から明日の社会のあるべき姿を、そして安定的・持続的な社会進化の道筋を、本質から考え変革していくべきなのです。

地域創生デザイン論は、厳しい競争社会を乗り切るための知識力や対応力というような「能力（アビリティ）」ではなく、あらゆる人に内在、あるいは潜在している小さな「力能（パワー）」に注目します。そして各自の力能を最大限に導きだし、連動させ、ネットワーク化していくことで、大きな社会的な力が生み出されると考えます。

しかしそれは即効性に欠けるため、充分な養生のための時間と手順を整えなければなりません。性急に効果を求めるのではなく、じっくりと地域に潜む生命力に働きかけ、活動の芽を生みだし、それを丁寧に育て、大きな樹木に成長させていくようなプロセスを重視する「コト」のしくみづくりが必要であり、それを企画し運営していく原動力として、広義のデザイン力が有効と思えるのです。

１９８０年代、ちょうどバブル経済が頂点を迎えようとしていた頃、大都市から遠く離れた過疎地域では、たとえば「日本大正村」[*1]や「黒壁スクエア」[*2]、また「上勝町の葉っぱビジネス」[*3]のような新たなまち育ての活動が自律的に芽を吹き成長していました。それらの活動に特長的なことを、従来のまちづくりのアプローチと対比させ列記してみましょう。

〈従来のまちづくり〉		〈新たなまち育て〉
・つくり手（自治体、企業）主導	➡	住民主導
・施設の新設	➡	地域資産の再生
・空間軸（空間整備）重視	➡	時間軸（プロセス）重視
・タテ割り・分業	➡	協働
・実利的アウトプット重視	➡	生活者の生きがい重視

このような先進事例に学びながら、少子高齢化や人口減少による過疎化、地域産業の衰退に晒された地域に、内発的・自律的に生きがい・働きがいを生み出すような活動を広げていきたいと思います。

「強み」をまったく持たない地域はないはずです。「ＳＷＯＴ分析」という手法がありますが、まさにどの地域にも、「強み（Strengths）、弱み（Weaknesses）、機会（Opportunities）、脅威（Threats）」は存在しています。地域のパワーを起動させるためには、認識されにくい〝強み〟を見つけ出すこと、過剰に意識されがちな〝弱み〟を強みに読み替えること、近未来に発展性が期待できそうな機会を逃さないこと、脅威に萎縮することなくそれを機会に転換させること、というような創造的な思考に基づいた取り組みが必要なのです。本論では、それを導くものとして、「人・事・場・物」という要素をあげ、さらにそれを稼働させていく力として、「起爆力、求心力、発信力、継続力」をあげています。また地域の活動をしっかりと支え、育てるために「交流期、創造期、発信期、運用期」の4期に分けてまち育てをステップアップさせていく方策を提示しています。

このような時間軸を持ったまち育てを企画し、調整し、運営する機能を整えるための支援機能

＊1　日本大正村：1983年ごろから岐阜県恵那郡明智町（現恵那市明智町）で始まった住民主導行政支援型のまちづくり運動。住民ボランティアガイドなど、脱消費型観光の可能性を社会提起した。

＊2　黒壁スクエア：滋賀県長浜町の北国街道沿いで始まったまちづくり。19世紀末に建てられた歴史ある黒壁銀行の取り壊しを阻止し、博物館都市構想を掲げた第三セクター「黒壁」により、商店街のにぎわいが再生された。

＊3　上勝町・葉っぱビジネス：徳島県の内陸部に位置する上勝町は、高齢化率50％を超える人口2000人程度の過疎の町だった。1981年の寒波で、主要産業のみかんの木が全滅状態となったが、料理のつまとなる葉っぱや花を売るビジネスを立ち上げ、地域を活性化させた。

として、大学は適性を有していると考えます。その理由は次のようなものです。
・明日の社会の担い手である学生たちがいること。そして彼らを社会に生かし育てる役割を担っていること
・多様な領域におよぶデザインの専門家としての教員を擁していること
・大学の三使命のひとつである「社会貢献」に対する社会的期待が高まり、大学も積極的に取り組もうとしていること

大学との連携や協働を志向しようとする場合、そのアプローチはさまざまにあることを、第2部事例編からイメージすることができたのではないでしょうか。

大量生産の時代には、「よりよいものを、より安く」という考え方に基づいて、多くの〝同じもの〟が一気に社会にあふれ、短期間に消費され尽くすというサイクルが高回転していました。しかし社会は今、情報化の進展とともに、異なるものが共存・共生し合う「多様化」の方向に向かっています。全体を同一方向に導こうとするのではなく、一人ひとり、また地域ごとに異なる特質に着目し、その特質を最大限に発揮しながら、個々にベストマッチするプログラムづくりを個別に練り上げていこうとする動きが見られるのです。

1980年頃に興きた「一村一品運動」はその走りだったのかもしれません。それを〝ものづ

くり〟だけに留めず、生活の質の向上や社会の整備にも生かしていくべきでしょう。

地方の人口が減少し、首都圏など大都市への一極集中がさらに加速しつつある今、都市化を牽引してきた産業技術とは異なるさまざまな技術の存在に注目し、多様な技術を生かし開発する活動が求められます。たとえばそれは、人の感性や地域の日常生活の中に潜んでいる自然技術や生活技術、歴史技術や文化技術などです。

また人口減少に対処する現実的な方策としては、まずは交流人口の創出が効果的でしょう。定住人口に加え、二地域居住者や観光事業による来訪者の誘致、またＵターンやＪターン者の誘致などが挙げられます。第３部方法・実践編で紹介したＴＳＳとＡＣＰという２つの研究では、そのような地域の核となる施策の可能性を実証的に明らかにしようとしました。観光をテーマとした事業を大学と地域が連携して企画・運営し、その活動を通して地域のＳ・Ｗ・Ｏ・Ｔを再認識するとともに、来訪者をパートナーと位置づけて、地域の魅力と力能を高め合っていこうとする試みです。まち育ての研究を大学と連携して取り組もうとする場合の参考となるはずです。

大学は今、希有な個性と多様性を有する地域に注目しています。収斂（コンバージョン）の時代から拡散（ダイバージョン）の時代への転換に注視し、さらに異なるもの同士の連携が生み出す創発（エマージェント）にも大きな可能性を感じています。普遍的な正解を導き出そうとしてきた科学や学問の世界に加えて、個々に異なった最適解を導き出す方法論の精度を高めていく必要があり、そのためにもさらに多くの事例（エビデンス）を得たいと思っています。まさに「まちのかたちは、まちの数だけある」のであり、多世代・多領域・多職種が協奏し合うまち育てのプラットフォームは、生涯学習の実学を学び合う場となり、共に健康を高め合うソーシャルケアの場にもなり得るはずなのです。

自然界は、摂理という存在の元に、必然的方向に導かれているように見えます。「形態は機能に従う」といわれるように、もののかたちは自然に合理的なかたちに調和していきます。しかし時として、突然変異が生じ、まとまりは崩され新たな変容と調和へとつながっていくのです。何より興味深いことは、この地球上に無数の異なったかたちと特性を持つ生き物が共存・共生していることです。そして人間社会においても、巨大国、巨大都市、巨大企業というような強い収斂性が極まる一方で、民族の対立や自然変動のような変位の力も働いているように見えます。

私たちが今注目すべきことは、個々に異なった人や地域、そして文化が無数に存在することでしょう。それらが共存・共生しながらともに持続的に発展していけるようなグランドデザインを描き出していくためには、個々の小さな規模でのデザインの取り組みを、フラクタル的に拡げていく必要があります。

私たち研究グループは、札幌市立大学を拠点として、地域創生デザインへの取り組みを継続的に進めていきます。さらに多くの方々が地域創生デザインの活動に参画していただけることを期待しています。

最後になりますが、本書の出版計画以降、常に温かく見守りながらお励ましとご支援をいただいた株式会社文眞堂の代表取締役社長・前野隆さま、そして山崎勝徳さまに心より厚く御礼を申し上げます。

研究の推進に熱心に取り組むとともに、貴重な活動記録をまとめ執筆いただいた札幌市立大学教員のみなさま、及び力強いバックアップをいただいた関連地域のみなさま、そして長南哉さまはじめ学内外の支援者のみなさまに感謝いたします。本書の編集にあたり、煩雑な作業をいつも笑顔で着実にこなし、完成に導いていただいた事務局の南部麻子さま、姉帯美保子さまに、執筆者を代表して御礼を申し上げます。

南部麻子さまには、本書の完成を見ることなくご逝去されました。南部さんの篤いお気持ちのこもった本書が、多くのみなさんに愛読されお役に立つことを祈りながら、本書を墓前に捧げます。ありがとうございました。

参考文献

第1章

（1）厚真町「交流をさそう、緑とゆとりにあふれた「大いなる田園」の町：北海道厚真町新総合計画―厚い真ごころの町づくりを目指して」厚真町、1995年
（2）大野晃『限界集落と地域再生』北海道新聞社、2008年
（3）カウフマン・F・X／原俊彦・魚住明代（訳）『縮減する社会―人口減少とその帰結』原書房、2011年
（4）国立社会保障・人口問題研究所「日本の将来推計人口（平成29年推計）」2017年（ipss.go.jp/j/zenkoku2017/）
（5）国立社会保障・人口問題研究所「日本の地域別将来推計人口（平成30（2018）年推計）」2018年（http://www.ipss.go.jp/pp-shicyoson/j/shicyoson18/t-page.asp）
（6）原俊彦「第7章 地域人口と地方分権のゆくえ」阿藤誠・津谷典子編『人口減少時代の日本社会』原書房、2007年、187‐208頁
（7）原俊彦「第1章 人口減少と地方人口構造」吉田良生・廣嶋清志編『人口減少時代の地域政策』原書房、2011年、1‐22頁
（8）増田寛也編『地方消滅‐東京一極集中が招く人口急減』中央公論新書、2014年

第2章

（1）片山めぐみ・隼田尚彦・福田菜々「高齢者と地域とを結び付ける「縁側サービス」の効果―福祉系NPO法人によるコミュニティ・レストランを事例として」『日本建築学会計画系論文集』77（680）、2012年、2399‐2406頁
（2）片山めぐみ他『人を結び、未来を拓く世代間交流―世代間交流の理論と実践1』三学出版、2015年、25‐40頁
（3）倉持香苗「地域の居場所づくりにおけるネットワーク構築の可能性―大分県別府市におけるコミュニティカフェ実践から」『コミュニティソーシャルワーク』（6）、2010年、54‐59頁
（4）宇都宮千穂「地域における孤立化を防ぐつながりづくり―コミュニティ・カフェを中心に（特集 愛媛の地域政策・地域づくりへの提言）」Ehime Center for Policy Research 2012、（2）、2012年、9‐13頁
（5）田所承己「コミュニティカフェとパーソナル・ネットワーク―利用者を対象とする質問紙調査データの分析」『帝京

社会学』(29)、２０１６年、１１３-１４３頁
（6）田所承己『場所でつながる／場所とつながる，移動する時代のクリエイティブなまちづくり』弘文堂、２０１７年
（7）安田雪『パーソナルネットワークとのつながりがもたらすもの』新曜社、２０１１年
（8）松村暢彦・尾田洋平「行政職員のパーソナルネットワークとまちづくり基礎力の関連性」『土木学会論文集 D3（土木計画学)』68（5)、２０１２年、I_197-I_206
（9）杉岡直人・畠山明子「地域食堂の活動と類型化に関する一考察」『北星学園大学社会福祉学部北星論集』第53号、２０１６年、１-10頁
（10）倉持香苗「居住福祉評論 居住福祉資源としての地域内空き物件を活用した交流の場の創出―コミュニティカフェ運営の事例から」『居住福祉研究』(13)、２０１２年、81-87頁
（11）「コミュニティ・レストランが成果～道17年度から設置推進「共生型地域福祉拠点」」『介護新聞』２０１７年９月７日
（12）「「コミレス」で世代超え交流を～寿都で講演会とワークショップ『北海道新聞（小樽・後志)』２０１３年３月12日
（13）片山めぐみ「「食」を中心に地域づくり―寿都町のコミレス「風のごはんや」」『農家の友』65（11)、２０１３年、64-66頁
（14）北海道総合制作部「北海道集落対策ハンドブック～集落の明日の暮らしを考えるヒント」(http://www.pref.hokkaido.lg.jp/ss/ckk/shuraku/handbook_top.htm)（２０１８年９月25日）
（15）「週に１日だけみんなで作るレストラン」『北海道応援マガジンＪＰ０１』、Ｖｏｌ．13、総合商研株式会社、２０１４年４月、72頁
（16）「寿都町にコミュニティ・レストラン「風のごはんや」がオープン」『札幌☆取扱説明書』札幌市市長政策室企画政策部企画課、２０１４年７月、53頁
（17）上野美咲『地方版エリアマネジメント』日本経済評論社、２０１８年
（18）小滝俊之『市民社会と近隣自治―小さな自治から大きな未来へ』公人社、２００７年
（19）松端克文『地域の見方を変えると福祉実践が変わる―コミュニティ変革の処方箋』ミネルヴァ書房、２０１８年

第3章
（1）上田裕文・高橋友香「アートプロジェクトにおける風景認識の変化とまちづくりへの参加意欲に関する事例研究」『ランドスケープ研究』78（5）、2015年、703-706頁
（2）ロバート・パットナム／柴内康文（訳）『孤独なボウリング―米国コミュニティの崩壊と再生』柏書房、2000年、510頁
（3）井原緑「地域振興型アートプロジェクトの要件―土地・人・時間」『ランドスケープ研究』77（3）、2013年、229-232頁
（4）西田正憲「過疎地域の越後妻有と瀬戸内直島における現代アートの特質に関する風景論的考察」『ランドスケープ研究』71（5）、2008年、785-790頁
（5）下村泰史・佐藤久恵「風景づくりと流域市民のコミュニケーション 天若湖アートプロジェクト」『ランドスケープ研究』75（5）、2012年、655-660頁
（6）勝村（松本）文子・田中鮎夢・吉川郷主・西前出・水野啓・小林槇太郎「住民によるアートプロジェクトの評価とその社会的要因―大地の芸術祭 妻有トリエンナーレを事例として」『文化経済学』6（1）、2008年、65-77頁

第4章
（1）吉岡宏高「北海道炭鉱産業の歴史と『炭鉱やまの記憶』」『そらち「炭鉱やまの記憶」ガイドマニュアル』空知振興局、2011年
（2）吉岡宏高『炭鉱遺産でまちづくり』富士コンテム、2005年
（3）吉岡宏高『明るい炭鉱』創元社、2012年

第5章
（1）河本敦夫『現代造形の哲学』岩崎美術社、1973年
（2）山田良「接合点（Junctur）eとしての環境芸術 その1」『環境芸術学会学会誌』12、2013年、59-62頁
（3）山田良「接合点（Junctur）eとしての環境芸術 その2」『環境芸術学会学会誌』16、2016年7月。

（４）山田良「環境芸術なる連続性」『環境芸術学会学会誌』11、２０１２年、39－43頁。

第６章

（１）早瀬京太「行政の視点から見た非営利活動と地域活性化―住民参加型のまちづくり事業の効果と課題―」『非営利法人研究学会誌』Ｖｏｌ．５、２０１３年、27－35頁

（２）小瀬博之「緑のカーテンの管理と環境改善効果に関する研究」『日本建築学会大会学術講演梗概集』２０１３年８月、５７１－５７２頁

（３）後藤亮大・宿谷昌則「日除けと水噴射の組み合わせによる採涼効果に関する緑のカーテンとの比較実験」『日本建築学会大会学術講演梗概集』８、２０１３年、５０１－５０２頁

第７章

（１）Wallas, G.: *The art of Thought*, Jonathan Cape, 1926.

（２）Young, J. W.: *A technique for producing ideas*, Crain Books, 1975.

（３）Guilford, J. P.: “Traits of creativity,” In H. H. Anderson (Ed.), *Creativity and its Cultivation*, Harper, 1959, pp. 142-161.

（４）Dugosh, K. L., Paulus, P. B., Roland, E. J., & Yang, H.-C.: “Cognitive stimulation in brainstorming,” *Journal of Personality and Social Psychology*, 79, 2000, pp. 722-735.

（５）Coskun, H., Paulus, P. B., Brown, V., & Sherwood, J. J.: “Cognitive stimulation and problem representation in idea-generating groups,” *Group Dynamics: Theory, Research, and Practice*, 4, 2000, pp. 307-329.

（６）Nijstad, B. A., Stroebe, W., & Lodewijkx, H. F. M.: “Cognitive stimulation and interference in groups: Exposure effects in an idea generation task,” *Journal of Experimental Social Psychology*, 38, 2002, pp. 535-544.

（７）Stasson, M. F. & Bradshaw, S. D.: “Explanation of individual-group performance differences: What sort of •gbonus•h can be gained through group interaction?” *Small Group Research*, 26, 1995, pp. 296-308.

（８）Thornburg, T. H.: “Group size and member diversity influence on creative performance,” *Journal of Creative Behavior*,

25, 1991, pp. 324-333.

（9） Jackson, S. E., May, K. E., & Whitney, K.: "Understanding the dynamics of diversity in decision-making teams," In R. A. Guzzo, E. Salas, & Associates (Eds.), *Team effectiveness and decisionmaking in organizations*, San Francisco: Jossey-Bass, 1995, pp. 204-261.

（10） Moreland, R. L., Levine, J. M., & Wingert, M. L.: "Creating the ideal group: Composition effects at work," In E. Witte & J. H. Davis (Eds.), *Understanding group behavior: Small group processes and interpersonal relations Vol. 2*, Mahwah, NJ: Erlbaum, 1996, pp. 11-35.

（11） Falk, D. R. & Johnson, D. W.: "The effects of perspective taking and egocentrism on problem solving in heterogeneous groups," *Journal of Social Psychology*, 102, 1977, pp. 63-72.

（12） Kasperson, K. J.: "Scientific creativity: A relationship with information channels," *Psychological Reports*, 42, 1978, pp. 691-694.

（13） Hoffman, L. R.: "Applying experimental research on group problem solving to organizations," *Journal of Applied Behavior*, 15, 1979, pp. 375-391.

（14） Leung, A. K-y., Maddux, W. W., Galinsky, A. D., & Chiu, C-y.: "Multicultural experienceenhances creativity," *American Psychologist*, 63, 2008, pp. 169-181.

（15） Maddux, W. W., & Galinsky, A. D.: "Cultural borders and mental barriers: The relationship between living abroad and creativity" *Journal of Personality and Social Psychology*, 96, 2009, pp. 1047-1061.

（16） James Surowiecki『「みんなの意見」は案外正しい』（原題：*The Wisdom of Crowds*）、角川書店、２００６年

（17） 由井薗隆也・宗森純「発想支援グループウェア郡元の効果―数百の試用実験より得たもの」『人工知能学会論文誌』Ｖｏｌ．19、Ｎｏ．２、２００４年、１０５－１１２頁

（18） Graham, W.: "Creative and construction idea men and their participation in activities," *Journal of General Psychology*, 72, 1965, pp. 383-391.

第8－9章

（1）増田寛也編著『地方消滅－東京一極集中が招く人口急減』中央公論新社、２０１４年

（2）Beggs, John J., Haines, Valerie A., & Hurlbert, Jeanne S.: "Revisiting the Rural-Urban Contrast: Personal Networks in Nonmetropolitan and Metropolitan Settings," *Rural Sociology*, 61 (2), 1996, pp. 306-325.

（3）Tacoli, Cecilia: "Rural-urban interactions: a guide to the literature," *Environment and Urbanization*, 10 (1), 1998.

（4）柿山浩一郎・城間祥之・中原宏・原俊彦・石井雅博・蓮見 孝「Art & Design を活かした地域創成手法の検討を目的とした住民調査」『日本デザイン学会誌 第61回研究発表大会概要集ＣＤ－ＲＯＭ』２０１４年、62－63頁

（5）『地域創生をデザインする 都会と地方の魅力相乗モデル開発 タイム・スペースシェアリング型地域連携による地域創生デザイン研究報告書』札幌市立大学地域創生デザイン研究会、２０１６年3月

第10－11章

（1）洞爺湖温泉観光協会編『La.TOYA：洞爺湖有珠山ジオパーク』洞爺湖温泉観光協会、２０１３－２０１６年

第12章 PART2

（1）Dusay J. M.: "Egogram," *Sougensha*, 1995, pp. 19-53.

第13章

（1）総務省「第4節 本格的なデータ活用社会の到来」『平成26年版 情報通信白書』２０１６年（http://www.soumu.go.jp/johotsusintokei/whitepaper/ja/h26/html/nc134020.html ２０１８年10月1日参照）

（2）経済産業省「ＩＴ人材の最新動向と将来推計に関する調査結果～報告書概要版～」経済産業省商務情報政策局情報処理振興課、２０１６年６月（http://www.meti.go.jp/policy/it_policy/jinzai/27FY/ITjinzai_report_summary.pdf ２０１８年10月1日参照）

（3）札幌市立大学：平成25年～平成29年度 文部科学省「地（知）の拠点整備事業（大学ＣＯＣ事業）」ウェルネス×協奏型地域社会の担い手育成「学び舎」事業 平成25年度成果報告書、２０１４年3月

（4）ウェルネス×協奏型地域社会の担い手育成「学び舎」事業 研究企画推進チーム：南区にお住まいの65歳以上の方の健康に関するニーズ調査　平成25－26年度報告書、文部科学省平成25年度採択「地（知）の拠点整備事業」ウェルネス×協奏型地域社会の担い手育成「学び舎」事業、２０１５年3月
（5）㈱ＮＴＴデータ数理システム「Text Mining Studio Version 6.1 Manual」２０１８年1月
（6）城間祥之「2―3　短期居住体験者のテキストマイニング分析」『「地域創生をデザインする 都会と地方の魅力相乗モデル開発」タイム・スペースシェアリング型地域連携による地域創生デザイン研究報告書』札幌市立大学地域創生デザイン研究会、２０１６年3月

第14章

（1）札幌市立大学ＣＯＣ広報企画推進チーム／ＣＯＣ事務局：文部科学省：平成25度採択：「地（知）の拠点整備事業（大学ＣＯＣ事業）」ウェルネス×協奏型地域社会の担い手育成「学び舎」事業 平成25年度成果報告書、２０１４年３月
（2）同平成26年度成果報告書、２０１５年3月
（3）同平成27年度成果報告書、２０１６年3月
（4）同平成28年度成果報告書、２０１７年3月
（5）同平成29年度成果報告書、２０１８年3月

著者紹介

蓮見 孝（はすみ たかし）

札幌市立大学・筑波大学 名誉教授。博士（デザイン学）。1948年生まれ、東京教育大学芸術学科卒。1971年〜日産自動車（株）カーデザイナー、1976年英国ロイヤル・カレッジ・オブ・アート校社命留学。1991年〜筑波大学（2000年〜教授）、2012〜2017年札幌市立大学理事長・学長。茨城県総合計画審議会副会長、茨城県生涯学習審議会会長、札幌市都心まちづくり計画策定協議会副会長、札幌市アイヌ文化を発信する空間検討会議座長、日本デザイン学会副会長、グッドデザイン賞審査員などを歴任。著書に『地域再生プロデュース―参画型デザイニングの実践と効果』『マルゲリータ女王のピッツァ―かたちの発想論―』など多数。

原 俊彦（はら としひこ）

人口学者・札幌市立大学 名誉教授。
1953年東京生まれ。1975年早稲田大学政治経済学部卒。1977-82年（ドイツ）フライブルグ大学（社会学・政治学・経済政策専攻）博士（Ph.D.）。㈶エネルギー総合工学研究所主任研究員、㈱研究開発コーディネーター代表取締役、北海道東海大学国際文化学部助教授・教授、札幌市立大学デザイン学部教授。日本人口学会会長、国立社会保障・人口問題研究所研究評価委員長など歴任。人口を中心に統計分析、シミュレーションモデルの開発を行なう。著書『思考は一瞬』『日本株式会社の崩壊』『狩猟採集から農耕社会へ』『縮減する社会』『統計の世界』『A Shrinking Society』など。

片山 めぐみ（かたやま めぐみ）

札幌市立大学 講師。
札幌市立高等専門学校、インダストリアルデザイン学科修了、東京工業大学大学院総合理工学研究科人間環境システム専攻 博士後期課程修了、博士（工学）（2005）、社会福祉士（2019）。2年にわたる町民との地道な話し合いを通して、2012年6月 寿都町初のコミュニティ・レストラン「風のごはんや」をオープンさせるなど、専門の建築から人にフォーカスする独自の視点で地域創生活動に携わる。

上田 裕文（うえだ ひろふみ）

北海道大学観光学高等研究センター 准教授

留萌生まれ。東京大学農学部森林環境科学専修卒業後、東京大学大学院農学生命科学研究科森林科学専攻修了。ドイツ学術交流会（ＤＡＡＤ）奨学生としてカッセル大学建築・都市計画・景観計画学部、都市・地域社会学科にてDr. rer. pol.（経済社会科学博士）を取得。札幌市立大学デザイン学部を経て現職。専門は風景計画。著書に、『The Image of the Forest』(Sudwestdeutsche Verlag fur Hochschulschriften、２０１０)、『こんな樹木葬で眠りたい』（旬報社、２０１８）他。

上遠野 敏（かとおの さとし）

札幌市立大学 名誉教授。美術家・アートディレクター。

１９５５年生まれ。東京芸術大学大学院彫刻専攻修了。東京芸術大学助手・１９９３年札幌市立高等専門学校助教授、２００３年教授・２００６年札幌市立大学教授。

美術家として空間を活用したインスタレーション作品や神仏の現れの写真を発表。「札幌国際芸術祭２０１４」、「Distant Observations Fukushima in Berlin（ドイツ・クンストラウム・クロイツベルク・ベタニエン ２０１４）」、「赤平アートプロジェクト２０１８」など多数。アートディレクターとして「札幌国際芸術祭２０１７」の部門別企画、「そらち炭鉱アートプロジェクト」など多数。

山田 良（やまだ りょう）

札幌市立大学 教授。

１９６８年東京都生まれ。札幌市在住。東京芸術大学大学院博士課程修了。文化庁新進芸術家在外研修員（ノルウェー在）を経て札幌市立大学大学院デザイン研究科准教授。越後妻有アート・トリエンナーレ２００３-２００９、神戸ビエンナーレ２０１１、札幌国際芸術祭２０１４などに出展。ar+d賞２０１２（英）。環境芸術学会賞奨励賞（２０１２）。北海道建築奨励賞（２０１５）、World Architecture News Awards ２０１７（英）最優秀賞など受賞。

齊藤 雅也（さいとう まさや）

札幌市立大学・デザイン学部 教授。

専門は建築環境学、熱環境デザイン。地域の気候風土やヒトの体感温度を活かした心地よい住環境デザインの提案などの研究を行なっている。１９９９年武蔵工業大学大学院工学研究科博士後期課程・満期退学、２０００年博士（工学）取得。

趣味はアイスホッケー。

石井 雅博（いしい まさひろ）

札幌市立大学 教授。
１９６７年生まれ。東京工業大学大学院博士後期課程修了。York University, Centre for Vision Research, Postdoctoral Fellow、東京工業大学精密工学研究所・助手、富山大学大学院理工学研究部准教授などを経て、現職。博士（工学）。

柿山 浩一郎（かきやま こういちろう）

札幌市立大学 教授。

１９７６年九州生まれ関東育ち。筑波大学大学院芸術学研究科修了、博士（デザイン学）。日本デザイン学会理事。

人間の感性に基づく評価を対象とした実験研究を行う研究者。２００８年に札幌市立大学赴任後、情報プロダクトの視点からデザインと看護の連携を中心とした研究教育に従事している。近年では、地域創生に実験室実験の概念を持ち込む試みを行なっている。

酒井 正幸（さかい まさゆき）

札幌市立大学 名誉教授。博士（工学）。

１９５０年生まれ。千葉大学工学部工業意匠学科卒業。１９７３年～三菱電機株式会社。同社にて情報通信機器・家電機器のプロダクトデザイン、インタフェースデザイン、ユニバーサルデザイン、宣伝業務等を歴任。２００６年～札幌市立大学デザイン学部教授、２０１０年～同学部長、日本人間工学会理事、札幌スタイル推進会議委員、札幌市円山動物園の森協議会委員、札幌市図書館協議会委員、札幌市次世代博物館検討会議委員等を歴任。現在、ＮＰＯ法人北のユニバーサルデザイン協議会理事長。社会福祉法人北海道共同募金会広報企画委員長。日本昆虫学会会員。

金 秀敬（キム スーキョン）

札幌市立大学・研究科 講師。博士（感性科学）。韓国梨花女子大学造形芸術大学卒業（芸術学士・政治学士）。２００７年～２０１２年独立行政法人産業技術総合研究所ヒューマンライフテクノロジー部門研究助手。２０１２年筑波大学芸術学系博士特別研究員。２０１３年～２０１６年広島市立大学芸術学部および広島国際学院大学情報文化学部非常勤講師。２０１５年Kunstuniversität Linz, Austria 客員研究員。International Design Society・日本感性工学会・デザイン学会等の論文審査委員。原著論文および査読付きの国際発表となる学術論文にDesigning User Experiences Focused on Multimodal Perception (2018) Towards Enhanced Affective Design: Rethinking the Notion of Design (2017) Integrating Affective Values to Sustainable Behavior focused on Kansei Engineering (2016) など20編以上。

矢久保 空遥（やくぼ たかのぶ）

札幌市立大学 助教。

１９８７年札幌生まれ。２０１５年千葉大学大学院（工学研究科デザイン科学専攻）博士（工学）。２０１６年より札幌市立大学助教。主要論文に『口琴の音に対する印象構造とその形態学的特徴』（デザイン学研究 62(2), 2015）『サハ口琴（ホムス）とシチリア口琴（マランザーノ）の形態と音の違い』（デザイン学研究 62(2), 2015）など。

城間 祥之（しろま よしゆき）

札幌市立大学 名誉教授。工学博士（北海道大学）。１９５４年生、琉球大学機械工学科卒。１９７８年～１９８７年 北海道大学精密工学科助手、１９８３年12月～１９８５年３月 米国コーネル大学客員研究員、１９８８年～１９９１年 北海道東海大学電子情報工学科専任講師、１９９２年～２００５年 札幌市立高等専門学校インダストリアル・デザイン学科助教授・教授。２００６年～２０１８年 札幌市立大学デザイン学部デザイン学科教授、大学院デザイン研究科教授（２０１０年～２０１８年）。専門領域：感性情報の価値測定・評価、テキストマイニングによる主観の計量分析。社会活動：札幌市、「札幌型ＩＴイノベーション人材育成に向けた調査事業」企画競争実施委員会委員など多数の審議委員、日本感性工学会・芸術工学会理事を歴任。共著『デジタルスタイルデザイン』など。

中原 宏（なかはら ひろし）

札幌市立大学 名誉教授・地域連携コーディネーター。

１９５２年生まれ。北海道大学大学院工学研究科博士後期課程修了（工学博士）。株式会社たくぎん総合研究所主任研究員・調査研究第一部次長、札幌市立高等専門学校インダストリアル・デザイン学科教授等を経て、札幌市立大学デザイン学部教授（２００７－２０１８年）。文部科学省「地（知）の拠点整備事業（ＣＯＣ）」札幌市立大学事業担当者（２０１３－２０１８年）。北のまちづくり賞選考委員会委員長、北海道住宅対策審議会会長、北海道都市地域学会副会長等を歴任。

専門は都市計画。著書に『展望21世紀の人と環境』『北都、その未来』『まちづくりのための北のガーデニングボランティアハンドブック』他。

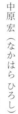

編集委員　　　　蓮見 孝
酒井 正幸
柿山 浩一郎
南部 麻子
姉帯 美保子

装丁　　　　　　三上 隼人

地域創生デザイン論
〝まち育て〟に大学力をどう活かすか

2020年8月10日　第1版第1刷発行
著　者　札幌市立大学 地域創生デザイン研究チーム 編

発行者　前野 隆
発行所　株式会社 文眞堂
〒162-0041 東京都新宿区早稲田鶴巻町533
電話 03（3202）8480 / FAX 03（3202）2638
http://www.bunshin-do.co.jp/
振替 00120-2-96437

印刷・製本　モリモト印刷

ISBN 978-4-8309-5062-9　C3036